Rompe tu silencio

Rompe tu silencio

Di lo que piensas, despliega tu talento
y lidera con valentía

ELAINE LIN HERING

Traducción de
Noemí Sobregués

CONECTA

Rompe tu silencio
Di lo que piensas, despliega tu talento y lidera con valentía

Título original: *Unlearning Silence*

Primera edición en España: abril, 2024
Primera edición en México: mayo, 2024

D. R. © 2024, Elaine Lin Hering

D. R. © 2024, Penguin Random House Grupo Editorial, S. A. U.
Travessera de Gràcia, 47-49, 08021, Barcelona

D. R. © 2024, derechos de edición mundiales en lengua castellana:
Penguin Random House Grupo Editorial, S. A. de C. V.
Blvd. Miguel de Cervantes Saavedra núm. 301, 1er piso,
colonia Granada, alcaldía Miguel Hidalgo, C. P. 11520,
Ciudad de México

penguinlibros.com

D. R. © 2024, Noemí Sobregués Arias, por la traducción

ISBN: 978-607-384-540-3

Impreso en México – *Printed in Mexico*

A todas las personas que han sido silenciadas.
Que este libro las ayude a honrar lo más profundo que hay en ellas

Índice

Introducción

Todo el mundo sabía que estaba mal que él se atribuyera el mérito de mi trabajo. Había sido yo la que se había quedado despierta hasta tarde para hacer las cuentas. Yo me había coordinado con las partes interesadas. Yo había tomado páginas de notas y las había sintetizado en tres puntos concretos. Todos sabían que lo había hecho yo.

Todos, menos el ejecutivo que importaba.

Pero nadie dijo una palabra cuando mi compañero se atribuyó el mérito.

Cuando el ejecutivo lo elogió por su brillantez.

Cuando ascendieron a mi compañero.

Me enfadé. Me enfadé con él, con los demás y conmigo misma. ¿Por qué no me había defendido? ¿Por qué no había encontrado una manera de atribuirme el mérito? Era mi trabajo. Todo el trabajo era mío.

Pero decir algo parecería mezquino.

Decir algo supondría no saber trabajar en equipo.

Decir algo sería… Qué más da.

No me gusta nada decir lo que pienso. Es agotador y a veces degradante. Implica analizar por qué piensas lo que piensas y justificar lo que haces. Y si nadie más expresa su opinión, puedes sentirte solo en la línea de fuego, sin armadura ni defensas.

Pero, como suele decirse, si no luchas por ti mismo, nadie más lo hará, ¿verdad?

Desde mi profesor de oratoria de secundaria, que me gritaba «¡Habla más alto!», hasta el jefe de mi primer trabajo, que repetía «Cuéntanos lo que piensas de verdad» (pero después me decía que me equivocaba), si me hubieran dado un céntimo cada vez que alguien me ha pedido que dijera lo que pensaba, ya estaría jubilada.

Por desgracia, decir lo que piensas no es tan sencillo como hablar más alto. No todo el mundo tiene el privilegio de poder decir lo que piensa.

Te costaría creerlo, pero me resulta muy difícil decir lo que pienso.

Tengo títulos académicos y doy clases en algunas de las mejores universidades del mundo. Soy doctora en Derecho y socia de una empresa de consultoría. He hablado ante audiencias de trescientas mil personas. Me gano la vida hablando y dirigiendo.

Aunque es posible que no solo no te haya costado creerlo, sino que lo hayas dado por sentado.

Al fin y al cabo, soy mujer, asiática y (relativamente) joven. Los estereotipos y las estadísticas dicen que las personas como yo son interesantes en los primeros niveles jerárquicos, pero tienen menos probabilidades de ascender a puestos directivos. Se da por sentado que trabajaremos duro y no crearemos problemas, pero también que carecemos de la visión, la confianza en nosotros mismos, las capacidades y los conocimientos necesarios para dirigir.

Como inmigrante de Taiwán a Estados Unidos en la década de 1980, me criaron con la mentalidad de que si trabajas duro, agachas la cabeza y te integras, recibirás tu recompensa. Mi historia no es tan diferente de la de muchos otros inmigrantes. La receta del éxito era ser *guai* («obediente») e interpretar los papeles que me asignaban.

Soy la encarnación del mito de la minoría modelo. Familia biparental estable y alumna sobresaliente con muy buenos amigos. Fui a la Universidad de California en Berkeley porque era lo más práctico, ya que, al vivir en ese estado, la matrícula era más barata. Estudié y he dado clases en la facultad de Derecho de Harvard. Marco todas las casillas que se supone que te proporcionan una buena vida. En algunos círculos, todos dirían que he tenido éxito. Entonces, ¿de qué me quejo?

Si el éxito consistiera solo en sentarse a la mesa, se me consideraría exitosa.

Pero sentarte a la mesa no significa que tu verdadera voz sea bien recibida.

Se me pide constantemente que valide decisiones desde la «perspectiva de las minorías», como si yo pudiera hablar en nombre de todas las mujeres, las personas de color y los grupos históricamente oprimidos. A menudo estoy ahí para que los que mandan puedan sentirse bien consigo mismos (o cambiar las estadísticas del informe de accionistas), porque así la sala parece un poco más diversa, no porque quieran escuchar lo que tengo que decir.

Soy una muestra. Estoy ahí, pero en silencio.

El silencio es una estrategia de supervivencia para evitar caer mal. El silencio significa no tener que participar en los supuestos debates sanos que me dejan en carne viva y tambaleante. En algunos casos significa literalmente mantener el trabajo que paga mis facturas.

El silencio es lo que he aprendido e interiorizado, y por lo que en muchos momentos de mi vida se me ha recompensado.

He participado en llamadas de equipo en las que George dice que Chen debería llevar las cuentas porque a los asiáticos se les dan bien las matemáticas. En serio. Estos estereotipos son tan viejos y trillados que parecen una mala comedia de los años ochenta. Lo he dejado correr porque no vale la pena hacer enfadar a George. Solo es una broma. George es así.[1] Además, ¿lo que pasa es de verdad asunto mío? Solo pretendo que hagamos lo que tengamos que hacer. Es más fácil pasar inadvertido.

Pero si no es asunto mío, ¿de quién lo es?

Puede que pienses: «Yo diría algo. Si nadie dice nada, las cosas nunca cambiarán. Soy así. Hago lo correcto y lucho por los demás».

¿De verdad?

Cuando sospechas que la gran idea de tu jefe va a convertir la vida de tu compañero de trabajo en un infierno, ¿dices algo? Cuando sabes que el equipo no podrá cumplir una cuarta parte de los objetivos porque no han sido realistas, ¿dices algo? Cuando lo que hace tu vecino está en el límite de lo ético, ¿dices algo? Cuando el rector hace un comentario insensible que degrada a un alumno, ¿dices algo? Cuando un amigo cuenta un chiste racista mientras estáis tomando una copa, ¿dices algo? Cuando, para tu sorpresa, tu pareja se burla de un vecino discapacitado, ¿dices algo?

Estas personas controlan tu sueldo y tus posibilidades de ascender. Influyen en tu comodidad. Sin duda no lo han dicho con mala intención, ¿verdad?

¿O sí?

Cuando se les pregunta, la mayoría de los jefes dicen que quieren que si su personal ve algo, lo diga. Los jefes quieren que los empleados denuncien tanto las infracciones sanitarias y de seguridad como el mal comportamiento antes de que se conviertan en problemas de relación con los empleados o puedan exigirse responsabilidades a la empresa. Casi todo el mundo dice que quiere mantener relaciones de confianza con sus amigos y sus seres queridos. Para que nos vean, nos conozcan y nos escuchen en esas relaciones tenemos que emplear nuestra voz.

Pero ¿cuántos lo hacemos?

Quedarnos en silencio tiene sus alicientes. Para las personas con identidades tradicionalmente marginadas, emplear nuestra voz puede ser una actividad nueva, incómoda y arriesgada. ¿Cómo vas a decir lo que piensas cuando el mundo te ha repetido una y otra vez que no lo hagas? El silencio proporciona seguridad y garantiza la supervivencia. El bozal puede ser incómodo, pero seguro que resulta más fácil de soportar que las reacciones de los demás ante tu voz. ¿Para qué hacer el numerito de decir lo que piensas si sabes que en realidad no es bien recibido y si, de hecho, empeora las cosas en lugar de mejorarlas?

Aun así, nuestra seguridad, nuestro bienestar y nuestro progreso, individuales y colectivos, nos exigen emplear la voz. ¿En qué posición nos deja?

Este libro trata del silencio.

Cómo hemos aprendido a guardar silencio, cómo nos hemos beneficiado del silencio, cómo hemos silenciado a otras personas y cómo elegir otro camino. Trata de cómo ser más conscientes de lo que hemos aprendido y de desaprender patrones inconscientes para que podamos decidir cómo queremos mostrarnos. Trata de cómo desplegar todo nuestro talento, decir lo que pensamos, ser versiones más completas de nosotros mismos y ayudarnos unos a otros a hacer lo mismo.

Este es un libro para personas a las que les han dicho que emplear su voz es la habilidad de liderazgo que necesitan para pasar al siguiente nivel, que quieren expresar sus puntos de vista en las reuniones y conseguir por fin que las escuchen.

Este es un libro para personas a las que han silenciado, a las que les han dicho que no son lo bastante buenas, que han tenido que valorar con cuidado lo que podían contar y quiénes deben ser, y que luchan por saber cómo suena su voz después de muchos años ninguneadas.

Este es un libro para toda persona que quiera que la vean, la conozcan, la escuchen y la valoren, y que esté llegando a la conclusión de que quienes la rodean no pueden apoyarla si no los orienta sobre la mejor manera de hacerlo.

También es un libro para directivos y familiares bien intencionados que realmente quieren hacer las cosas mejor. Crees que se debe honrar la dignidad de todo ser humano, pero no ves cómo tus acciones silencian a las personas a las que pretendes apoyar.

A lo largo de este libro utilizo el «nosotros» para describirnos porque soy una persona a la que han silenciado. También soy una persona que, a pesar de mis buenas intenciones, silencia a los demás. Aunque los efectos del silencio recaen con más fuerza sobre las personas con identidades marginadas, este libro es para todos nosotros, porque una forma más saludable de hacer las cosas nos necesita a todos.

El silencio es, por definición, una ausencia: ausencia de voz, ausencia de opinión y ausencia de vida. Empieza de forma tan sutil que ni siquiera nos damos cuenta. Retiramos de la conversación o silenciamos lo que de verdad pensamos y lo sustituimos por lo que imaginamos que otros quieren escuchar. Pero al reprimirnos y no crear espacios lo bastante seguros para compartirlos con otras personas, perdemos la idea brillante o la advertencia que nos habría ahorrado futuros dolores de cabeza y de corazón.

Silencio también es tener que morderte la lengua para no crear problemas. Elegir tus palabras para que no provoquen una reacción que no podrías soportar en ese momento. Interpretar el papel que te asignan, no el que tú quieres.

Silencio es cuando no te invitan o no te permiten participar en la conversación porque no hay sitio, no eres bien recibido o no te consideran digno de ella. Silencio es cuando te dicen que callado estás más guapo o que la única razón por la que estás ahí es porque no han decidido que te marches. También es cuando a nadie se le ha ocurrido invitarte y no has pensado que podías pedirlo.

Silencio es cuando no hay suficiente aire en la sala porque las perspectivas, las personalidades y las prioridades de los demás ya han absorbido toda la energía. Es la superposición de voces entre las que no está incluida la tuya y el agotamiento de intentar meter baza.

Silencio es cuando decides que no merece la pena expresar tu idea en voz alta porque las voces de tu cabeza ya te han dicho que es una tontería, como solían decirte los niños en la escuela. Es decidir no revelar información ni contar tus opiniones porque el gasto de energía, los esfuerzos y las posibles consecuencias no compensan.

Silencio es ocultar partes de nosotros porque a los demás no les parecen aceptables. Es deformar lo que somos y ocultar lo que estamos destinados a ser para que otras personas no tengan que enfrentarse a molestias que no desean. Es negar nuestra dignidad para que otros puedan salirse con la suya.

Silencio es querer crear un espacio donde las personas se sientan seguras y quieran decir lo que piensan, pero no conseguirlo. Es decir que la diversidad, la equidad y la inclusión forman parte de nuestro ADN, pero no saber cómo crear esa composición genética. Es querer hacer lo correcto, pero descubrir que todo lo que intentas está mal.

Silencio son los mensajes que hemos interiorizado sobre lo que es apropiado, aceptable o bueno, mensajes que hemos aprendido a lo largo de nuestra vida en función de lo que hemos visto y oído, y por los que nos han recompensado.

A menudo el silencio es el camino que ofrece menos resistencia. Demasiado a menudo parece el único camino. Nuestros hábitos respecto del silencio son tan instintivos que olvidamos que podemos elegir. Cuando has aprendido a vivir en silencio, olvidas cualquier otra posibilidad.

Seguramente conoces el refrán «La palabra es plata y el silencio es oro».

Los estudiosos han rastreado las raíces de este refrán hasta obras árabes del siglo IX, donde la palabra y el silencio se relacionan por primera vez con el valor monetario.[2] Y no cabe duda de que tanto la sabiduría antigua como la práctica moderna proclaman los beneficios del silencio. El silencio sigue siendo un hilo conductor en la mayoría de las prácticas religiosas y espirituales. El *mauna* hindú es un voto de guardar silencio durante un periodo de tiempo para acallar la mente. Los monjes budistas valoran el silencio como una forma de aprender a hablar adecuadamente y sin violencia. Tanto la Biblia como el Corán señalan la importancia del silencio y advierten de los peligros de la lengua. El silencio es lo que hace posible la plenitud mental.

Diversos estudios muestran que trabajar en silencio exige menos carga cognitiva y genera niveles de estrés más bajos que trabajar con ruido de fondo.[3] Dos minutos de silencio pueden reducir la presión arterial y aumentar la circulación sanguínea en el cerebro.[4] Imke Kirste, bióloga regenerativa de la Universidad de Duke, descubrió que en ratones dos horas de silencio al día estimulaban el desarrollo celular del hipocampo, la región del cerebro relacionada con el aprendizaje, la memoria y la regulación emocional.[5] Algunos neurólogos contemplan estos hallazgos con optimismo respecto del uso terapéutico del silencio para curar daños cerebrales en humanos.

Incluso *Bambi*, la clásica película de dibujos animados de Disney, preconiza las virtudes del silencio: «Si al hablar no has de agradar, te será mejor callar». Pero ¿quién decide lo que es agradable? ¿Qué pasa si lo que digo y mi forma de decirlo no te agrada? ¿Qué hacemos?

Si el silencio tiene tantas virtudes, ¿por qué deberíamos romperlo?

La mayoría de las organizaciones y de los grupos sociales son homogéneos. La mayoría de las grandes empresas del mundo occidental siguen siendo predominantemente blancas. Los directores de muchas empresas mundiales todavía son hombres blancos. El patriarcado blanco (organización social en la que los hombres blancos detentan el poder y los principales privilegios) sigue siendo rampante. Sí, acabo de decir patriarcado blanco, y soy muy consciente de que puedes pensar que soy demasiado radical, pero la homogeneidad genera normas y culturas que no apoyan todas las identidades. Aunque haya algunas muestras no blancas y no masculinas sentadas a la mesa, sus acciones (o su silencio) seguramente respaldan las normas de la mayoría, y para eso se ha contado con ellas.

El problema de quién determina lo que es apropiado y aceptable no se limita al lugar de trabajo. Cambia tu imagen, lo que comes o lo que te parece divertido, y entonces quizá te acepten en el club social o en el grupo de amigos. Nos segregamos en función de cuánto dinero ganamos, qué opiniones políticas y religiosas tenemos y con quién nos sentimos cómodos. (Los economistas y sociólogos me pedirían que dijera «clasificamos» en lugar de «segregamos»,[6] pero si el efecto es de hecho una segregación, llamémoslo por su nombre en lugar de silenciar la realidad). Las comunidades en las que vivimos y los pueblos que formamos tienen el poder de apoyar o silenciar las partes de nosotros que nos convierten en quienes somos.

Sé de lo que hablo. Llevo décadas, desde que emigré a Estados Unidos, intentando encajar. Mis padres tuvieron el privilegio de elegir en qué barrio vivir. Eligieron zonas residenciales blancas en lugar de un enclave étnico y me pusieron un nombre occidentalizado porque así tendría más posibilidades de encajar. Con el tiempo, ser la única niña no blanca en la escuela me llevó a ser la única socia no blanca en una empresa de consultoría.

Solía decirme que mi superpoder era ser camaleónica, ser capaz de mezclarme con personas diferentes a mí. Significaba que tenía la capacidad de trabajar con obreros de mantenimiento de carreteras en la Australia rural y con organizadores de microfinanzas en Tanzania. Significaba que podía desempeñar los papeles necesarios para conectar con ejecutivos cuarenta años mayores que yo y tener credibilidad. Significaba que sabía cómo recibir la retroalimentación que necesitaba para «parecer más masculina» cuando trabajaba con los gerentes de una compañía de seguros mundial. En definitiva, sabía cómo hacerme más apetecible para el consumo de otras personas.

Pero me di cuenta de que con ese enfoque estaba perdiendo algo.

A mí. Mis pensamientos. Mis sentimientos. Mis ideas. Mi sentido de la existencia.

Llevo más de una década organizando talleres, impartiendo conferencias y formando a directivos en técnicas de negociación, conversaciones difíciles, aumento de la influencia e intercambio de retroalimentación, todas ellas habilidades fundamentales para dirigir y trabajar en un mundo cada vez más automatizado y desconectado. Aunque las teorías y las prácticas de mis colegas del Harvard Negotiation Project son sólidas, me he preguntado: ¿por qué algunas personas siguen sin negociar o sin mantener conversaciones difíciles?, ¿por qué, pese a las súplicas de la dirección y del personal de recursos humanos, el jefe sigue sin dar su opinión, pero al empleado lo despiden o lo trasladan con otro jefe?, ¿por qué nos quejamos con nuestros amigos de personas de nuestra organización religiosa, nuestro equipo de fútbol y nuestra familia, pero no hablamos directamente con ellas?, ¿por qué necesitamos eliminar partes de nosotros para que nos acepten?

La respuesta es la omnipresente influencia del silencio.

Todos hemos aprendido el silencio, nos hemos beneficiado de él y nos han recompensado por él. Hemos aprendido en qué momento guardar silencio nos beneficia. En qué momento el silencio se considera adecuado o profesional. En qué momento nos produce un mejor resultado o nos ayuda a evitar el dolor a corto plazo. Nos sentimos cómodos con el silencio porque nos resulta familiar. Es un mecanismo de afrontamiento y una estrategia para mantener el orden. El silencio conduce a una serie de resultados conocidos, ante todo nuestra seguridad y nuestro bienestar personal a corto plazo. Mordernos la lengua nos permite estar tranquilos en la mesa de Navidad. Al fin y al cabo, con un poco de suerte no volveremos a verlos hasta el año que viene, ¿verdad?

Estos patrones inconscientes en torno al silencio dirigen nuestro comportamiento diario, pero si no entendemos el papel que desempeña el silencio en nuestra vida y cómo lo utilizamos, no podremos tomar la decisión consciente de elegir otro camino.

Nuestro silencio es solo una parte del rompecabezas. Lo queramos o no, cada uno de nosotros también silencia a los demás.

Puede que ahora mismo te pongas nervioso. «¡Yo no soy así! Soy amable, inclusivo y acogedor. Cuido a los demás y los ensalzo, no los menosprecio».

Te escucho. Y, si eres humano, la realidad es que en algún momento, incluso sin querer, has dificultado que alguien diera su opinión. Todos lo hemos hecho.

Seré la primera en admitirlo.

Cuando, en la escuela, otra madre me pregunta qué planes tengo para mi hijo este verano, me encojo de hombros y le contesto que todavía estoy pensándolo. Ella añade de inmediato: «Sabes que participar en los campamentos tiene muchas ventajas, ¿verdad?».

Y antes de que haya podido responder:

«Los programas de ciencias son los mejores. Incluso ofrecen comidas orgánicas».

«Mejor aún si consigues el programa bilingüe, porque ayuda al desarrollo cerebral».

«Quieres que tu hijo tenga éxito, ¿verdad?».

Desconecto porque no necesito su insistencia (por bien intencionada que sea) en mi vida. La siguiente vez que la veo, camino un poco más despacio y me entretengo con el móvil para evitar interactuar con ella. «Olvido» contestar a sus mensajes.

¿Estoy orgullosa de mostrar mi tendencia a evitar los conflictos? Sin duda no.

¿Es mezquino por mi parte? Puede ser.

Pero ¿puedo lidiar con una persona más que, sin conocer mi contexto, quiere darme consejos que no le he pedido? No.

El silencio me permite mantenerla donde la quiero: a una distancia prudente.

Todos hemos enviado el mensaje de que no queríamos escuchar lo que una persona pretendía decirnos. Quizá porque se equivocaba. O porque no estábamos de acuerdo con ella. O porque sus palabras nos hacían daño. Quizá era la duodécima pregunta que nos hacía en cuatro minutos, y no teníamos fuerzas para responder a otro «por qué» (padres de niños pequeños, ¡estoy con vosotros!).

Intencionadamente o no, todos hemos silenciado a otras personas, pero no se trata de culpar a nadie. Lo que pretendo es ayudar a aumentar nuestra autoconsciencia para que nos parezcamos más a las versiones de nosotros mismos que queremos ser y creemos espacios en los que el sentimiento de pertenencia, la dignidad y la justicia sean realidades.

Romper el silencio exige consciencia y acción, y por eso este libro se estructura en dos partes.

La primera parte se centra en aumentar nuestra consciencia individual y colectiva del silencio en el que vivimos y al que contribuimos cada día. Los cinco primeros capítulos aportan una perspectiva básica sobre el silencio que hemos aprendido y sobre cómo nos silenciamos a nosotros mismos y silenciamos a los demás. La segunda parte del libro ofrece estrategias prácticas para utilizar tu voz y crear familias, equipos y comunidades que apoyen la voz en lugar del silencio. Básicamente, los cinco últimos capítulos te darán consejos prácticos sobre qué hacer de manera diferente.

A aquellos de vosotros a los que, como a mí, os interese sobre todo pasar a la acción, os pido que no os saltéis los primeros cinco capítulos. Cambiar el comportamiento sin entender lo que está en juego a nivel cognitivo y emocional ni por qué el cambio es importante puede resultar inútil y es mucho menos probable que ese cambio se mantenga. Crear espacio para tu voz y la de los demás no consiste solo en decir las palabras correctas. Desaprender nuestros hábitos en torno al silencio exige una mínima comprensión de por qué el silencio es problemático. Romper el silencio también exige que cada uno de nosotros cultive la voluntad de provocar la incomodidad personal y social necesaria para desarrollar nuevas respuestas reflejas. En los primeros cinco capítulos te ayudaré a cultivar esa consciencia con la mayor claridad y empatía posibles.

UN PENSAMIENTO

He tenido el honor de facilitar conversaciones que normalmente no se mantienen. Tanto en llamadas de diagnóstico sin filtro en las que los subordinados directos dicen lo que de verdad piensan de sus jefes como en reuniones de equipos directivos en las que se toman las decisiones o ante personas que no se dan cuenta de que soy bilingüe y hablan como si no las entendiera, he llegado a escuchar lo que muchos piensan y sienten.

A lo largo de este libro recurro a casos concretos, investigaciones y ejemplos personales. Los casos se basan en experiencias que me han contado, dinámicas que he observado y conversaciones en las que he participado. También incluyo ejemplos cotidianos entre amigos, familiares, compañeros de trabajo y miembros de la comunidad que pueden parecer inocuos para ilustrar cuán amplio e invasivo es el silencio en nuestra vida.

Desde el género, la raza y el origen étnico hasta la edad, la educación, el orden de nacimiento y tantas otras cosas, todos nosotros poseemos muchas identidades. Cuando una identidad concreta es un factor principal en lo que un caso pretende ilustrar, explicito la identidad. Esto significa que decido identificar y capitalizar la identidad racial de todo individuo, incluido el blanco. Cuando la identidad no es un factor principal para el ejemplo concreto, omito el detalle para intentar subrayar la universalidad de nuestras experiencias humanas. Aunque tu identidad no sea la misma que la de las personas de los casos, te invito a considerar cómo la dinámica te afecta a ti y a las personas que te rodean.

Si queremos que nos escuchen y crear espacios en los que se pueda escuchar a otras personas, tenemos que entender cómo el poder, la identidad, los privilegios y los patrones aprendidos nos conducen al silencio. Tenemos que apoyar la voz gestionando el papel que desempeña el silencio. Tenemos que entender y elegir activamente nuestra relación personal con el silencio. Tenemos que desaprender las maneras en que nos silenciamos a nosotros mismos y silenciamos a los demás. Tenemos que romper el silencio.

PRIMERA PARTE
Consciencia

1
El silencio aprendido

No quiero ir a casa de la tía Becca. ¡Huele fatal! —gritó Charlie, de cinco años.

La madre de Charlie lo hizo callar de inmediato.

—Vamos, Charlie. Pórtate bien.

—Pero es verdad —insistió él.

La madre de Charlie lo pensó un minuto.

Era verdad. Ni siquiera los ambientadores y el nuevo neutralizador de aire que había comprado y le había regalado a Becca podían enmascarar el olor a gato. Siendo sincera, tampoco a ella le entusiasmaba ir a casa de su hermana.

—Aun así, Charlie —contestó, muy seria—, es tu tía. Tenemos que ir.

—No quiero.

—Me da igual. Vamos a ir.

Charlie puso mala cara, pero lo aceptó.

Como Charlie, todos empezamos la vida con opiniones y preferencias: adónde queremos ir, qué queremos hacer y qué entornos preferimos. Pero con el tiempo, en nombre de la corrección y el respeto, muchos aprendemos no solo a guardar silencio sobre esos pensamientos, sino también que esos pensamientos no importan. Nuestra familia y nuestros amigos refuerzan las normas y las sedimentan como buenas, adecuadas y normales. Creamos hábitos reflejos cuando nos silenciamos a nosotros mismos y silenciamos a otras personas en función de experiencias individuales, estructurales, sociales e intrapersonales.

En este capítulo abordaré cómo se manifiesta el silencio en cada uno de los ámbitos anteriores para que entiendas mejor cómo aparece y da forma a tu vida cotidiana. Espero hacer consciente lo que a menudo es inconsciente para que podamos tomar decisiones más informadas sobre si esos mensajes y hábitos nos sirven hoy en día.

¿QUÉ ES LA VOZ?

La voz es lo contrario del silencio.

Pero la voz es más que decir algo en una conversación. La voz es la expresión de nuestras creencias, valores, opiniones, perspectivas y singularidad. La voz es utilizar nuestros pensamientos, ideas y acciones para dar forma al mundo que nos rodea y expresar lo que creemos que importa a través de nuestras palabras y acciones. La voz es la libertad de creer, hablar y vivir mostrándonos como queremos, no como quieren los demás. La voz significa participar en la toma de decisiones sobre tu vida y la de los que te rodean. En definitiva, nuestra voz es a lo que dedicamos tiempo, energía y esfuerzo.

Cómo aprendemos el silencio

Cada uno de nosotros tiene su propia relación con el silencio, basada en los mensajes que hemos recibido a lo largo de los años sobre cuándo, dónde, cómo y con quién está bien compartir partes de nosotros. Aunque no entendamos la influencia del silencio aprendido, este tiene poder sobre nosotros. Es una fuerza invisible que afecta a nuestra vida, pero que no podemos controlar ni moldear.

Pero cuando empezamos a entender a grandes rasgos nuestra relación con el silencio, podemos empezar a preguntarnos cuáles de esas cosas aprendidas todavía nos sirven, cuáles queremos poner a prueba y cuáles podríamos dejar atrás. Desaprender el silencio no significa dejar de lado todo lo que hemos aprendido ni decirlo todo siempre. Más bien significa ser conscientes de nuestros valores aprendidos en torno al silencio para poder evaluar si queremos mantenerlos o cambiarlos.

No conozco otra manera de romper el silencio que ponerlo en cuestión y enfrentarse a él.

Más adelante abordaremos las muchas formas de aprender el silencio. En los próximos apartados te invito a reflexionar sobre las siguientes preguntas: ¿qué mensajes has interiorizado sobre quién puede hablar y ser escuchado, y cuya voz importa?, ¿qué hábitos reflejos has desarrollado sobre el empleo de tu voz o el apoyo a la voz de otras personas?, ¿en qué medida esos hábitos te sirven para ser la persona que eres hoy y la que quieres llegar a ser?

A NIVEL INDIVIDUAL

Simone siempre se sentía dividida en cuanto a las cenas del domingo con toda su familia de origen italiano e irlandés. Por un lado, le encantaba jugar al escondite con sus primos. Le encantaba el bullicio de una casa llena de gente y la mezcla de olores dulces y salados que salían de la cocina. Estaba impaciente por comerse el delicioso guiso de su abuela, una receta secreta que había prometido compartir con ella algún día.

Por otro lado, la visita siempre le parecía tensa. Nadie sabía cuándo su abuelo iba a explotar, ni por qué. Estaba simpático y cariñoso, invitando a los niños a sentarse en su regazo mientras fingía ser Santa Claus, y de repente se convertía en un cascarrabias al que nadie podía complacer. Lo curioso era que tenían que darle tentempiés para que no tuviera hambre.

Cuando Simone le preguntó a su padre por qué el abuelo actuaba así, él le contestó: «El abuelo es complicado».

Un domingo, mientras estaban sentándose a la mesa, Simone se puso a hablar de su bicicleta nueva. Su padre había ahorrado para comprarle exactamente la bicicleta que quería, una de dos ruedas con cintas rojas en el manillar, pata de cabra y timbre brillante. Era lo más bonito que había visto en su vida, y cada vez que volvía de dar un paseo la limpiaba para mantenerla en perfectas condiciones.

Al escuchar la conversación, su abuelo la riñó: «No presumas tanto, Simone».

Simone quiso comentar que no estaba presumiendo, que solo estaba compartiendo su emoción, que agradecía mucho el regalo y que no era justo que su abuelo se metiera con ella, pero sabía que no debía responder. Durante años había observado a otros miembros de su familia intentando explicarse, y nunca había acabado bien.

El abuelo se dirigió al padre de Simone. «¿Qué haces malcriando a la niña? Por tu culpa acabará siendo débil».

Simone observó cómo su padre evitaba la mirada furiosa del abuelo, asentía e intentaba cambiar de conversación.

El abuelo siguió diciendo: «¿Me oyes, muchacho? No te dediques a criar hijos blandos. No necesitamos más niños mimados en esta familia».

Las palabras hirieron a todos los que estaban alrededor de la mesa. Cansado, el padre de Simone sugirió que bendijeran la mesa.

Ninguno de nosotros salió del útero con el silencio como respuesta refleja que tenemos hoy, pero, al igual que Simone, empezamos a aprender enseguida.

Cuando éramos bebés, llorábamos. Llorábamos cuando necesitábamos algo o estábamos enfadados. Llorábamos para comunicarnos. Si nadie responde, sabemos que los bebés acaban dejando de llorar porque aprenden que es inútil pedir ayuda.[1] A la mayoría de nosotros nos hicieron callar (y es comprensible), nos tranquilizaron y al final nos dijeron que los niños y las niñas mayores no lloran. Nos enseñaron a suprimir (o regular) nuestras necesidades y emociones.

Esta enseñanza continuó mientras crecíamos y empezábamos a registrar las respuestas que recibíamos de las personas que nos rodeaban, en especial de nuestra familia. ¿Te recompensaban por portarte bien y no expresar tus necesidades y deseos? Piensa en lo que puedes y en lo que no puedes comentar con tu familia de origen. ¿El tiempo, lo que has comido este mediodía y lo que sabes que quieren escuchar? No hay problema. ¿Lo que has visto en las noticias, leído en un libro o escuchado en la radio? Generalmente tranquilo. ¿Política, religión, peso, dinero, si sales con alguien, sentimientos y lo que piensas de verdad? A menudo cuestionable si quieres salir ileso.

Las diferencias generacionales también dan forma al silencio aprendido. Un artículo de la revista *Time* de 1951 fue el primero en denominar «generación silenciosa» a las personas nacidas entre finales de la década de 1920 y 1945.[2] Vivir la Gran Depresión y los tumultos de la Segunda Guerra Mundial provocó que personas de todo el mundo aprendieran a trabajar duro y a guardar silencio. Lo característico de la infancia era la disciplina estricta y «que te vieran, pero no te oyeran».[3] En Estados Unidos, las investigaciones a ciudadanos sospechosos de deslealtad política por parte del Comité de Actividades Antiestadounidenses de la Cámara de Representantes y del macartismo también tuvieron un efecto silenciador durante esos años.[4] Desde el Gobierno hasta Hollywood, las personas perdían su reputación y su trabajo si se sospechaba que tenían vínculos con el comunismo. Por eso se guardaban sus pensamientos para sí mismas y solo hablaban cuando les hablaban a ellas para que no las acusaran de algo que no habían hecho. Ni siquiera trabajar en silencio y no hacer nada que llamara la atención era garantía de que no fueran a acusarlas de deslealtad.

Aprendimos de qué podemos hablar y con quién por las reacciones de otras personas, si nos hacían callar y si las hacíamos enfadar. También aprendimos si debíamos guardar silencio en función de cómo respondían los que nos rodeaban. Aprendimos cuándo y dónde callarnos en función de qué comportamientos se recompensaban y cómo se recibían las conductas de los que nos rodeaban.

A NIVEL ESTRUCTURAL

Lo que Simone aprendió sobre guardar silencio en las cenas de los domingos le resultó útil en la escuela. Las notas que llevaba a casa señalaban que seguía las instrucciones a la primera y que escuchaba con atención y respeto, lo que la convertía en una alumna excelente.

Los comentarios de la maestra de Simone eran reveladores. Simone no era una alumna excelente porque fuera inteligente, estudiosa o porque siempre respondiera correctamente. Según su maestra, Simone era una alumna excelente porque era obediente y no causaba problemas en clase. Memorizaba las tablas de multiplicar y las repetía. Repetía como un loro las respuestas que sabía que la maestra esperaba. La recompensa por memorizar y repetir como un loro era el cariño y la aprobación de su maestra. La docilidad (o el silencio) era su mayor activo. Una vez más, cumplía con la expectativa estructural de que los niños debían callarse y portarse bien.

A diferencia de ella, su compañero Henry era un niño curioso. Siempre estaba preguntando. Cuando la maestra le pidió que dijera un país de Sudamérica, él contestó:

—¡Bolivia! ¿Sabía usted que en Bolivia está el salar más grande del mundo? ¿Y que durante la estación húmeda el agua convierte el salar en un gran espejo?

—Ya es suficiente, Henry —respondió la maestra—. Solo te he pedido que dijeras el nombre de un país.

Henry se mordió el labio, frustrado. Le había entusiasmado contar lo del salar porque la familia de su madre era originaria de esa zona. Había sido una de las pocas veces que sabía la respuesta a la pregunta de su maestra. Se le llenaron los ojos de lágrimas y le tembló la barbilla.

—¡Ja, ja! Henry está llorando otra vez —se burló un niño de la clase.

—Niños, dejadlo tranquilo —dijo la maestra.

Los niños hacen unas ciento veinticinco preguntas al día. Los adultos, unas seis. En algún momento entre la niñez y la edad adulta silenciamos nuestra curiosidad.[5] Como Henry, aprendemos a acatar las reglas y normas que rigen los espacios que ocupamos. Dejamos de preguntar por qué porque molesta a las figuras de autoridad de nuestra vida, nos crea problemas y no es necesario para el examen estándar. Aprendemos no a pensar por nosotros mismos, sino a elaborar el resultado que los demás quieren de nosotros.

Los sistemas escolares están diseñados para favorecer un pequeño grupo de habilidades y formas de expresión que benefician los puntos fuertes de unos pocos. La música y el arte se consideran actividades extraescolares, las primeras que se recortan cuando el presupuesto es ajustado. Se nos anima sutilmente a reprimir nuestra singularidad para encajar en el molde de lo que se premia en clase. Vemos que a las personas que no se ajustan a las expectativas dominantes se las vigila, se las etiqueta como «en riesgo», se las empuja a los márgenes y se las clasifica como inferiores.[6] Aprendemos que solo importa determinado tipo de voz, así que empezamos a silenciar nuestra creatividad.

EN DEFENSA DE LOS PROFESORES

Muchos profesores hacen un trabajo maravilloso y cultivan espacios de curiosidad y valentía que apoyan la singularidad individual. La mayoría de las personas que conozco, incluida yo misma, recordamos a un profesor que influyó en nuestra vida porque nos ayudó a convertirnos en quienes somos. Es el regalo de la buena enseñanza.

Dicho esto, para entender la complejidad del silencio estructural antes debemos reconocer los desafíos estructurales a los que se enfrentan las escuelas. Unos profesores mal pagados y sobrecargados de trabajo se esfuerzan por garantizar que los alumnos obtengan buenos resultados en exámenes estándares que determinan cuánta financiación recibirá la escuela. Todo, desde el tamaño de las clases hasta la falta de financiación y la presión política, exige que los profesores hagan magia. Observar lo que la educación tradicional apoya y lo que silencia no es atacar a los profesores. También los profesores han aprendido el silencio. Observar es el deseo de analizar cómo podríamos hacer evolucionar nuestras prácticas para ofrecer más apoyo a la voz de los alumnos, los profesores y las generaciones venideras. Es una invitación a que tanto los profesores como los alumnos creen espacios valientes, clases en las que las personas no tengan que dejar aspectos de sí mismas en la puerta para sentir que forman parte del grupo, en las que sea seguro probar cosas nuevas y en las que normalicemos el debate y abordemos aquello que nos hace sentir incómodos.[7]

Los alumnos de clases tradicionales aprenden leyendo y escuchando, no debatiendo y discutiendo, pero diversos estudios muestran que si solo premiamos la memorización y la repetición mecánica, no conseguimos desarrollar el pensamiento crítico.[8] A las personas que expresan opiniones diferentes se las considera combativas, problemáticas o desafiantes. Este enfoque de la enseñanza refuerza la norma de que uno solo debe hablar cuando le hablan, en especial si se enfrenta a una figura de autoridad, y no consigue cultivar el pensamiento crítico, la creatividad, la colaboración, la comunicación y el aprendizaje autodirigido, habilidades consideradas fundamentales para vivir y trabajar en el siglo XXI.[9]

El aprendizaje es intrínsecamente vulnerable. No podemos aprender cuando nos sentimos tontos por preguntar ni cuando nuestra opinión y nuestras experiencias no tienen valor. Como en el caso de Henry, que te digan que tu entusiasmo y tu contexto familiar no son bien recibidos sugiere que tú no eres bien recibido.

Añadamos que a los alumnos a menudo no se les ofrece la historia completa. Como la mayoría de mis compañeros, los libros de historia que leí en la escuela primaria celebraban el descubrimiento de América por Cristóbal Colón. Era un héroe digno de admiración. Mi mente de ocho años no sabía que habían excluido oportunamente la violación, la explotación y el asesinato de pueblos indígenas y nativos. Como yo, los alumnos (y a menudo los padres) no se dan cuenta de que se silencian voces, ya que interiorizamos la eliminación incorporada en el plan de estudios.

Las personas y organizaciones que desarrollan planes de estudios y contenidos tienen el poder de pintar la versión de la historia que quieren que veamos. Representar diferentes identidades en materiales educativos informa a los alumnos de lo que la sociedad espera de ellos y de los demás en función de su identidad social.[10] No hablar de privilegios, raza, clase, religión, género, identidad sexual y capacidad no hace que esas partes de nuestra vida desaparezcan. Guardar silencio sobre esas partes de la vida y la historia envía el mensaje de que no las reconocemos. No importan, y las personas que se ven afectadas por ellas tampoco importan.

Y no sucede solo en la escuela. Llevamos estas lecciones con nosotros durante toda la vida.

Años después, Simone, que seguía las reglas, se enfrentó a un duro golpe. Su jefe siempre le había dicho que si tenía problemas acudiera a él antes de que las cosas fueran a peor, pero cuando ella le expresó su preocupación porque los plazos eran poco realistas, él respondió: «Arréglatelas».

Hablar en el trabajo puede resultar difícil. La mayoría de los jefes dicen que quieren crear una cultura del diálogo («Cuéntamelo antes de que se convierta en un problema grave»), pero a menudo envían mensajes sutiles sobre lo que de verdad quieren escuchar. Si está bien plantear preocupaciones sobre la equidad salarial, el acoso sexual, la misoginia o la imposibilidad de cumplir los objetivos trimestrales depende de las reacciones de los jefes. Cuando los jefes ofrecen resistencia a las perspectivas de los empleados o las niegan, es más probable que los empleados crean que no vale la pena correr el riesgo o hacer el esfuerzo de decir lo que piensan.[11] Estas normas conducen al silencio organizacional (un término académico que significa «no decir ni hacer gran cosa con los problemas»), porque las personas creen que no vale la pena decir lo que piensan y que expresar sus opiniones es peligroso.[12]

Lo que implícitamente aprendemos y nos enseñamos unos a otros es que tenemos que guardarnos para nosotros lo que pensamos para no perder el trabajo o para mantener buenas relaciones con los demás. Aprendemos que el silencio es la respuesta a la controversia y al conflicto.

A NIVEL SOCIAL

Jess había quedado con el amigo de un amigo. Creía que sería una oportunidad para establecer contactos profesionales. Cuando fue a pagar el aparcamiento descubrió que la máquina solo aceptaba efectivo. Como no llevaba dinero encima, el amigo de su amigo le propuso que lo acompañara a su habitación de hotel, donde tenía dinero en efectivo que podría prestarle. Cuando llegaron, él la violó. Jess gritó que no, pero él no la soltó ni la dejó salir de la habitación hasta que ella le prometió que no le contaría a nadie lo sucedido.

Durante años, Jess no se lo contó a nadie. Había visto en las noticias cómo destrozaban a las mujeres que denunciaban que las habían violado. A las víctimas las llamaban putas y decían que no deberían haberse vestido así ni haberse puesto en esa situación. Las acusaban de denunciarlo para conseguir una compensación económica de sus agresores.

Así las cosas, Jess se preguntaba quién iba a creerla si decía algo. Y para qué serviría. Se sentía avergonzada por haberlo «permitido», se culpaba a sí misma y no dejaba de dar vueltas a lo sucedido. ¿Qué se suponía que debía haber hecho? ¿De qué otra manera iba a entrar en el reducido círculo del sector? Ninguno de sus familiares y amigos sabía nada de ese mundo. Si los negocios se hacían en los campos de golf o entre hermanos de fraternidad, ¿qué esperanzas tenía de abrirse camino? Si los hombres podían tomar unas copas con otros hombres, ¿por qué ella no? No había enviado ninguna señal de que estuviera abierta a nada. Habían hablado de leyes de gestión del suelo urbano y de concesión de licencias, por el amor de Dios. Nada más.

Aprendemos el silencio en función de cómo se ha tratado a personas en situaciones similares. La mayoría de las personas que sufren violencia sexual no la denuncian, en parte porque a quienes lo han hecho los han condenado al ostracismo, culpado y arrastrado por el barro.[13] Las barreras sociales, emocionales y en ocasiones legales impiden que personas como Jess hablen de sus experiencias. Se las deja sufrir en silencio y tienen que seguir con su vida como si no hubiera pasado nada.

Hace poco oí la frase «El soplón, al paredón». Es decir, si denuncias a alguien ante una autoridad, serás objeto de represalias violentas.[14] La frase alude a un código de silencio en el que involucrar a la policía podría infligir daño a la comunidad.[15] Me encontré con la frase porque mi hijo estaba contando que un niño de preescolar había roto un juguete. Cuando el padre del niño escuchó a mi hijo, bromeó: «Cuidado, el soplón, al paredón». La frase no tiene nada que ver con la legítima desconfianza en un sistema judicial discriminatorio.

Al principio pensé que «soplón» era una referencia al Dr. Seuss, pero después me di cuenta de que la frase, dicha tan a la ligera en una conversación informal, es otra forma de aprender a guardar silencio. Si denuncias a alguien o cuentas algo que ha ocurrido a tu alrededor, incluso en la escuela preescolar, te tildan de chivato. Y en algunos contextos a los chivatos los matan. Pero ¿cómo vamos a hablar de las cosas, a solucionar problemas y a adoptar comportamientos diferentes si hemos aprendido que el coste de hablar es tan alto que no podemos o no queremos asumirlo?

Nuestras respuestas colectivas a los incidentes determinan si el estigma y el coste social impedirán que se denuncien y se busque ayuda. Aprendemos que el silencio, por doloroso que sea, al menos parece menos duro que el hecho de que los demás duden, cuestionen o nos digan que lo que hemos vivido puede que en realidad no haya sucedido.

También aprendemos quién puede hablar y quién debe callarse por la manera en que los medios de comunicación retratan a las personas que se parecen a nosotros. Un estudio de 1.300 películas populares entre 2007 y 2019 realizado por la Escuela Annenberg de Comunicación y Periodismo de la Universidad del Sur de California mostró que solo el 30 por ciento de los personajes que hablaban eran mujeres, es decir, que los espectadores ven a 2,2 hombres hablando por cada mujer.[16] Muy pocos personajes negros, latinos, asiáticos y LGBT tenían papeles con texto. Solo 4 de los 26.618 personajes eran transgénero, y sumaban un total de dos minutos de pantalla. Según este sector, es normal que hablen los hombres. Se supone que las mujeres, las personas no blancas, las personas LGBTQ+ y las personas con discapacidades deben guardar silencio, si es que forman parte de la trama. Esta representación de la sociedad se introduce en nuestros datos subconscientes sobre quién es digno de aparecer en la gran pantalla, quién puede ser protagonista, quién puede ser jefe y a quién se escucha.

A NIVEL INTRAPERSONAL

De niña, las normas en mi comunidad asiática y mi comunidad cristiana eran claras:

No contestes. Era la mayor falta de respeto. Contestar suponía desafiar, expresar un punto de vista diferente o hacer una pregunta sincera o capciosa. Cuando me decían que hiciera algo, debía limitarme a contestar que sí.

Respeta a tus mayores. Respetar significaba no oponerse, no ir en contra de sus deseos y no rebatir lo que decían, al menos de forma directa y en público. Al fin y al cabo, habían vivido más, así que sabían más.

No airees los trapos sucios. Los asuntos familiares se quedan en la familia. Nunca le habría contado a nadie si mis padres se peleaban o si teníamos problemas económicos. Todo eso se quedaba en la familia. Y por supuesto no hablábamos de emociones.

Como había interiorizado estas normas, mi comportamiento predeterminado era cerrarme y guardar silencio.

La comunicación interpersonal es la interacción entre dos personas, mientras que la comunicación intrapersonal alude a los mensajes que nos enviamos a nosotros mismos. Como yo seguía las normas, me las tomé muy en serio y empecé a decirme lo mismo. Aprendí a silenciarme.

Estoy intentando romper ese silencio. Y ahora, como madre, trabajo para determinar qué normas quiero transmitir y qué patrones generacionales quiero romper.

¿Quiero que mi hijo me conteste de malas maneras? La verdad es que no. Cuando hace dos horas que debería estar dormido y el niño aún está en la mitad de la lista de razones por las que no puede dormir, ¿quiero que se calle? Sí. Pero ¿quiero también que tenga sus opiniones, que aprenda que su voz tiene poder y que no tenga que desaprender lo que yo aprendí? Sin la menor duda.

¿Quiero que respete a sus mayores? Sí, pero no a costa de perder su opinión ni la capacidad de desarrollar su pensamiento.

¿Quiero que cuente lo que pasa en nuestra familia? Quiero que sepa buscar apoyo social, que se relacione con la comunidad y que tome libremente decisiones sensatas sobre lo que quiere contar o guardarse para sí mismo.

Estoy convencida de que la edad adulta es un proceso continuo de descubrir lo que aprendimos en la infancia y años después, y a continuación determinar qué queremos conservar o complementar. Asumo constantemente la responsabilidad de entender por qué las cosas que he aprendido pueden ser problemáticas. Ser consciente de esos valores predeterminados aprendidos significa que puedo (y también tú puedes) tomar decisiones conscientes, y potencialmente diferentes, en el futuro.

En este capítulo hemos analizado cómo hemos aprendido el silencio: a través de nuestras experiencias individuales, de estructuras sociales como la escuela y el trabajo, y de los pensamientos y creencias que hemos interiorizado. ¿Cómo es tu relación con el silencio? ¿Dónde y cuándo consideras conscientemente que es adecuado emplear tu voz? ¿Qué partes de ti sientes la necesidad inconsciente de mantener o eliminar?

Te animo a que cuestiones el silencio que has aprendido, porque mi silencio aprendido no me incumbe solo a mí, y el tuyo no te incumbe solo a ti. Nuestro silencio aprendido afecta a cómo nos presentamos en las relaciones, en los equipos y en la comunidad, y a cómo esos valores predeterminados dan forma al mundo.

PREGUNTAS PARA REFLEXIONAR

———

¿Qué has aprendido sobre el silencio...

de tu familia de origen?

de cuando ibas a la escuela?

de tus experiencias laborales?

de las culturas de las que formas parte?

2

El problema del silencio

Vince tenía un puesto directivo en su empresa. Lo había aceptado porque la empresa era líder en el sector y le atraía la oportunidad de innovar en un mercado que llevaba décadas funcionando del mismo modo.

Sin embargo, en las reuniones, cuando se proponían formas creativas de estructurar los acuerdos, Vince se dio cuenta de que las estructuras no le parecían correctas. Pero él era matemático y economista, no un experto en contabilidad. Temía plantear el tema porque había visto que a otras personas que habían cuestionado a la empresa las habían tachado de no ser «lo bastante inteligentes para entenderlo».

Cuando por fin expresó sus preocupaciones, echaron por tierra sus argumentos. Cuando le llamaron de la dirección y dijo lo que pensaba, le colgaron. Dejaron de convocarlo a las reuniones. Un día le comunicaron que iban a trasladar a su grupo a otra división porque en lugar de apoyar los procesos estaban dificultándolos.

Vince trabajaba en Enron, la empresa energética que en su momento fue la séptima más grande de Estados Unidos. Como director de riesgos e investigación de Enron, el trabajo de Vince Kaminski consistía en asegurarse de que la empresa no asumiera riesgos excesivos, pero cuando se negó a firmar un acuerdo determinado, recibió quejas sobre su trabajo. Otros directores de Enron silenciaron a Vince cortándole la conversación, trasladando a su grupo para limitar el impacto de su trabajo y negándose a prestar atención a sus advertencias.[1]

El resultado final fue el mayor escándalo empresarial de la historia moderna, con pérdidas de más de sesenta mil millones de dólares en inversiones de los accionistas y con cinco mil empleados que perdieron el trabajo sin indemnización ni seguro médico.[2]

El economista Albert Hirschman señaló en su ensayo de 1970 que cuando las cosas no funcionan, las opciones son salir del sistema, intentar utilizar la voz para cambiarlo o seguir siendo leales a él.[3] Cuando la voz no es bien recibida, salir se convierte en una opción interesante. Los únicos que quedan son los leales, los que siguen las normas de la dirección. Tener solo empleados leales crea una cámara de eco que puede resultar empoderadora en ese momento, pero que no permite corregir el rumbo.

Puede que pienses que sí, pero que estamos hablando de Enron. Lo que llevó a esta empresa a la ruina no fue el silencio, sino una apropiación indebida. Un fraude. La ausencia de controles y balances. Los egos. No se hacían auditorías internas.

Tienes razón, pero silenciar a los demás es lo que permite que las malas prácticas, la codicia y la arrogancia no se controlen. De hecho, el silencio es un factor común en todos los escándalos empresariales del siglo xx. En todos los casos hubo personas que intentaron hablar, pero otras las ignoraron, las despidieron, las menospreciaron y las silenciaron. Que nos rechacen una y otra vez y nos obliguen a asumir el coste de decir lo que pensamos embota nuestros instintos y nuestra capacidad de ver las cosas de otra manera, mucho más de articular diferencias de perspectiva. Por no mencionar el silencio estructural existente por la ausencia de determinadas voces y funciones dentro de un sistema.

Silenciar a personas crea un pensamiento grupal en el que el deseo de consenso y armonía anula el sentido común, las ganas de presentar alternativas, las críticas y la expresión de opiniones impopulares.[4] Si decides quedarte en un sistema, dices lo que se espera de ti, no lo que piensas de verdad, porque eso es lo que el sistema recompensa. Lo que se recompensa se convierte en la norma.

Y las personas tendemos a obedecer las normas, sobre todo si proceden de una figura de autoridad.[5] En una serie de estudios ahora conocidos como experimento de Milgram se pidió a los participantes que administraran a otras personas descargas eléctricas de voltaje cada vez más elevado. Algunos participantes expresaron preocupación a medida que el voltaje aumentaba y oían gritos de los receptores, pero siguieron administrando descargas cuando el investigador les dijo que no les pedirían responsabilidades por el resultado y que necesitaban su ayuda para el experimento. El 65 por ciento de los participantes estuvieron dispuestos a llegar a los cuatrocientos cincuenta voltios, aunque les preocupara haber matado a los sujetos.

El silencio no solo significa que hay pocas oportunidades de corregir el rumbo, que las personas con diferentes puntos de vista se van y que te quedas en una cámara de eco en la que todos dicen que sí.

El silencio también tiene efectos negativos para la salud.

Tener que ocultar parte de nuestra identidad y vigilar lo que decimos mantiene nuestro sistema nervioso en permanente alerta máxima. Los niveles de estrés que provoca se manifiestan en erupciones cutáneas, trastornos digestivos, problemas cardiacos, migrañas y fatiga suprarrenal y crónica.[6] El silencio es una respuesta habitual a los traumas,[7] y el silencio forzoso puede considerarse un trauma secundario.[8] Por el contrario, que nos escuchen y nos vean es la protección más eficaz contra el estrés y los traumas,[9] que no puede tener lugar si guardamos silencio o nos silencian.

En este capítulo analizaré más a fondo los problemas del silencio y explicaré cómo el hecho de que nos silencien hace que dudemos de nosotros mismos, contribuye a eliminarnos e intensifica el sufrimiento. Y mostraré cómo silenciar a los demás, intencionadamente o no, determina nuestra percepción de la realidad y perpetúa el problema, porque crea aún más silencio en el mundo.

UNA CONFESIÓN

Dudo si escribir este capítulo porque, en las manos equivocadas, podría utilizarse como modelo para silenciar deliberadamente a personas y hacerles daño. También me doy cuenta de que mis dudas a la hora de articular lo problemático del silencio proceden de mis cicatrices tras haber pasado años silenciada. De hecho, las dinámicas que abordo son las mismas que sorteo mientras escribo. ¿Vale la pena decir algo? ¿Y si utilizan mis fallos de argumentación? ¿Cómo responderé a la inevitable respuesta negativa? El problema de que te silencien es que te corriges a ti mismo antes incluso de haber empezado a hablar.

Pero para mí vale la pena analizar lo problemático del silencio para informar a los que no han experimentado su implacable e inquebrantable impacto y para validar a los que sí.

Espero que sientas lo mismo.

El silencio lleva a la falta de confianza en nosotros mismos

Patricia es la única mujer del equipo ejecutivo de una empresa de biotecnología. A pesar de ser doctora en ingeniería médica y de su impresionante currículum en el sector, sus colegas no dejan de decirle que es demasiado emocional, demasiado dispersa y demasiado empática. Con el tiempo, el discurso de que no tiene «madera para liderar» se ha sedimentado. Cada vez que plantea un problema de cultura laboral en las reuniones ejecutivas, la reacción de sus colegas es: «Ya está Patricia otra vez». Pero después, en la evaluación de su rendimiento, le dicen que no participa lo suficiente en las conversaciones.

Tener que demostrar su valía constantemente hace que Patricia dude de lo que aporta, aunque en realidad es el mejor activo de la empresa. Es ella la que tiene las buenas ideas de las que depende la empresa y la clave para que los empleados confíen en la dirección y no se marchen, aunque si asistiéramos a las reuniones ejecutivas no nos daríamos cuenta. Con el tiempo ha optado por el silencio porque es lo que le genera menos críticas de sus colegas.

En casa, la situación no es mejor. Patricia es la que se ocupa de todo, desde organizar el calendario de la familia hasta conseguir que alguien arregle de una vez el fregadero, a pesar de que tanto su marido como ella trabajan a jornada completa. Aunque reconoce que es una privilegiada porque pueden permitirse pagar para que les ayuden en casa, sigue siendo ella la que recibe todas las llamadas: de la escuela, del médico, del que pasea a los perros, de la niñera, de la mujer de la limpieza, de los amigos y de la familia. E inevitablemente es a ella a la que echan la culpa cuando no hay comida en la mesa o los niños se portan mal.

Cada vez que Patricia ha intentado negociar con su marido una repartición más equitativa de las tareas domésticas, él le ha contestado: «¿No ves lo cansado que estoy?». De alguna manera la conversación acaba girando en torno a que todo conflicto es culpa de ella. Al parecer, es una desagradecida, tiene expectativas poco realistas y no aporta lo suficiente. Después de estas conversaciones se siente despreciada e insultada, sobre todo porque ya ha silenciado muchas esperanzas, sueños y necesidades para que la familia funcione. Con el tiempo deja incluso de plantear el tema. Su frustración se convierte en rabia, y la rabia, en resentimiento.

En los peores días, bombardeada con mensajes en el trabajo de que sus ideas no son suficientes, y en casa de que sus esfuerzos no son suficientes, Patricia empieza a dudar de sí misma en todo. «Quizá exagero. Quizá soy demasiado sensible. Quizá lo he malinterpretado. Quizá no entiendo cómo funcionan las cosas. Quizá es cosa mía». Empieza a pensar que no está a la altura.

Como Patricia, cuando no se reconocen nuestras aportaciones y se descartan nuestras opiniones, puede que empecemos a preguntarnos si el problema somos nosotros. Dudamos de nuestros instintos. Empezamos a suponer que los instintos, la capacidad analítica y las decisiones de otras personas son más válidos que los nuestros. Olvidamos que nuestros valores y nuestro sentido arácnido están programados para detectar amenazas y que nuestras percepciones son válidas. Con el tiempo, nuestra intuición y nuestro instinto están tan silenciados que ya no los oímos. En lugar de fijarnos en lo que acaso está mal fuera de nosotros, empezamos a pensar que lo que está mal somos nosotros.

El hecho de que nos subestimen y nos menosprecien constantemente conlleva que olvidemos que somos dignos de respeto, dignidad, sentimiento de pertenencia y amor. Que nuestro valor no está determinado por lo que sabemos hacer o lo que conseguimos, sino que por nuestra naturaleza humana somos dignos de respeto, dignidad, sentimiento de pertenencia, amor y mucho más.

Así que, aunque vaya en contra de lo que tus colegas, tu familia y el sistema te dan a entender con palabras y acciones, permíteme decirlo:

Importas.

Tus pensamientos, inquietudes, preguntas, miedos y preferencias importan.

El silencio atenta contra la dignidad

Estudios sociológicos han demostrado una y otra vez que las personas con identidades más dominantes tienen más poder en los sistemas. En buena parte del mundo, eso significa blanco, rico, sin discapacidades, cisgénero y hombre. Los que poseen identidades más dominantes tienen ventaja intrínsecamente, establecen las normas y reciben el beneficio de la duda. Sus voces se aceptan por defecto porque son la norma. Las personas con identidades más subordinadas parten con desventaja, tienen que seguir las normas dominantes y, por no poseer la identidad dominante, los demás las consideran deficientes o los otros.[10] A los que poseen identidades subordinadas se les dice que se aculturen a las normas dominantes. Conseguir que se escuche tu voz, no una versión simplificada y culturalmente apropiada de la misma, es siempre una dura batalla.

Pongamos el ejemplo de Hadiyah.

A Hadiyah, hija de una de las primeras cirujanas cardiotorácicas negras de Estados Unidos, le enseñaron a celebrar su herencia negra. Mientras estudiaba en la universidad tuvo el apoyo de sus compañeras de hermandad. Cuando empezó a trabajar como coordinadora de marketing en una agencia de publicidad, su jefe le recomendó que se alisara el pelo para parecer más «profesional». Como no quería tener problemas con recursos humanos desde el primer día, cambió sus aros por pendientes discretos y sus amadas zapatillas altas por «prácticas» manoletinas. Un día que se llevó para comer el cordero especiado con arroz que le había sobrado de la cena, alguien comentó en voz alta que olía muy fuerte y roció ambientador por la oficina. Hadiyah empezó a sentir que la única manera de hacer las cosas bien era no siendo ella misma. Estaba claro que su yo real no era bien recibido.

A los empleados como Hadiyah a menudo les da la impresión de que la única manera de conservar el trabajo que tanto les ha costado conseguir es integrarse en el grupo. Y ni siquiera así tienen el puesto garantizado.

Que te pidan que reprimas o corrijas las partes de ti que son diferentes de las de los demás es una forma de silencio. La «retroalimentación constructiva» que recibe Hadiyah pretende que su aspecto y sus actitudes se ajusten a las expectativas de los que tienen el poder. La sugerencia de que cambie, a menudo con el pretexto de la adaptación cultural o de hacer lo que el escurridizo cliente preferiría, silencia su singularidad. Que te digan que debes corregir partes de lo que eres transmite el mensaje de que estás aquí por tu utilidad, no por tu humanidad.

LA CONFORMIDAD ES CONTROL

Algunos de vosotros pensaréis: ¿pedir a las personas que cambien su conducta no es prepararlas para que se introduzcan en un sector? Aquí se hacen las cosas de determinada manera, que no es la tuya. Si quieres estar aquí, tendrás que encajar.

El silencio puede ser básicamente una estética, una preferencia en la manera de hacer las cosas y una forma de mantenerla.[11] La alegría de una persona es ruido para otra. Cuando determinadas personas o grupos de personas deciden lo que es aceptable y permisible, el silencio se convierte en control.

Soy realista, y como tal reconozco que toda organización, equipo, familia y sistema tiene un conjunto de normas preexistentes. A menudo son invisibles, pero no por ello menos influyentes. Así que, aunque quizá sea una quimera intentar cambiar normas tan gastadas como los escalones de mármol de la inclinada torre de Pisa, la consciencia de lo que nos pedimos unos a otros y por qué nos permite de entrada analizar por qué existen estas normas. ¿Apoyamos las normas que queremos apoyar? ¿Favorecen la cultura y el mundo que intentamos construir en este equipo, en este sistema o en esta familia? ¿Cómo utilizamos el silencio para eliminar a las personas?

El silencio elimina nuestro sentido del yo

La maternidad ha sido una de las experiencias que más lecciones de humildad me ha dado en la vida. Nunca me he sentido tan cansada e incoherente, ni tan cubierta de vómito de otra persona. Todo gira en torno al niño. ¿Come? ¿Respira? ¿Está bien? ¿Qué necesita?

Hacer malabarismos con otro ser humano, además de todos los demás que ya hacías, no es tarea fácil. No es de extrañar que tantas mujeres aseguren haber perdido el sentido de sí mismas en los primeros días de la crianza de un hijo.[12] El bebé hambriento que necesita alimentarse en plena noche no tiene en cuenta tu reloj corporal. Mi hijo pequeño sigue llamando a las 11.00 de la noche, a las 3.37 y a las 5.45 de la madrugada. Sus quejumbrosos «mamáaa» son dulces y enloquecedores a la vez. Llevo cinco años sin dormir toda la noche de un tirón, y mi hijo solo tiene cuatro años. En la al parecer imposible elección entre estar para él y mis propias necesidades, me han condicionado a creer que la elección correcta es, por supuesto, cuidar de él. Al fin y al cabo, las buenas madres son abnegadas y sacrificadas.

Y no solo las madres. A las niñas se las socializa desde pequeñas para que crean que cuidar de los demás es cosa de mujeres.[13] Se espera que las mujeres sacrifiquen su tiempo, sus ambiciones y su sentido de sí mismas por los demás.[14] Como señala la socióloga Jessica Calarco, «Otros países tienen redes de seguridad social. Estados Unidos tiene mujeres».[15] Cuando el funcionamiento de las familias, las escuelas (¡hola, asociaciones de padres!), las comunidades y las sociedades depende de la abnegación de las mujeres, se espera que silenciemos nuestras necesidades por un bien mayor.

Cuando pasamos tanto tiempo atendiendo y apoyando a otras personas, confundimos nuestras necesidades y preferencias. Se ha hablado mucho de la «segunda jornada» de trabajo invisible pero real que realizan las mujeres en casa después de su trabajo diario, pero de lo que rara vez se habla es de cómo silenciamos nuestras necesidades. Cuando aprendes a poner a todo el mundo por delante de ti, como hacen la mayoría de las mujeres en todo el mundo, apenas tienes tiempo para darte una ducha y mucho menos para la soledad y los ratos necesarios para reflexionar y cuidar de ti misma. Y en este marco, a nadie se le ha enseñado o condicionado a preocuparse de nuestras necesidades, así que no quedan cubiertas.

Cuando el mundo no gira en torno a ti, es fácil olvidar que tienes necesidades y voz. Ser silenciados (verbal o estructuralmente a través del condicionamiento social) nos hace olvidar que cuidar de nosotros mismos es una opción.

El silencio embota nuestra capacidad de pensar por nosotros mismos

Thiago era el nieto mayor de una familia brasileña muy unida. No había duda de que la que mandaba era su abuela, a la que llamaban Lala cuando estaba delante, pero «la bruja» cuando no los oía. De niño, Thiago veía que su padre seguía todas las órdenes de Lala. Incluso cuando su padre tenía una opinión diferente, cedía a las indicaciones de Lala. «Confía en los que tenemos experiencia —decía ella—. Sabemos lo que hacemos». Thiago vio el precio que había pagado su padre y prometió no hacer lo mismo. Lala no era razonable, pero no importaba. Las personas que la habían puesto en cuestión pasaban a formar parte del folclore familiar. No se las nombraba.

Cuando murió, todos respiraron aliviados, pero sus costumbres se mantuvieron. Cuando Thiago no alcanzó su cuota de nuevos clientes en el trabajo, su jefe le dijo que redondeara las cifras. A Thiago no le pareció ético, pero supuso que su jefe llevaba más tiempo en el sector y sabía lo hacía. Sin darse cuenta, Thiago seguía las reglas de Lala: confiar en los que tenían experiencia. Redondeó las cifras. El equipo celebró haber alcanzado sus objetivos. Su jefe dijo que eran un buen equipo.

De vez en cuando Thiago pensaba que no estaba bien, pero su jefe le había dicho que no se preocupara y a su alrededor sus compañeros hacían lo mismo. Los superiores estaban contentos. Los elogiaban por ser el departamento de la empresa que crecía más rápido. Ascendieron a Thiago.

Los auditores no descubrieron los errores hasta años después. Multaron a la empresa y Thiago se preguntó por qué había hecho caso a su jefe. ¿Por qué no había puesto en cuestión esa práctica en su momento, cuando tenía tan claro que no estaba bien?

Todos dedicamos tiempo a resolver las preocupaciones y prioridades de los que nos rodean, sobre todo cuando llevamos menos tiempo en la empresa o nos sentimos en la obligación de complacer a otras personas. Canalizamos lo que hemos visto hacer a los jefes porque esos son los comportamientos que se recompensan. Actuamos como ayudantes de las empresas para las que trabajamos y de las personas a las que queremos. No somos los únicos. De los más de cincuenta y ocho mil empleados que trabajaban en Facebook en ese momento, Frances Haugen fue la única que decidió hacer pública su preocupación por el hecho de que la empresa permitiera que no se controlara el odio ni las actividades ilegales.[16]

Incluso cuando nos debatimos sobre lo que hacen los que nos rodean, acallar las voces molestas suele tener incentivos. A lo largo de la historia, el coste de denunciar desde material radiactivo[17] hasta la manipulación de precios, pasando por infracciones de seguridad y discriminación, ha implicado represalias, acoso, inclusión en listas negras, pérdida del trabajo y amenazas de muerte. Es más seguro no jugársela, así que nos callamos y seguimos adelante.

Pero el efecto neto de morderse la lengua o decidir obedecer no son solo todos los casos en los que no hablamos, sino también que con el tiempo se nos embotan los instintos. Tras años resolviendo los problemas de los demás, y a menudo siendo recompensados por ello, podemos olvidar que tenemos valores, procesos de pensamiento y opiniones propios. Perdemos el poder de nuestra voz porque incluso olvidamos que la tenemos.

La pregunta que falta es: ¿qué pienso yo? No qué piensa la empresa, ni qué piensa el jefe, ni qué harían ellos, sino qué pienso y qué voy a hacer yo.

El silencio intensifica el sufrimiento

Andrew era un docente hispano, activo en su comunidad rural y querido por sus alumnos. Cada semestre, las evaluaciones lo elogiaban: «Andrew es el mejor. Ha descrito conceptos de ingeniería de forma práctica y accesible», «El curso me ha cambiado la vida», «No sabía que podría dominar conceptos técnicos. Andrew ha conseguido que aprender fuera divertido y me ha ayudado a creer en mí mismo».

A pesar de las valoraciones positivas y de que sus relaciones sociales eran estables, Andrew se enfrentaba a una ansiedad constante. Sentía que el corazón iba a salírsele del pecho. Le costaba respirar. En las clases apretaba los puños para intentar ocultar el temblor. De cara a los demás era competente y carismático, pero nadie sabía que sufría ataques de pánico que lo dejaban destrozado.

«¿Qué pensarán de mí si lo saben? Ya están hablando de recortes presupuestarios. No puedo darles motivos para que me pasen por la guillotina. No puedo permitirme perder el trabajo. No quiero ser una carga. No quiero que piensen que no estoy a la altura». Andrew, que había crecido en una familia en la que contar los problemas era un signo de debilidad, se guardaba sus preocupaciones para sí mismo.

En uno de los videojuegos de Mario Kart, los jugadores pueden comprar una insignia llamada «Daño doble». Si Mario la tiene, todo daño que reciba se duplica.[18] Me sorprende la frecuencia con la que, como Andrew, quedarnos en silencio nos coloca una insignia de «Daño doble».

La vida nos golpea, ya sea con una nota decepcionante en un examen, ya sea con un diagnóstico médico no deseado o con tener que interrumpir nuestros planes. Esos golpes duelen de por sí, pero sentir que tenemos que seguir adelante como si no pasara nada y que no podemos contárselo a nadie, que hemos jurado guardar el secreto y llevar el peso en solitario, es otro nivel de dolor.

El aislamiento social es comparable al tabaquismo y a la obesidad en cuanto a la reducción de la esperanza de vida.[19] La soledad contribuye a reducir los niveles de salud y aumenta el riesgo de enfermedad cardiovascular, la presión arterial y el deterioro funcional.[20] Los vínculos sociales (que nos conozcan y no estar solos) amortiguan el estrés y la ansiedad.[21] Eso no quiere decir que hablar con otras personas no tenga sus costes, pero hacer las cosas solo no ayuda.

Muchos de nosotros nos creemos el mito de que tenemos que hacerlo solos. Hemos aprendido, a menudo con razón, a no contar nuestro dolor a los que nos rodean, pero reprimir las emociones también debilita nuestro sistema inmunológico y nos hace más vulnerables a enfermedades que van desde resfriados hasta cáncer.[22] Estudios de pacientes con cáncer muestran que los que enmascaran sus experiencias y sentimientos tienen más probabilidades de morir, aunque sigan un tratamiento, que los que expresan sus experiencias y sentimientos.[23] Se ha comprobado que el alivio del dolor y del malestar que experimentan los pacientes con enfermedades crónicas es proporcional a sus posibilidades de expresar sus emociones de forma profunda y auténtica.[24]

Sin duda todo esto tiene un componente cultural. Los individuos que forman parte de culturas que valoran lo colectivo por encima de lo individual son más propensos a reprimir sus emociones que los de culturas que valoran lo individual por encima de lo colectivo.[25] Por ejemplo, los estadounidenses de origen asiático hemos considerado históricamente menos adecuado expresar las emociones que los estadounidenses de origen europeo[26] y somos más reacios a buscar apoyo social porque nos preocupa ser una carga para los demás.[27] Las emociones en sí no nos hacen vulnerables a la enfermedad, pero la prolongada regulación emocional permite que la enfermedad prospere.[28]

Por suerte, Andrew rompió su silencio. Tras meses sufriendo en soledad, cogió el teléfono y escribió un mensaje a un amigo. «Hola. Estoy pasándolo mal. No sé lo que me ocurre. No pretendo que me lo soluciones, pero quería que al menos alguien lo supiera». Lo borró y volvió a escribirlo varias veces, y al final lo envió. La respuesta le llegó casi de inmediato. «Gracias por contármelo. No tengo respuestas, pero quiero apoyarte. Estoy aquí». El daño doble se redujo.

Sin duda hay ocasiones en las que tiene sentido guardarse las cosas para uno mismo, y en el siguiente capítulo analizaremos los beneficios del silencio. Aunque puede que el dolor subyacente no tenga una solución rápida, la conectividad puede ser un bálsamo para el daño doble del aislamiento y lo que a veces es un silencio autoimpuesto.

¿Con quién hablar? ¿En quién confiar? Cuando te pongas en contacto con ellos, diles qué papel quieres que desempeñen o no, o lo que sabes o no. El objetivo no es que alguna de las partes tenga la respuesta, sino aliviar el dolor de tener que sufrir en silencio.

El silencio determina nuestra percepción de la realidad

Jerome creó un grupo de fitness en su ciudad. Como no conocía a nadie cuando se había trasladado a vivir allí, quería entablar relaciones. Era aficionado al fitness desde niño y siempre le había gustado el compañerismo y la responsabilidad de hacer ejercicio con gente. Le sorprendió que no hubiera ningún grupo organizado y decidió crear uno. Lo publicó en foros de la ciudad y preparó encuentros semanales con diferentes entrenamientos. Empezar algo de cero e involucrar a desconocidos lo colocaba en una posición vulnerable, pero a medida que acudían personas, empezó a ver los frutos.

Jerome siempre se había sentido orgulloso de ser positivo. Le gustaba animar a los que lo rodeaban. Cuando las cosas se ponían difíciles, metía una marcha más. Los ayudaba a superar el dolor y la tensión de la quinta serie de sentadillas y del último kilómetro de la carrera. Cuando se quejaban, les decía que era necesario para hacerse más fuertes. Cuanto más protestaban, más señalaba los puntos positivos.

Poco a poco empezó a aparecer menos gente. Al principio Jerome pensó que se debía al cambio de estación, pero cuando, pasados unos meses, se encontró solo en el parque, su motivación para organizar los encuentros disminuyó. Si no les importaba lo suficiente para ser constantes, ¿por qué iba a importarle a él?

Cuando Jerome se encontraba con personas que habían formado parte del grupo, eran educadas, pero enseguida cambiaban de conversación. Jerome empezó a preguntarse qué estaba pasando. Pero si solo era un grupo de fitness…

Un día, Jerome se encontró en una cafetería con una chica que había formado parte del grupo y le preguntó:

—Oye, ¿qué pasó? ¿Por qué dejaste de venir?

—¿De verdad quieres saberlo? —preguntó ella.

—Sí, claro —contestó Jerome, desconcertado.

—Eres demasiado positivo. Todo tenía que ser genial, bueno o fantástico. El grupo me parecía tóxico.

—¿Por qué nadie dijo nada? —preguntó Jerome intentando contener la frustración.

—No parecía que quisieras saberlo.

Jerome se quedó alucinado. ¿Había invertido tanto tiempo y tanta energía para crear un grupo y no lo respetaban lo suficiente para decirle algo a la cara? ¿Cuándo había sido un problema ser demasiado positivo? Si su forma de hacer las cosas era tan ofensiva, ¿por qué nadie le había dicho nada?

No todos los silencios responden a hacer oídos sordos o interrumpir a las personas. Jerome no se daba cuenta de que cuando domina una única perspectiva, por alentadora que pretenda ser, se deja de lado información importante. Había creado un ambiente en el que los demás no se sentían cómodos contándole cómo les iban las cosas de verdad. Su entusiasmo, aunque bien intencionado, los incomodaba y les impedía contarle lo que había que cambiar. En lugar de decirle lo que pensaban, los miembros del grupo de Jerome dejaron de aparecer.

Es una dinámica frecuente. Conseguir que las personas cuenten lo que piensan de verdad es un baile en el que hay que tener cuidado, un tango que incluye la voluntad de pedir retroalimentación, la receptividad a lo que los demás tienen que decir, la historia del silencio aprendido y cierto nivel de inversión en la relación. No podemos enterarnos de algo si las personas no están dispuestas a contarlo, y en general las personas no están dispuestas a contar nada si sienten que las silenciamos o si otros lo han hecho. Como Jerome, sin la información y sin la capacidad de escuchar esa información, nos quedamos en nuestro sesgado sentido de la realidad.

Vivimos en un mundo en el que podemos seleccionar la información que consumimos y las personas con las que interactuamos. Lo que pasó con el grupo de Jerome sucede en internet todos los días. La posibilidad de ignorar opiniones con las que no estamos de acuerdo y a personas que no nos caen bien es atractiva porque es más fácil evitar relacionarnos con cosas y personas que nos desafían. Sin embargo, el efecto de cámara de eco de silenciar otras voces nos ha dejado más divididos y nos ha hecho menos capaces de interactuar a pesar de las diferencias.[29] Cuando no vemos o no interactuamos con información (o personas) que no encajan a la perfección en nuestra visión del mundo, también perdemos la capacidad de relacionarnos de forma reflexiva con personas y perspectivas diferentes de las nuestras. Es fácil demonizar a las personas, cuando no estamos frente a ellas, simplemente deslizando el dedo por el teléfono.

Esta selección es importante porque lo que vemos determina profundamente nuestra visión del mundo. Lo que la sociedad silencia también suele estar ausente de los medios que consumimos. Piensa que en el 90 por ciento de las doscientas películas más taquilleras estrenadas entre 2017 y 2019 en Estados Unidos y los países de la Commonwealth del Reino Unido no había ningún personaje musulmán. De todos los papeles con texto de estas películas, solo el 1,6 por ciento eran personajes musulmanes. La mayoría de los personajes musulmanes estaban ambientados en el pasado, no hablaban inglés o lo hablaban con acento extranjero y ejercían la violencia o eran víctimas de ella.[30]

Lo que los críticos han denominado «epidemia de invisibilidad» es el silenciamiento de seres humanos complejos y multifacéticos. Esta representación da forma y apoya el relato de que los musulmanes son terroristas, personas del pasado, eternamente extranjeros y que a las mujeres, si aparecen, las definen sus homólogos masculinos. Esta forma de silencio perpetúa los estereotipos, determina la percepción pública de los grupos étnicos y aviva las consecuencias en el mundo real. Lo que se ve y se celebra es normal. Lo que se silencia (lo que no se ve ni se celebra) se convierte en anormal.

Nuestra visión de lo que es normal, basada en los medios que vemos y en las aportaciones que nos llegan, también determina nuestra visión de lo que es aceptable. ¿Qué voces hemos silenciado que distorsionan nuestra visión del mundo? ¿Qué preguntas no nos hacemos que dan forma a nuestra realidad? Hacer preguntas y escuchar diferentes perspectivas es una forma no solo de tratar a las personas con dignidad, sino también de evitar que nos pillen desprevenidos. Sin aportaciones no podemos aprender.

El silencio engendra más silencio

Marianna se mordió la lengua mientras Chad, el director ejecutivo, destrozaba su presentación, y solo iba por la segunda transparencia.

«Esto es irrelevante».

«Se basa en especulaciones, no en hechos».

«¿Cómo vamos a confiar en que asesorarás a la empresa si ni siquiera la entiendes?».

Durante el resto de la reunión, Marianna centró sus esfuerzos en mantener la compostura.

Cuando terminó, varios compañeros la llamaron en privado para ver cómo estaba.

«Te lo ha puesto muy difícil».

«Ha sido totalmente innecesario».

«No me puedo creer que haya sido tan maleducado».

A medida que se sucedían las llamadas, lo que más le sorprendía a Marianna era que ninguno de esos compañeros, de repente preocupados, hubiera dicho nada durante la reunión.

El silencio engendra silencio.

No decir nada en público envía el mensaje de que solo hablamos de las cosas en privado, si es que hablamos. Nuestras decisiones desafían o refuerzan las normas culturales preexistentes. Justificamos nuestro silencio (a veces con razón) como necesario para nuestra supervivencia o para evitar ser el blanco de las críticas, pero a menudo olvidamos el impacto de segundo nivel: cuantas menos personas hablen, menos probable es que alguien hable. En concreto, cuanto menos hablen las personas con poder, menos habla nadie. Eso no quiere decir que algunas cosas no deban tratarse en privado, sino que las conversaciones visibles son las que se convierten en cultura.

Cuando Marianna le preguntó a su compañero Jing: «¿Dónde estabas durante la reunión?», Jing no supo qué responderle. Aunque no quería que Marianna fuera el blanco de la ira de Chad, tampoco quería serlo él. Su puesto en esa reunión era tan precario como el de Marianna, y la causa de su compañera no era la más importante a la que se enfrentaba ese trimestre. No podía encararse con Chad si quería que le aprobara el presupuesto. Además, todo el mundo sabía que Chad tenía días malos. Era irascible y apasionado, pero su pasión y su compromiso serían lo que conseguiría que la salida a bolsa de la empresa tuviera éxito, o al menos eso decían todos.

Aunque la visión de Jing es comprensible, su silencio, como el del personal de Enron y Facebook, indicaba que consentía el comportamiento de Chad. Nuestro silencio deja aisladas y en situación vulnerable a las personas atacadas. Nuestro silencio dice que ese comportamiento es aceptable y que permitiremos que siga produciéndose.

El profesor y bloguero Boaz Munro señala que el silencio es parte de un patrón antiguo y tóxico que permite el genocidio. Surgen tensiones políticas y se ataca a un grupo. Las personas le dan la espalda y sobreviene el desastre.[31] En cada momento concreto puede que el silencio no nos parezca dar la espalda ni perpetuar el racismo, pero el efecto acumulado es mortal.

Nuestro silencio nos insensibiliza. No damos importancia a las ofensas porque si tuviéramos en cuenta toda infracción, no podríamos funcionar. «Los hombres son así. Estamos a finales del año fiscal y están agobiados. No vale la pena pelearse». Justificamos comportamientos y decisiones, pero estas justificaciones son un mecanismo de supervivencia. Cuando tenemos menos poder en la ecuación, nuestras emociones colaboran con nuestro cerebro para moderar el insulto y la rabia que sentimos. En su justa medida, esta colaboración reduce las fricciones que pueden ser dañinas. Si la utilizamos en exceso, desarrollamos una confianza infundada en las figuras de autoridad, lo que significa que guardamos silencio y no cuestionamos su comportamiento. Ese silencio permite el abuso, tolera la violencia y puede perpetuar la opresión.[32]

Rara vez una persona sola puede definir una cultura. Sin embargo, los comportamientos de todos alteran o perpetúan una cultura del silencio.

Como hemos visto, el silencio y el hecho de ser silenciado plantean problemas reales. El silencio socava nuestro sentido del yo y elimina lo que hay de único y valioso en cada uno de nosotros. Acentúa nuestro sufrimiento, y todos sabemos que ya hay bastante sufrimiento en este mundo. Limita nuestra capacidad de prosperar y crear un mundo en el que las personas que nos rodean también puedan prosperar.

Así pues, si buscas soluciones rápidas, lamento decepcionarte. Hemos tardado décadas en aprender el silencio, de modo que no va a desaparecer de un día para otro. Pero lo que puedo ofrecerte es lo siguiente: si conseguimos ver los contornos del silencio con más claridad, nos daremos cuenta de cuándo se produce y por qué, y podremos empezar a elegir diferentes maneras de avanzar.

PREGUNTAS PARA REFLEXIONAR

¿De qué manera el silencio ha determinado tu forma de utilizar la voz?

¿Cómo ves que el silencio afecta a las personas que te rodean?

¿Qué partes de ti podrías estar silenciando en la actualidad?

3

Cuando el silencio tiene sentido

Grace, que era la única abogada no blanca de su bufete, estaba agotada. No física, sino emocionalmente agotada.

No quería tener que explicar una vez más que el mito de la minoría modelo era en realidad una construcción social diseñada para abrir una brecha entre los negros y los asiáticos y reforzar el poder blanco. No quería tener que explicar lo que le pesaba que sus padres trabajaran veinticuatro horas al día, siete días por semana, por un sueldo inferior al mínimo para que ella pudiera ir a la universidad y «tener un futuro mejor». No quería tener que explicar por qué era ofensivo que sus compañeros la llamaran «sin querer» Jessica, el nombre de la única otra persona asiática de la oficina. Quería gritar: «Jess es coreana y de California. Yo me llamo Grace, soy china y de Nueva York. ¡Somos dos personas diferentes de dos estados diferentes que están a casi cinco mil kilómetros de distancia!».

Sus compañeros y su jefe siempre le decían que era demasiado callada y que tenía que hablar más. Sus amigos le decían que si quería que las cosas cambiaran, el cambio debía empezar por ella. Pero cuando intentaba dar su opinión, era como si los demás no la escucharan. O si la escuchaban, acababan haciendo comentarios sobre ella. Le parecía inútil tener que volver a aclarar que ella no era Jessica. Al fin y al cabo, siempre la habían confundido con la única otra niña asiática o de apariencia asiática de su clase. «No te preocupes, también respondo si me llaman Jennifer», decía con una risita recordando a la otra niña asiática de la escuela primaria. Se mostraba amable y tranquila. Sus compañeros de trabajo la invitaban a tomar algo al salir. Sentía que por fin encajaba. O eso creía.

Llevaba dos años en el bufete cuando el departamento de recursos humanos exigió que todos los empleados recibieran una formación sobre prejuicios inconscientes en la que se hablaba de microagresiones. Al principio de la formación, alguien señaló que las microagresiones en realidad no eran tan micro. De hecho, todas y cada una de ellas eran una ofensa a la dignidad. Cuando Grace empezó a prestar atención, se dio cuenta de que había ofensas por todas partes. ¿Esa reunión con el cliente en la que dieron por sentado que ella era la asistente, no la abogada? ¿El cumplido de que se expresaba con mucha fluidez? ¿Que la exhibieran cada vez que el equipo necesitaba demostrar diversidad, pero que por lo demás la marginaran?

Hasta cierto punto, Grace echaba de menos los días en los que no veía esas ofensas, porque la ignorancia era una bendición. Ahora le resultaba imposible pasarlas por alto. Tenía que hacer algo. Quería ser parte de la solución, no perpetuar el problema. Así que empezó a denunciar las ofensas y a ofrecer retroalimentación al individuo utilizando los conceptos que había aprendido en un curso de liderazgo: «Cuando has dicho esto… el impacto en mí ha sido…».

A veces sus interlocutores se mostraban receptivos, y otras se ponían a la defensiva, pero para Grace siempre era agotador. Las ofensas eran tan frecuentes que denunciarlas, explicar por qué eran ofensivas y por qué deberían importarles, hacer frente a las reacciones negativas y soportar la carga emocional se convertía en un trabajo a jornada completa. Y ya tenía un trabajo a jornada completa como abogada.

Todos vivimos la misma tensión que experimentó Grace.

Si no denunciamos las cosas, es poco probable que los demás se enteren de que ha sucedido algo o de que su comportamiento ha tenido un impacto negativo. Denunciarlas (o llamar la atención a alguien) exige además energía mental, emocional y relacional, que no es infinita. Y si decimos lo que pensamos, no tenemos garantías de que sea bien recibido. Incluso podría empeorar las cosas. Por eso solo un tercio de los empleados dice a sus jefes que va a marcharse de la empresa antes de hacerlo, aunque el 52 por ciento cree que su jefe podría haber hecho algo para evitar su marcha.[1] Y en parte por eso solo la mitad de las personas afirman que siempre dicen lo que piensan en el trabajo.[2] Si vas a tener que dedicar tiempo y energía a plantear algo, pero no sabes si va a tener resultados positivos, ¿para qué vas a hacerlo?

Romper el silencio no consiste en decir siempre lo que piensas. El mundo es demasiado ruidoso y complejo para eso. Desaprender el silencio consiste en ser consciente de cuándo te callas y de si has elegido ese silencio porque beneficia al conjunto de factores que intentas solucionar o si lo han elegido por ti.

UNA NOTA SOBRE EL SENTIMIENTO DE CULPA

Si te has sentido culpable por haber pensado «Debería haber dicho algo», «No me puedo creer que no haya dicho nada», «Si hubiera dicho algo, no habría pasado eso», deshazte del sentimiento de culpa. Es posible que hubieras dicho algo y eso hubiera cambiado las cosas, pero, dependiendo de tu situación, tal vez te correspondiera hacerlo o tal vez no.

La profesora y psiquiatra Pooja Lakshmin señala que el sentimiento de culpa procede de expectativas contradictorias que nos piden atender a los demás sin reservar ningún espacio para nosotros mismos. El sentimiento de culpa crónico es otra forma de silenciar nuestros pensamientos y sentimientos.[3]

Todo individuo da forma al mundo, pero ninguno es el único responsable de él, así que libérate del peso de la autoflagelación, por favor. No quiero que el sentimiento de culpa y los «debería haber» sean una carga más. Los «debería haber» no sirven de nada a menos que los conviertas en acción, y la acción que elijas dependerá de una serie de factores que solo tú puedes evaluar.

Tres preguntas con las que lidiamos

A la hora de decidir si tiene más sentido la voz o el silencio, intuitivamente lidiamos con tres preguntas: 1) ¿Cuáles son los costes de elegir la voz? 2) ¿Cuáles son los beneficios de guardar silencio? 3) Dados los costes y beneficios de la voz y el silencio, ¿qué me conviene más? En este capítulo analizaré cada una de estas preguntas para validar las (quizá muchas) veces que hemos elegido el silencio. Si nunca has luchado contra el silencio y juzgas a los que lo hacen, espero que este capítulo arroje algo de luz sobre la complejidad de los factores que inclinan a las personas que te rodean al silencio y que te ayude a evaluar cuándo lo eliges tú. (En el capítulo 9 encontrarás formas concretas de ayudar a cambiar el cálculo de si tiene sentido que las personas que te rodean elijan la voz en lugar del silencio).

¿Cuáles son los costes de elegir la voz?

Toda decisión entre la voz y el silencio incluye cálculos conscientes o inconscientes sobre si puedes (o quieres) asumir los costes de utilizar la voz. Además de los costes obvios de tener que lidiar con la reacción de una persona, que te digan que estás equivocado o sufrir represalias, los costes de enfrentarte a lo desconocido, manejar las reglas de otra persona y perder el control también influyen en nuestras decisiones de guardar silencio. Cualquiera de estos costes por sí solo puede ser suficiente para inclinarnos hacia el silencio.

ENFRENTARSE A LO DESCONOCIDO

Jim era encantador. Como hombre blanco que había sido la estrella de todos los equipos de *lacrosse* de los que había formado parte, le gustaba ser el centro de atención. Ante una multitud era capaz de recaudar más dinero que nadie para cualquier causa. El problema era que Jim también era tremendamente desorganizado, nunca respondía a los correos electrónicos y abrazaba lo que muchos consideraban teorías conspirativas. Melissa intentaba plantearle los problemas, pero era en vano. «Vamos, Melissa, forma parte de mi genialidad», le decía Jim. Su incapacidad para trabajar con otras personas era un fastidio, pero la cantidad de dinero que recaudaba para la organización sin ánimo de lucro de terapia deportiva de Melissa hacía que mereciera la pena contar con él. Hasta que un coordinador le dijo a Melissa que Jim había denigrado a los asistentes al último evento. Preocupada por la reputación de su organización, Melissa prometió no volver a colaborar con Jim. No estaba dispuesta a asumir las responsabilidades que conllevaba trabajar con él.

Pero cuando se acercaba la campaña de recaudación de fondos de primavera, los miembros de la junta le preguntaron: «¿Y Jim?». Melissa pensó: «Bueno, quizá». Nadie podría contar en qué consistía su labor con tanta fuerza como Jim. Quizá este año sería más receptivo. Quizá no hablaría más de la cuenta. «O si lo hace, al menos sabemos cómo es», pensó Melissa.

«Más vale malo conocido que bueno por conocer» es un refrán que se repite con frecuencia. Recoge la frase latina «Nota res mala, optima», que significa «Lo malo conocido es mejor». Nos decimos a nosotros mismos que puede que no sea lo ideal, pero al menos sabemos a lo que nos enfrentamos.

El cambio es difícil. Entender una situación nueva, una relación nueva y los contornos de un contexto nuevo exige esfuerzo. La incertidumbre intensifica la sensación de amenaza que nos produce una situación porque inhibe nuestra capacidad de evitar o mitigar esa amenaza.[4] Tanto es así que varios investigadores se han preguntado si lo desconocido es en realidad el miedo fundamental.[5] Como Melissa con Jim, si al menos sabemos a qué nos enfrentamos, nuestro cerebro puede estar preparado. Intentar que Jim cambiara había sido una pérdida de tiempo infructuosa. Encontrar a alguien tan bueno recaudando fondos también había resultado una pérdida de tiempo infructuosa. Para Melissa tenía más sentido guardar silencio sobre las cargas que suponía trabajar con Jim y quedarse con lo malo conocido.

En ocasiones enfrentarse a lo desconocido parece demasiado complicado. Por mucho que nos disguste el *statu quo*, al menos sabemos cómo funciona. Decir lo que pensamos y probar algo nuevo introduce incertidumbre. El silencio al menos nos resulta familiar.

MANEJAR LAS REGLAS DE OTRA PERSONA

Hace poco una ejecutiva me dijo: «No me importa que me digan lo que piensan, siempre y cuando lo hagan con respeto, profesionalidad y en el momento y lugar adecuados».

Su comentario es la clave de la cuestión. Los que tienen el poder determinan las reglas y normas de uso de nuestra voz. Cuándo debemos hablar. Si debemos hablar. Cómo debemos hablar. Se me permite decir lo que pienso, pero solo bajo tus condiciones. Tener que calcular si lo que digo encaja en tu modelo mental de cómo debo presentarme es agotador. Y lo «profesional» suele ser un código de prácticas laborales que privilegian los valores de los empleados blancos y occidentales.[6]

Lo que es un comportamiento respetuoso diferirá según las culturas. A menudo las reglas del juego son tácitas y están sujetas a cambios, de modo que el silencio ofrece un refugio aparentemente seguro cuando no puedes o no quieres ajustarte a las preferencias de otra persona, o cuando te cambian las reglas.

Muchos de nosotros nos enfrentamos a lo que el psicólogo social Adam Galinsky llama el doble vínculo de baja potencia: si no decimos lo que pensamos, pasamos inadvertidos; si decimos lo que pensamos, nos rechazan. En ambos casos porque estamos fuera del rango de comportamiento aceptable.[7] Pero ¿quién decide qué es un comportamiento aceptable? ¿O un rango de comportamiento aceptable? ¿O si se puede ampliar el rango de lo aceptable?

¿La respuesta? Normalmente, las personas que en ese momento ostentan el poder.

Recuerda que los individuos con identidades dominantes suelen tener más poder. Para que no pienses que es otra diatriba contra los hombres blancos cisgénero, señalaré que desaprender algo exige reconocer la realidad.

En este caso, la realidad es que las mujeres representan el 51 por ciento de la población estadounidense, pero solo el 8,1 por ciento de los directores ejecutivos de las empresas de la lista Fortune 500.[8] En el momento en que escribo este libro, solo dos (o el 0,04 por ciento) de estos directores ejecutivos son mujeres de color. Solo el 40 por ciento de las mujeres, menos de la mitad, están satisfechas con los procesos de toma de decisiones en sus empresas.[9] Y aunque los datos muestran que los equipos diversos, en especial los equipos con liderazgo diverso, superan económicamente a las empresas no diversas, los avances son lentos.[10] ¿Por qué? Porque es difícil renunciar al poder. Es difícil compartir el poder. Y el poder suele ser invisible para quienes lo tienen.[11]

Cambiar de código (ajustar el lenguaje, el estilo, el discurso, el comportamiento y la apariencia para optimizar la comodidad de los demás e intentar conseguir un trato justo)[12] es agotador. Intentar evitar o desafiar los estereotipos exige energía y puede entorpecer el rendimiento.[13] Intentar fingir que te ajustas a la norma cuando no es así resulta agotador.[14] Es un esfuerzo invisible, todo el tiempo. Este esfuerzo cognitivo recae en las personas con identidades más subordinadas, y aquellas con identidades dominantes ni siquiera se dan cuenta de ello. Al fin y al cabo, las cosas siempre han sido así.

Para ser clara, como consultora que trabaja en sectores, organizaciones y países diferentes, me corresponde a mí adaptar mi estilo. Ser capaz de bajar las defensas de las personas, ayudarlas a sentirse conectadas y entender lo que necesitan escuchar es lo que me hace buena en mi trabajo. Y como ser humano que se esfuerza por ser amable y considerado con los demás, me corresponde a mí entender la situación, reconocer los datos que me ofrecen y tenerlos en cuenta.

Lo que no me corresponde a mí es la necesidad constante e implacable de calcular rápidamente lo que voy a decir, si lo voy a decir, cuántas reacciones negativas provocará, si tengo energía o capacidad para soportarlas, qué impacto tendrá en mi carrera y cómo cambiará la relación en mi casa o en mi equipo debido a mis identidades. Nos corresponde a todos crear ese espacio para que los costes no recaigan de forma desproporcionada en las personas que tienen que hacer la mayor parte del trabajo.

Cuando voy a ver a mis mejores amigos, me resulta fácil interactuar con ellos. No es necesario explicar por qué vas a quitarte los zapatos al entrar en la casa. No hay duda de que vas a limpiar los restos de comida del desagüe de la cocina. No se produce ningún momento incómodo respecto a si vamos a bendecir la mesa o no. Nadie arruga la nariz ante la salsa de judías negras fermentadas, porque a todos nos parece deliciosa. Quizá por eso tendemos a buscar a personas similares a nosotros.[15] Compartir las normas y los puntos de vista facilita las cosas. No tienes que dar tantas explicaciones. No tienes que negociar las normas cuando te enfrentas a las expectativas sobre cómo deberías presentarte. No tienes que suplicar que vean y valoren tu humanidad. No tienes que asumir el coste de descubrir cuáles son las normas no escritas y decidir si desafiarlas, modularlas o ajustarte a ellas.

PERDER EL CONTROL

«Ojalá no hubieras nacido. Quedarme contigo fue la peor decisión que he tomado en mi vida».

Sara se arrepintió de sus palabras antes de haber terminado de decirlas. No eran verdad. Solo estaba muy frustrada. Muy enfadada. Muy agotada. No era justo que tuviera que criar a ese niño sola. Que el padre hubiera desaparecido y siguiera con su vida como si nada hubiera pasado, como si el niño no hubiera venido al mundo. Ella se había esforzado mucho por hacer las cosas bien: varios trabajos, turnos extra y tarjetas de crédito al límite. Pedía favores a personas a las que apenas conocía para que cuidaran de Theo mientras ella intentaba ocuparse de todo.

Incluso sin mirar a los ojos a Theo, que tenía ocho años, supo que después de esas palabras nada volvería a ser como antes. El daño ya estaba hecho. La mirada perdida en los ojos de su hijo se le quedaría grabada en el corazón. Quizá era demasiado pequeño para entender lo que le había dicho. Quizá no lo recordaría. Pensó que quizá comprarle el juguete que quería mitigaría su dolor. Nada lo mitigó.

No era así como quería que fueran las cosas. Sara, que había crecido pasando de un hogar de acogida a otro, siempre había estado convencida de que cuando tuviera hijos, les iría mejor que a ella. Y se suponía que las cosas iban a mejorar. Tenían que empezar a llegar pagos, pero los cheques no llegaban. Era cierto que a veces se arrepentía de haberse quedado con su hijo, pero también sabía que era una de esas cosas que no debería haber dicho, al menos a él.

Ese momento marcó la forma en que Theo veía el mundo y cómo se veía a sí mismo. A partir de ese momento se retiró. «Si mis propios padres no me quieren, ¿quién va a quererme?». Se reflejaba en sus relaciones y en si podía mantenerlas. Pasarían décadas antes de que el dolor del rechazo y la alienación empezaran a sanar.

Ese momento también persiguió a Sara. Como los diferentes intentos de mejorar la situación no sirvieron de nada, dejó de intentarlo. Al menos Theo había crecido y se había marchado. Pero tiempo después, al reflexionar sobre ese momento, se dio cuenta de que lo que en realidad quería decir era: «No sé si puedo hacerlo. No sé si puedo criarte sola».

Las emociones nos nublan el juicio. El estrés lo agrava. Es bueno liberar y procesar esos pensamientos, pero no siempre con la persona a la que se refieren, porque una vez dichas las palabras ya no es posible retirarlas.

Compartir lo que pensamos y movernos por el mundo siendo auténticos implica abrirnos a las aportaciones de otras personas. No podemos controlar el impacto que tendremos en las personas que nos rodean ni cómo reaccionarán, pero sí lo que decimos. Elegir hablar significa que podrías perder el control.

¿Cuáles son los beneficios de guardar silencio?

La segunda cuestión en la que nos centramos a la hora de elegir entre la voz y el silencio tiene que ver con los beneficios del silencio. El silencio es muchas veces lo que nos permite sobrevivir, cuidarnos y protegernos. Así es y así lo percibimos. En este sentido, el silencio se convierte en una elección estratégica que nos permite mantener una mínima cordura, la capacidad de realizar las tareas de la vida cotidiana y una apariencia de dignidad.

El silencio permite sobrevivir

Gloria vivía en las sombras. Recordaba las flores de color naranja, las montañas verdes y los dulces aromas de su casa en El Salvador. También recordaba el terror de los guerrilleros aporreando la puerta y el temor constante de que asesinaran a toda su familia. Después de que irrumpieran en su casa y exigieran que su padre se entregara, su familia decidió que había llegado la hora. Caminaron durante semanas. No se detendrían hasta llegar a Estados Unidos. Tenían la garganta tan reseca que les escocía. Nunca olvidaría el momento en que tuvieron que beber agua de un abrevadero para caballos en medio de una tormenta de polvo.

Gloria y su familia lo consiguieron. Al otro lado de la frontera estaban a salvo. Podrían tener una vida mejor. Su madre se ganaba la vida limpiando casas y le pagaban en efectivo. Su hermano cuidaba patios de casas lujosas. Ganaban lo suficiente para mandar dinero a sus familiares. No tenían coche ni ordenador, pero se tenían los unos a los otros. Era mucho mejor que acabar asesinados.

Pero tenían una nueva amenaza: que los descubrieran.

Gloria y su familia habían cruzado la frontera sin papeles. Si alguien los denunciaba, los detendrían y los separarían. O peor aún, los mandarían de vuelta a un país donde era probable que Gloria no llegara a cumplir los dieciocho años. En la escuela, los niños hablaban de los inmigrantes ilegales: eran horribles y violentos y robaban al país. Gloria mantenía la boca cerrada. Sus padres habían dejado muy claro que nunca debían mencionar cómo habían llegado hasta allí, no debían causar problemas y no debían abrir la puerta si llamaban. Era la única forma de sobrevivir. Para Gloria y su familia, seguir vivos y juntos exigía silencio sobre su situación y su historia.

Sea cual sea nuestra postura sobre el complejo tema de la inmigración, todos tomamos decisiones que mantienen vivos a nuestros seres queridos, nuestra carrera profesional, nuestras esperanzas y nuestros sueños. Lo que guardamos para nosotros o contamos a los demás nos permite, en sentido literal o figurado, vivir un día más. El silencio permite que los demás crean de nosotros lo que quieran en circunstancias en las que sincerarnos abre una brecha. Nos permite pasar inadvertidos.

Hay lugares y momentos en los que nuestro bienestar, nuestro sustento y nuestro futuro están en peligro. La voz (decir algo y ser diferente del *statu quo*) es intrínsecamente amenazante porque es un comportamiento que pretende el cambio. Supone un intento de reivindicar un estatus, y para que funcione, también otros deben aceptarlo, pero solo podemos conseguir ese estatus si está en consonancia con las expectativas de los demás sobre nosotros.[16] No es de extrañar que muchas grandes empresas intenten impedir que los trabajadores se sindicalicen y que no todos los países concedan a sus ciudadanos el derecho al voto. Cuando pregunto a la gente cuáles son las principales razones por las que no dicen lo que piensan, las respuestas suelen ser que no quieren dañar una relación, perder el trabajo, poner en peligro una dinámica o tener que lidiar con la reacción de la otra persona. El silencio nos brinda el beneficio de evitar todas esas cosas.

Muy pocos nos culparían por correr para salvar la vida si el edificio en el que estamos se incendiara. De hecho, casi todos apoyarían nuestra decisión de correr. Al fin y al cabo, estamos en peligro. De lo que no nos damos cuenta es de que para nuestro cerebro la seguridad psicológica (definida como la ausencia de miedo interpersonal)[17] es tan importante como la física. En situaciones no amenazantes, la corteza prefrontal está al mando, lo que nos permite pensar de forma racional y lógica. Cuando el cerebro detecta una amenaza, la amígdala (o parte emocional del cerebro) toma el control y la corteza prefrontal se desconecta.[18] Tanto si la amenaza es un incendio como si es un correo electrónico, el cerebro actúa de forma similar, se prepara para abordar lo que percibe como amenaza mediante la lucha, la huida, la inmovilidad o la adulación.[19] De hecho, un ataque a la seguridad psicológica puede tener un impacto más profundo y duradero en el cerebro que un puñetazo en la cara.[20]

EL SILENCIO PROTEGE LA ENERGÍA

Aunque han pasado más de diez años desde esa conversación, aún recuerdo muy bien cómo me sentí. Estaba muy contenta dando un paseo con una amiga y poniéndonos al día. Hablábamos de lo que suelen hablar dos solteras que aún no han cumplido los treinta años: trabajo, amigos, con quién salíamos o con quién acabábamos de cortar. Cuando le conté que la persona con la que salía en ese momento aún no podía comprometerse a venir conmigo a una boda, mi amiga respondió: «Vaya, ¿por qué no se aclaran? En fin, no entiendo qué les ves».

En cuanto lo dijo, me arrepentí de habérselo contado. Ella ataca a mi pareja y yo tengo que defender mis elecciones. Quise replicar: «Lo has entendido mal. Se supone que soy yo la que tiene que desahogarse, no tú». En lugar de contar con un espacio seguro en el que desahogarme sobre lo que me parecían problemas normales cuando estás empezando una relación, sentí que tenía que defenderme por pasar tiempo con mi pareja, apostar por ella e intentarlo. Mi capacidad de tomar decisiones, mi carácter y mi sensatez parecían estar en juego.

¿Estaba exagerando ante los comentarios de mi amiga? Puede ser, pero se necesita energía para lidiar con las reacciones de los demás, decidir si involucrarse, dejarlo correr o negociar para evitar el impacto de los comentarios. Se necesita una energía que a menudo no tenemos o no queremos dedicar a eso.

Dar información te expone a recibir comentarios al respecto. Puede resultar más fácil no contar nada sobre tu vida. El silencio que consiste en contar de forma selectiva es una manera de evitar juicios y críticas.

Aunque es a costa de la intimidad (conocer a fondo a una persona, y que ella te conozca a ti), no todas las relaciones tienen que ser íntimas. Algunas solo tienen que ser funcionales. Tener que lidiar con juicios y reacciones puede agotar la limitada reserva de energía que tenemos para enfrentarnos a la vida cotidiana.

El silencio es autocuidado

La petición no debería haberme sorprendido, porque llevaba más de una década en el sector. Tras años sin reconocer las cuestiones raciales, un colaborador blanco más mayor que yo me preguntó: «¿Puedes contarme cómo os sentís las personas de color? La semana que viene dirigiré una sesión para personas de color y necesito saber cómo llegar a ellas».

No se me ocurrió nada bueno que decirle. Meter a todas en el mismo grupo, suponer que una persona puede hablar en nombre de la mayoría o que una conversación conseguiría que estuviera mínimamente preparado para no seguir haciendo daño era pura arrogancia. Pedirme que resumiera mi experiencia de vida en su beneficio cuando le convenía era atribuirse un derecho que no tenía. Quise gritarle: «¡Mis historias y mi vida no están ahí para tu consumo! Existe Google. Búscalo».

No ayudó que unos días antes hubiera recibido un mensaje de un amigo en el que me confesaba: «Sé tan poco de cuestiones raciales que da vergüenza».

Y un mensaje de un familiar blanco que decía: «He leído un artículo y me he dado cuenta de que las minorías de nuestro país tienen mucho en común. Me encantaría comentarlo contigo».

Paso. Borrar. Ignorar.

Lo que quería decir en todas estas situaciones, pero no tenía la energía para ello, era: «Me alegro de que estés desarrollando una mayor consciencia de las dinámicas a las que las personas se enfrentan día tras día. No quiero asistir en primera fila a tu despertar racial. Relacionarme contigo implica que tendré que presenciar tu proceso, pero me quedo con un asiento del gallinero, en la última fila, por favor».

Me ha llevado mucho tiempo tenerlo tan claro. Durante años fui una de las pocas personas no blancas en el blanquísimo sector de la formación empresarial. Cuando los eventos necesitaban fluidez intercultural, yo era la persona indicada. Cuando queríamos demostrar que la torre de marfil no era solo para los blancos, aparecía mi nombre. Cuando los clientes querían más diversidad en su lista de conferenciantes, que por lo demás eran todos hombres blancos, yo era una solución fácil. Excepto, por supuesto, cuando no era lo bastante «diversa», porque no era negra.

Me creí la ideología de que no había prejuicios raciales durante años. Crecí creyendo en el ideal de Estados Unidos como crisol meritocrático. Estaba acostumbrada a ser la única persona que formaba parte de una minoría, tanto en la escuela como en el trabajo. De forma un tanto retorcida, me gustaba que me necesitaran. Como aguantaba, sentía que había sobrevivido. Había descubierto cómo contorsionarme para conformarme con ser útil. Ignorando la raza podía quedarme en el terreno de juego, no de forma explícita, por supuesto, pero sí implícita, porque ver cómo la desigualdad está integrada en un sistema hace insostenible quedarse día tras día cuando tienes la opción de marcharte. En cuanto ves la desigualdad y la ignorancia, te arañan el alma.

Cuando un equipo del que formo parte estaba rehaciendo su sitio web, alguien observó que parecíamos un equipo muy blanco, porque en ese momento la mayoría del equipo y todos los directivos, aparte de mí, eran blancos. ¿La sugerencia? Aumentar el tamaño de mi foto en la página de inicio. Como si el tamaño de una foto solucionara lo que parecía y era problemático.

Hasta entonces no me había dado cuenta de lo cansada que estaba de intentar mantenerme en espacios blancos. Siempre había creído que se me daba bien adaptarme. De hecho, me enorgullecía de ello. Podía imitar las expresiones, el sentido del humor y la postura de los blancos exitosos que me rodeaban. Las escuelas a las que asistí, así como la clase socioeconómica y el nivel de liderazgo al que accedí, me proporcionaron muchos privilegios, pero eso no te protege de morir por mil cortes con papel.

Ser «el único» en cualquier contexto es un tipo especial de dolor leve. Te contorsionas para encajar, porque encajar parece un billete hacia la aceptación. Celebran tu diferencia cuando les conviene y te despiden cuando dejas de ser útil. Te pierdes a ti mismo porque es difícil mantener la singularidad cuando lo que se recompensa es la conformidad. Cuestionas tu valor. Te pones en cuestión a ti mismo. Sientes que tienes que representar a toda tu raza, género o identidad, porque la gente saca conclusiones sobre esas poblaciones en función de sus interacciones contigo.

Y a veces contar quién eres no compensa el dolor que conlleva. Si otros van a cuestionar algo tan fundamental, tan importante para lo que somos, y van a destrozarnos, ¿para qué vamos a contarlo? Si rechazan nuestras explicaciones y nuestros intentos de educar por cualquier motivo, ¿para qué intentarlo?

No somos ejercicios intelectuales.

Los retos a los que me he enfrentado (y a los que tantos se enfrentan con mucha mayor intensidad) no son temas interesantes sobre los que debatir en tu tiempo libre. Son la realidad del día a día. Para mantener la cordura, para seguir siendo funcionales y para que nos quede algo de nosotros mismos que cuidar, a veces tenemos que guardar silencio. Trazar límites que eviten que destruyan lo que queda de nosotros.

La activista Audre Lorde dice que el silencio no te protegerá. Aunque es cierto y un principio fundamental de este libro, a veces basta para conservar lo que queda de ti y llegar al día siguiente.

Los traumas en el lugar de trabajo existen.
Los traumas raciales existen.
La homofobia existe.

El sexismo existe.

La xenofobia existe.

La discriminación de las personas discapacitadas existe.

El clasismo existe.

Todas estas influencias socavan quiénes somos. El esfuerzo cognitivo y emocional necesario para codificar y cambiar de contexto es un esfuerzo que hacemos de forma inconsciente y que es invisible para aquellos cuyas acciones exigen que lo hagamos. Si combinamos estas influencias a través del prisma de la interseccionalidad, enseguida queda claro por qué es necesaria la autoconservación.

La autoconservación es la tendencia fundamental de los seres humanos y los animales a protegerse del daño o la muerte y maximizar las posibilidades de supervivencia.[21] Es el instinto de huir de situaciones peligrosas y de depredadores. Para los conejos significa huir del zorro. Para los humanos puede significar decir que no, conseguir una orden de alejamiento o no responder a un correo electrónico. Pero nuestros instintos pueden embotarse. Nuestro cuerpo encuentra maneras de sobrellevar la situación. Nuestros sistemas de alarma se reajustan. Nuestra capacidad de sentir e imaginar disminuye.[22] Vamos por la vida como cáscaras de las personas que podríamos ser. En un mundo capitalista que consumirá y utilizará tanto de nosotros como estemos dispuestos a dar, la preservación es fundamental.

Mientras que la autoconservación tiene que ver con la existencia (ser capaz de mantener algo íntegro), el autocuidado tiene que ver con la alimentación (ser capaz de proporcionar las condiciones para el crecimiento que nos impidan acabar agotados). En Estados Unidos, el partido Panteras Negras promovió el mensaje de autocuidado entre la población negra para que diera prioridad al cuidado de su salud y bienestar, que era necesario para seguir siendo resilientes frente al implacable racismo sistémico y sanitario.[23] Lo que significa que el autocuidado no puede consistir solo en baños de burbujas, masajes y «darse un capricho». Es permitirte guardar silencio cuando necesitas crear las condiciones para alimentarte. La preservación remite a la supervivencia; cuidarse tiene que ver con prosperar. Todos merecemos ambas cosas.

Las mujeres de color representan solo el 39 por ciento de las mujeres en Estados Unidos, pero el 89 por ciento de las propietarias de nuevas empresas. Los entornos laborales hostiles y la permanente desigualdad salarial (las mujeres negras siguen cobrando un 37 por ciento menos que los hombres blancos por el mismo trabajo) las impulsan a abandonar las empresas.[24] Porque si no puedes conseguir un asiento en la mesa o el asiento en la mesa no significa nada y quieres mantener la dignidad, la autoestima y la cordura, tienes que construir tu propia mesa.

No vale la pena volverse del revés día tras día para recibir las migajas que otros estén dispuestos a tirarte. No vale la pena tener que retorcer tu discurso, tus valores, tu estilo y tus pensamientos para quedarte. No vale la pena perderte a ti mismo para que los balances parezcan mejores al final del trimestre. Así que nos preservamos ofreciendo poco de nosotros mismos. Trazamos líneas que delimitan los temas prohibidos, como las relaciones que entablamos y las partes de nuestra vida en las que no vamos a dejar entrar y de las que no vamos a informar. Es una forma de mantenernos lo bastante íntegros y construir una vida que siga mereciendo la pena ser vivida.

El bombardeo constante de comentarios mal informados en el contexto de sistemas que priorizan las necesidades y deseos de determinadas poblaciones sobre las de otras implica que las personas con identidades subordinadas debemos trazar límites que apoyen nuestra existencia y apunten a nuestro bienestar. A veces eso significa no responder a un mensaje. Otras, contenerse emocionalmente.[25] Y otras, mantener las distancias.

A veces significa guardar silencio.

EL SILENCIO NO ES UN SALVOCONDUCTO

Como seres humanos, a menudo malinterpretamos, sacamos de contexto y eliminamos los matices de cosas que son difíciles de escuchar, así que permíteme ser lo más clara posible: saber que el silencio puede tener sentido no nos da un salvoconducto. El silencio puede tener sentido, pero debemos preguntarnos cuándo y dónde lo elegimos.

No todos estamos en la misma situación. Para las personas con identidades históricamente oprimidas e infravaloradas, el silencio es una estrategia de supervivencia. En nuestro caso, abogo por tomar decisiones que tengan sentido para nuestra supervivencia, cordura y autocuidado. Sortear las realidades destructivas, procurar sanarnos e intentar cambiar el mundo al mismo tiempo es demasiado. Prioriza lo que necesitas en cada momento y en cada etapa.

Dicho esto, pido a los que tienen privilegios (y me cuento entre ellos) que se pregunten qué elegimos realmente cuando optamos por guardar silencio. ¿Elegimos nuestra comodidad y nuestro estatus por encima de la dignidad de otra persona? ¿Y es esa la elección que queremos hacer?

Sé sincero. ¿Tienes el privilegio de ser hombre, estar sano o de que tu piel sea clara (esto incluye a los blancos, pero no se limita a ellos)? ¿Tienes el privilegio de ocupar un puesto de alto nivel en el trabajo, de tener ahorrado más de lo que necesitarías para cubrir tus gastos durante seis meses o de que nadie dependa de ti? No pretendo criticar tu identidad, pero tener privilegios significa que los riesgos de elegir la voz no son tan altos. Si tenemos privilegios y decir lo que pensamos acarrea consecuencias, lo más probable es que dispongamos de redes a las que recurrir. Así que, ¿cómo vamos a utilizar bien nuestros privilegios?

El silencio es estratégico

Mateo siempre había querido ser médico. Era su sueño desde que jugaba con un estetoscopio de juguete en el piso en el que vivía con sus padres y sus cinco hermanos menores. Se había esforzado durante cuatro años en los cursos preparatorios de la universidad. Había hecho prácticas no remuneradas para compensar sus bajas notas en los exámenes y reforzar su solicitud a la facultad de Medicina. El día que recibió la carta de admisión fue el más feliz de su vida.

Ya en su tercer año de residencia, Mateo no estaba tan seguro de la profesión, del sistema ni de si lo conseguiría. Seguía encantándole atender a los pacientes, e incluso soportaba los turnos de veintiocho horas. Lo que llevaba a Mateo al borde del abismo a diario era la falta de respeto y humanidad con la que el médico responsable trataba a los residentes.

En una ocasión en que las instrucciones del médico no coincidían con los deseos de la familia, Mateo le dijo:

—Esta intervención no se ajusta a los objetivos de atención del paciente.

—¿Con cuántos pacientes has trabajado? —replicó el médico.

Mateo lo dejó correr. No valía la pena discutir.

Al empezar la residencia le habían dicho que tratara al médico responsable como a un dios: «Si se cruza contigo, se acabó». Había dejado pasar las decisiones médicas con las que no estaba de acuerdo diciéndose que eran parte de su formación y había intentado bloquear los comentarios homófobos como si fueran ruido. Le faltaban seis meses para terminar la residencia. Sin el apoyo del responsable, nunca obtendría la beca que necesitaba. Tras casi una década de formación y más de 264.000 dólares de deuda de estudios, no iba a arriesgar la carrera por la que tanto había trabajado.

«Cuando yo lleve la batuta, todo será diferente», pensaba Mateo. Soñaba con el día en que él fuera el médico responsable y pudiera crear un ambiente de equipo que acogiera diferentes perspectivas. Pensaba en los cambios que implementaría: estandarizar los sistemas de atención, diversificar los ensayos clínicos y eliminar los sesgos estructurales arraigados en la atención médica. Pero nada de eso sería posible si no terminaba la residencia.

Se mordió la lengua y pasó al siguiente paciente.

Todos calculamos constantemente cómo nuestras decisiones de utilizar la voz repercutirán en nuestros intereses a corto y largo plazo. Hay momentos en los que debemos guardar silencio para mantenernos en el juego. Seguir las reglas el tiempo suficiente para conseguir la credibilidad que nos permita tener influencia. Hacer el papel necesario. El silencio puede permitirnos resolver las cosas que más nos importan en un momento dado.

Muchos pensamos: cuando sea económicamente independiente de mis padres, diré lo que pienso de verdad, o cuando me asciendan al siguiente nivel, me jugaré el cuello por esa causa. Pero ¿lo haremos? Debemos ser sinceros con nosotros mismos. ¿Realmente jugamos a largo plazo o solo evitamos el tema? ¿En qué momento nos hemos convertido en cómplices de perpetuar el problema en lugar de acumular capital social con el que combatirlo? El equilibrio para satisfacer nuestras necesidades a corto y largo plazo es complejo. Preguntarnos una y otra vez si de verdad jugamos a largo plazo o solo evitamos el problema nos permite no dejar de ser sinceros sobre nuestras motivaciones y elecciones.

Dados los costes y los beneficios de la voz y el silencio, ¿qué es lo mejor para mí?

En resumen, si los costes de elegir la voz son demasiado altos, lo mejor es guardar silencio. Si los beneficios de guardar silencio superan los de elegir la voz, lo mejor es guardar silencio. Pero merece la pena analizar otros factores para entender mejor cuándo optar por el silencio.

Nuestros sesgos

Llegados a este punto, es posible que hayas observado que faltan algunos factores en el cálculo. Por más que elegir la voz tenga costes y guardar silencio tenga beneficios, ¿qué pasa con los costes de guardar silencio y los beneficios de elegir la voz? ¿Por qué no hablamos de ellos?

Nota al margen: si no lo habías observado, no te preocupes. Vas por buen camino y eres un ejemplo de lo que quería decir.

No he centrado nuestra conversación en los costes de guardar silencio y los beneficios de elegir la voz porque no es eso lo que nos planteamos cuando intentamos decidir si debemos guardar silencio. Nuestro cerebro se centra en los costes de la voz y los beneficios aparentemente garantizados de guardar silencio. Nos centramos en estos factores debido a dos sesgos principales: el sesgo del presente y el sesgo del yo.

El sesgo del presente

A nivel teórico, sabemos que con el tiempo los costes de guardar silencio incluyen que nada cambie y que las personas ni siquiera conozcan las dificultades y frustraciones que experimentamos, y sabemos además que el silencio perpetúa el daño y la violencia. Muchos de nosotros también sabemos que los beneficios de elegir la voz pueden incluir una conexión significativa, la reducción del aislamiento y un verdadero cambio personal y social. Pero los costes de guardar silencio y los beneficios de elegir la voz suelen experimentarse después de semanas, meses y años, mientras que los costes de elegir la voz y los beneficios de guardar silencio se experimentan y disfrutan de inmediato. Si elijo la voz, ¿tendré que aguantar tu respuesta mordaz ahora? No, gracias. Si me callo, ¿recibiré mi sueldo a final de mes? Sí, gracias. El sesgo del presente significa que la mayoría de nosotros preferimos los beneficios a corto plazo aparentemente garantizados y evitar los costes a arriesgarnos por unos beneficios a largo plazo que parecen inciertos.[26]

El sesgo del yo

Por muy altruistas que nos creamos, es humano centrarse más en los costes y los beneficios que nos afectan a nivel individual que en los colectivos. En lo que Amy Edmondson, profesora de la Harvard Business School, llama el cálculo voz-silencio, el silencio suele ganar porque los individuos obtienen los beneficios personales de guardar silencio al no tener que sufrir la ira ni los costes del cambio. Los beneficios de guardar silencio son inmediatos y personales, y casi siempre están garantizados.[27] Por el contrario, elegir la voz suele beneficiar a la sociedad o a un grupo a largo plazo, mientras que los costes de la voz recaen en el individuo. Dado que por naturaleza nos centramos primero en lo que será bueno para nosotros, tiene sentido que guardemos silencio.

Nuestra percepción

Nadeem supo desde pequeño que era diferente de los chicos de su comunidad de inmigrantes paquistaníes en Gran Bretaña. Aunque le atraían las chicas de su clase, también le atraían los chicos. Sus padres siempre le habían dejado muy claro que podía amar a quien quisiera, siempre y cuando fuera una chica de una buena familia musulmana que ellos conocieran. Celebrarían una boda tradicional, ofrecerían una buena *mahr* (dote) y tendrían muchos nietos para que la familia se sintiera orgullosa.

Cuando aceptaron a Nadeem en un programa de posgrado de la Ivy League estadounidense, su familia se quedó encantada. Tener una buena formación le permitiría salir adelante. Nadeem encontró allí a las personas que más le gustaban. En la calle, los transeúntes solían fruncir el ceño ante su grupo, cada uno con un color de piel y una forma de vestir diferentes. Al margen de cómo los vieran desde fuera, él confiaba plenamente en esas personas. Las defendía, y ellas a él. Juntos habían construido una vida hermosa con plantas en macetas, cenas rotativas, peluches y una cena vegana hindú cada semana. Sabía que sus padres no lo aprobarían, pero su objetivo ya no era que lo aprobaran.

Contaba con la ventaja de que la vida que había construido estaba a más de seis mil kilómetros de donde vivían sus ancianos padres. Las llamadas telefónicas no suponían un problema, porque se limitaba a hablar de temas que sabía que eran seguros: cómo avanzaba su trabajo, qué había cenado, y no, no había conocido a nadie. Las videollamadas cada pocos meses tampoco lo complicaban demasiado. Al fin y al cabo, sabía cómo vestirse para su familia. Incluso la visita anual a casa era factible, ya que siempre debía volver en unos días. No necesitaba el juicio ni la opinión de sus padres sobre su vida.

De vez en cuando los compañeros de Nadeem le preguntaban si alguna vez les diría a sus padres que era pansexual. Nadeem no le veía el sentido. Sabía que tener una relación con una persona ajena a la visión del mundo de sus padres sería una gran decepción para su anciana madre. Había visto la batalla que se libró cuando una hermana suya se casó con un hombre blanco y ateo. Encontrar las palabras para explicar una vida que les era tan extraña exigiría una energía que no quería gastar. Además, la noticia se extendería por la comunidad como un reguero de pólvora, por lo que tendría que lidiar con la reacción no solo de sus padres, sino también de todos los tíos con los que mantenían relación. Era más fácil para todos centrarse en su doctorado y que lo consideraran un chico más de su generación que trabajaba demasiadas horas al día.

Como en el caso de Nadeem, nuestro análisis de los costes y los beneficios de la voz o el silencio se basa tanto en lo real como en lo que percibimos. Si Nadeem opta por contar más aspectos de su vida a sus padres, tendrá que asumir los costes de dedicar energía a encontrar las palabras adecuadas para explicarles sus elecciones. Su decisión también está determinada por lo que él percibe como costes potenciales basándose en la reacción de sus padres ante la boda de su hermana y en su conocimiento de sus creencias religiosas y culturales. Aunque sus padres podrían reaccionar de forma diferente a la que él prevé, solo a Nadeem le corresponde decidir si opta por la voz o por el silencio.

Los costes reales son aquellos en los que incurrimos cuando elegimos la voz o el silencio. Los costes percibidos son los que tememos o anticipamos en función de nuestras experiencias y observaciones pasadas. Decirle a una persona que es seguro hablar y mostrar quién es cuando la experiencia nos ha enseñado lo contrario es hacer luz de gas.

Sin embargo, si de verdad queremos que las personas elijan la voz, debemos reducir los costes reales y percibidos de elegir la voz cambiando nuestra forma de reaccionar y responder.

Si queremos cambiar el cálculo para que elegir la voz tenga más sentido que elegir el silencio, debemos minimizar los costes y aumentar los beneficios de elegir la voz. Mientras los costes reales y percibidos de guardar silencio y los beneficios de elegir la voz no superen los costes de elegir la voz y los beneficios de guardar silencio, tiene sentido elegir el silencio.

¿La diferencia? La decisión de actuar

Cuando un compañero del bufete de abogados aseguró que Grace solo estaba en el equipo porque necesitaban a alguien diverso, Grace llegó al límite. Presentó su dimisión sin haber buscado otro trabajo. No podía seguir en un entorno que se negaba a reconocer su valor, la utilizaba cuando le convenía y la menospreciaba. En la reunión en la que comunicó su decisión señaló que una de las razones para marcharse era el comportamiento xenófobo de su compañero.

Sus amigos la elogiaron: «Qué valiente eres. Hay que tener mucho valor para dejar el trabajo».

Es cierto. Dejar el trabajo había exigido valor, pero para Grace había sido no solo valor, sino también cálculo. Había pagado la deuda de estudios y había ahorrado gran parte de su sueldo durante años, de modo que podía permitirse el lujo de alejarse de los compañeros y del sistema que la destrozaban todos los días en el trabajo. Contaba con los medios económicos para tomar una decisión que priorizara su bienestar emocional, mental, físico y psicológico. Su compañera, que mantenía a tres hijos y a unos padres ancianos con el mismo sueldo que ella y dependía del visado que le proporcionaba la empresa para quedarse en el país, no podría haber tomado esa decisión.

El valor es necesario, pero no suficiente, para elegir la voz. Para algunas personas, o en determinadas etapas de la vida, no es posible asumir los costes de optar por la voz. Por eso tiene sentido guardar silencio.

En determinados momentos el silencio es valioso y útil. Nuestro cerebro y nuestro cuerpo saben analizar los costes de decir lo que pensamos, calcular si podemos ser íntegros y determinar si podemos asumir los costes y cuándo. Que el silencio sea aditivo u opresivo depende de si lo eliges tú o lo eligen por ti.

¿Cuál es la diferencia? La decisión de actuar, que alude a la sensación de control sobre las acciones y las consecuencias.[28] Tener control interno nos permite ejercer una influencia que genere cambios en el mundo. Con lo que Albert Bandura, psicólogo de Stanford, describe como intencionalidad, previsión, autorreactividad y autorreflexión somos más capaces de dar forma al mundo en el que queremos estar.[29] Decidimos si queremos prestar nuestra voz a una causa o a una situación, o si es algo que no queremos asumir, ni ahora ni nunca. La decisión de elegir importa.

El mundo es un lugar ruidoso. «¡Tienes que decir lo que piensas! El silencio es violencia. Lo que no cambias lo eliges». Aunque todas estas afirmaciones son válidas en diferentes contextos, solo tú sabes lo que puedes hacer hoy, mañana y pasado mañana para seguir adelante, seguir vivo, seguir respirando y mostrándote por ti mismo, por tus seres queridos y por tu comunidad.

Eres tú quien tiene que vivir hoy y en el futuro. Tómate el espacio cuando lo necesites. Como un acto de fe, un acto de protesta o un acto de autosustento. Que el silencio o la voz sea tu decisión.

PREGUNTAS PARA REFLEXIONAR

Piensa en una situación en la que en estos momentos guardes silencio. Podría ser no decirle a tu familia que no quieres ir de vacaciones con ellos o no hablar sobre una política de la empresa que tiene un impacto excluyente. En lo que respecta a tu situación, responde a estas tres preguntas para plantearte si quieres optar por el silencio:

1) ¿Cuáles son los costes de decir lo que piensas?

   Esfuérzate en identificar cuáles de esos costes se conocen y cuáles los percibes tú. Considera también cuáles son los costes a largo plazo de guardar silencio.

2) ¿Cuáles son los beneficios de guardar silencio?

   Pregúntate a quién beneficia tu silencio. Si puedes sobrevivir, cuidarte y mantenerte lo bastante entero, considera la posibilidad de optar por la voz en lugar de guardar silencio.

3) Dados los costes y los beneficios de la voz y el silencio, ¿qué es lo mejor para mí?

   Rompe tus sesgos analizando qué beneficios a largo plazo de elegir la voz podrías no reconocer, cómo afecta tu elección a otras personas o grupos de personas y en qué medida tu elección se ajusta al modo como quieres mostrarte en el mundo.

4

Cómo nos silenciamos a nosotros mismos

Christina estaba a punto de perder el control.

Había llegado al límite con André.

Aunque antes lo consideraba un amigo, tras haber compartido piso con él durante seis meses solo podía echar pestes de André.

André y Christina, que se habían conocido a través de un amigo común, decidieron compartir piso. Su pasión común por la música R&B, el cine independiente y la buena comida le hicieron pensar que vivir juntos sería fácil, incluso divertido. Compartir piso los ayudaba a pagar el elevado alquiler de la ciudad que tanto les gustaba. El piso era céntrico, estaba lleno de detalles bonitos y por desgracia era tan pequeño que resultaba un poco agobiante.

André admitía que coleccionaba de todo. Los detalles cotidianos y la organización no eran su fuerte. Christina era minimalista. Ella estaba más al tanto de las facturas que debían pagar a medias, los platos que había que fregar y los espacios que, en su opinión, había que limpiar.

Al principio, tener cada uno su espacio pareció funcionar, pero a medida que la colección de libros de André llenaba los estantes y los cachivaches se esparcían por la zona común, Christina se sentía cada vez más frustrada. Cuando él dejaba las luces encendidas toda la noche, ella le enviaba un mensaje: «¿Puedes apagar las luces? La factura de la luz se va a disparar». Cuando llegaba a casa y veía moscas de la fruta revoloteando alrededor de un bote de mermelada abierto en la encimera, le mandaba una foto y le decía: «Tienes que guardar las cosas». Unas veces él le contestaba y otras no.

Como ella trabajaba de día y él de noche, muchas veces pasaban semanas sin verse. Empezó a dejarle notas en la nevera, debajo de su querido imán de gato: «Limpia tus cosas, por favor» y «Recuerda que esta zona es común». Se desahogaba con el amigo que compartían, que le decía que le diera un respiro a André. Al fin y al cabo, todavía estaba recuperándose de su última ruptura.

«Sé más adulta que él —se decía a sí misma intentando pasarlo por alto—. No es para tanto». Pero de inmediato pensaba: «¿Qué tiene de malo querer vivir en un lugar limpio? También es mi casa». Se veían tan poco que cuando estaban juntos, Christina intentaba llevarse bien con él. Hablaban sobre el sofocante calor del verano y lo bueno que era el *laksa* del nuevo restaurante. Como no quería enemistarse con él, no le decía nada sobre el estado del piso ni sobre su malestar. Después de tanto tiempo le preocupaba que sus comentarios tuvieran una vehemencia que no pretendía y parecieran una venganza.

Intentaba no discutir.

Como en el caso de Christina, si queremos compartir una idea o innovación, oponernos a una estrategia que estamos convencidos de que no funcionará o mantener una conversación difícil con un amigo, decir lo que pensamos puede costarnos caro. A la hora de decidir si hablar o no, debemos determinar si decir algo y cómo hacerlo. La mayoría de nosotros también prevemos y calculamos las repercusiones emocionales y relacionales que el comentario tendrá en la otra persona, en nosotros y en los sistemas en los que vivimos y trabajamos.

En mis diez años de consultoría con profesionales para manejar conversaciones difíciles he observado una dinámica concreta. Muy pocas personas son tan claras como creen. Suavizan la situación, se autocensuran o la eluden. La mayoría de las personas no son tan directas y sin filtros como lo serían si la forma en que nos presentamos no tuviera costes. Por no hablar del 45 por ciento de los estadounidenses (yo incluida) que se autocensuran con frecuencia por miedo a que expresar sus puntos de vista los aísle y aleje de los demás.[1]

Lo que decimos (y lo que no) influye en la calidad del trabajo que nos asignan, la reputación que nos forjamos y, en el peor de los casos, en si podemos ganarnos la vida y disfrutar de seguridad física. En este capítulo describo las trampas de comportamiento en las que caemos y que socavan la fuerza y el impacto de nuestra voz, a menudo sin darnos cuenta de que nos socavamos a nosotros mismos. Arrojo luz sobre cosas que solemos hacer para que compruebes si tú las haces y si te sirven de algo.

¿ELLOS O TÚ? SEGURAMENTE AMBOS

No hay duda de que las relaciones y el entorno que crean otras personas influyen en el nivel de seguridad psicológica que experimentamos y en nuestra percepción de si merece la pena decir lo que pensamos. Aun así, resulta útil preguntarse si hay algo que podamos cambiar por nuestra parte, al margen de si los demás cambian.

Pero ¿por qué nos miramos a nosotros mismos cuando está muy claro que es culpa suya por no crear un entorno seguro? ¿Por hacer oídos sordos una y otra vez? ¿Por apoyarnos de palabra, pero no de hecho? Porque tenemos mucho más control sobre lo que hacemos y nuestras aportaciones a un sistema relacional que sobre lo que hacen los demás. Cambiar el comportamiento exige alterar hábitos y cultivar una nueva serie de acciones, y eso suele llevar más tiempo del que nos gustaría.[2] Una persona puede tardar entre dieciocho y doscientos cincuenta y cuatro días en adquirir un nuevo hábito, y una media de sesenta y seis días para que un nuevo comportamiento se convierta en automático.[3]

Que quede claro que preguntar qué podemos cambiar no significa dejar que los demás se salgan con la suya. Se trata de asegurarnos de que utilizamos todos los resortes posibles para el cambio, incluidos aquellos sobre los que tenemos más control. ¿Cuáles son las cosas, si las hay, que podríamos cambiar sin necesidad de que nadie más cambie, que influirían en si se nos escucha, se atienden nuestras necesidades y se nos conoce? Si esos cambios unilaterales existen, seguramente merezca la pena intentarlo. Al fin y al cabo, hacer algo diferente nosotros mismos suele ser mucho más fácil que intentar que cambie otra persona.

No digo que todo dependa de nosotros, porque no es así. Pero con el ánimo de no dejar piedra sin mover, consideremos al menos lo que nosotros podemos hacer, ya que esperar a que otros decidan cambiar es un ejercicio mucho más difícil y en general menos fructífero.

Asumimos que nuestra voz no importa

Las palabras «innovación», «colaboración» y «creatividad» colgaban de las paredes verde salvia de la sala de reuniones, como si por formar parte de la decoración los conceptos se hicieran realidad. Se suponía que la reunión iba a ser productiva, que nuevos artistas contarían sus ideas y personas de todos los niveles aportarían sus puntos de vista sobre el guion gráfico de la película, pero Vinay se dio cuenta de que guardaba silencio. No tenía un puesto de responsabilidad en el departamento de arte. No era un experto. Llevaba solo tres meses en el estudio, tiempo suficiente para observar que, fueran cuales fuesen las ideas que se propusieran en esas reuniones, Jeff, el director creativo, acababa haciendo lo que le daba la gana. Incluso cuando alguien le preguntaba: «Vinay, ¿qué opinas?», se quedaba callado, porque daba por sentado que no tenía nada que añadir.

Cuando su jefe le preguntó en privado por qué no aportaba ideas en las reuniones de guion gráfico, Vinay se quedó confundido.

—Soy el más nuevo y no tengo un puesto de responsabilidad. ¿Mi trabajo no es observar? No quisiera pisarle el terreno a nadie.

La conversación fue esclarecedora para el jefe de Vinay, que veía las cosas de otra manera. Tanto él como el estudio en general creían que todas las perspectivas eran importantes. Al margen del tiempo que se llevara en el estudio, todos podían ver elementos que mejoraran la historia.

—Aunque no seas un cineasta con veinte años de experiencia, tu visión única del mundo y de las vivencias humanas ayuda a dar vida a los personajes de forma realista —explicó su jefe—. De hecho, la mirada fresca que aportas ayuda al estudio a no estancarse en una manera de hacer las cosas.

A Vinay le sorprendió la diferencia entre el punto de vista de su jefe y el suyo, y, siendo sincero, se mostró un poco escéptico con lo que le había dicho. Durante mucho tiempo había seguido las reglas tácitas de la jerarquía y había creído que cuanto más arriba se estaba, más se podía ofrecer. Lo que su jefe le describía era atractivo, pero también un paradigma totalmente diferente del que conocía. Seguir esas nuevas reglas significaría que tendría que arriesgarse a compartir sus ideas y adoptar una postura diferente en las reuniones. Tendría que mirar el guion gráfico con visión crítica en lugar de observar la dinámica del grupo e intentar descubrir cómo funcionaban las cosas. Su anterior jefe le había inculcado que los nuevos no sabían nada, que eran pizarras en blanco. Le costaría acostumbrarse a la filosofía de que todos tenían una perspectiva valiosa.

—Si el estudio de verdad valora todas las perspectivas en el guion gráfico, ¿por qué parece que Jeff siempre acaba haciendo lo que quiere? —preguntó Vinay.

El jefe de Vinay no supo qué responder, pero recordó varias ocasiones en las que Jeff y otros directores habían cambiado cosas a raíz de las opiniones de sus compañeros. Vinay no sabía que los directores aceptaban comentarios. Además, las observaciones de Vinay eran un espejo útil para ver si había una desconexión entre las pretensiones del estudio y cómo las personas (incluido Vinay) experimentaban la cultura y las normas del estudio.

Cada uno de nosotros parte de supuestos diferentes sobre el valor de nuestra voz y las reglas tácitas sobre quién puede hablar y cuál es el resultado:

«Mi voz no importa».
«Decir lo que pienso no servirá de nada».
«Solo pueden hablar los expertos».

Y estos supuestos pueden impulsar nuestro comportamiento. En la década de 1970, el teórico empresarial y profesor Chris Argyris, conocido como el cofundador del desarrollo organizacional, introdujo el concepto de «aprendizaje de doble circuito». El aprendizaje de circuito único solo tiene en cuenta la reacción a una acción para revisar una decisión. El aprendizaje de doble circuito cuestiona de entrada los supuestos interiorizados que impulsan las decisiones. Si de verdad queremos cambiar los resultados que estamos obteniendo, debemos observar no solo los comportamientos que han llevado a esos resultados, sino también los supuestos en los que se apoyan.[4] Por ejemplo, si he guardado silencio en una reunión y las cosas no han salido como quería, el aprendizaje de circuito único diría que mis opciones en adelante son decir lo que pienso o seguir en silencio, y ninguna de ellas parece factible o satisfactoria. Pero si analizo los supuestos que me han hecho guardar silencio, me daré cuenta de que creo que no merece la pena hablar porque estoy convencida de que los jefes nunca escuchan. Si somos capaces de identificar los supuestos, podemos ponerlos a prueba y cuestionarlos para ver si todavía sirven y aportan algo a la persona que queremos ser. Mientras no nos detengamos a identificarlos y ponerlos en cuestión, los supuestos seguirán siendo las fuerzas invisibles que nos impulsan.

Ser nuevo en un lugar o empezar una relación puede desorientarte. ¿Cómo funcionan las cosas aquí? ¿Qué hay que hacer? ¿Qué me mantendrá a salvo? ¿Qué va a funcionar? Si no reconocemos ni ponemos en cuestión nuestros supuestos, sacamos conclusiones sobre con quién, qué, dónde, cuándo y cómo podemos hablar basándonos en experiencias anteriores. Aunque esos supuestos pueden haber sido válidos o útiles en otros contextos, es posible que no sean representativos del aquí y ahora. Si no nos detenemos a cuestionarlos, perpetuamos las formas en que nos silencian.

Sabemos que emplear la voz es importante para nosotros, para las personas que nos rodean y para el mundo, pero con el tiempo empezamos a asumir que no importa.

¿Cómo sucede?

Nos centramos demasiado en las expectativas de los demás

Las personas cuyos padres se mudaron a otro país para ofrecer «un futuro mejor» a sus hijos suelen tener claro lo que se supone que hay que hacer en la vida: resarcir el sacrificio de tus padres aprovechando al máximo las oportunidades que se te presenten. Casi siempre eso significa conseguir un trabajo bien remunerado y alcanzar cierta seguridad socioeconómica. En este caso, la pregunta no es qué quiero hacer, sino qué debería hacer. Elegir una carrera profesional, un cónyuge o una vida no consiste en perseguir pasiones ni en vivir tu verdad, sino en estar a la altura de las expectativas que los demás tienen de ti.

Entender las expectativas de los demás es parte de ser un miembro de la familia, un compañero de trabajo y un ser humano bien considerado, pero muchos de nosotros lo hemos llevado a tal extremo que todo gira alrededor de los demás. El resultado es que olvidamos que nuestras necesidades y preferencias importan. Encontrar nuestra voz es una oportunidad para recalibrarnos y plantearnos qué nos importa y a qué queremos dedicar energía, tiempo y esfuerzo.

CEDEMOS A LA PRESIÓN DEL GRUPO

Tras años trabajando como pastelera, Gabby abrió su propia pastelería. Quería ofrecer al mundo los placeres del azúcar, la mantequilla y la harina, pero, como propietaria de un pequeño negocio, se encontró asumiendo todas las funciones: responsable de innovación, responsable de marketing, mujer de la limpieza y contable.

Después de haber aparecido en varios periódicos y blogs, el negocio de Gabby despegó y pudo ampliar el equipo. Como recordaba lo que era tener tres trabajos para poder pagar el alquiler y no quería que otros pasaran por eso, decidió pagar una tarifa por hora superior a la habitual en su sector. Pero, aun habiendo contratado a personal, Gabby seguía agobiada. Su hermano le sugirió que hablara con un asesor comercial, que no sabía nada de repostería, pero sí mucho de negocios. El asesor tenía varias ideas útiles sobre cómo formar a otras personas para que se encargaran de la laboriosa decoración personalizada y reorganizaran el escaparate para que resultara más atractivo.

«Como pequeño negocio que intenta crecer, deberías reinvertir dinero —dijo el asesor—. Puedes conseguirlo si pagas a tus empleados las tarifas del mercado». Argumentó que, al tratarse de una empresa pequeña, incluso podría estar justificado pagar menos que una pastelería más grande.

El consejo era tentador. Disponer de más efectivo sin duda facilitaría los demás cambios. Si pagaba menos, podría contratar a más personas y pagar la primera cuota de la factura para cambiar el suelo de linóleo.

Gabby no se decidía. Conocía el ajetreo del sector alimentario. Se suponía que tener su propia pastelería significaba poder hacer las cosas a su manera. Que pudiera pagar menos no significaba que quisiera hacerlo. Quería hacer las cosas de otra forma y dejar huella en el sector.

Su hermano se apresuró a recordarle que era pastelera, no empresaria.

Gabby les hizo caso. En su siguiente contratación bajó la tarifa por hora diciéndose que era la decisión empresarial correcta. Se lo había dicho el asesor. Meses después, los miembros de su equipo fueron a hablar con ella. «¿Por qué Rachel cobra menos que nosotros? Hacemos el mismo trabajo. Creíamos que podíamos confiar en ti». Gabby sintió que la habían pillado con las manos en la masa. Murmuró el argumento del asesor comercial de que su pastelería era más pequeña, aunque ni siquiera la convencía a ella. No solo había creado desigualdad en el equipo, sino que había comprometido los valores que defendía.

Cuando cedemos una y otra vez a la presión de los demás para que actuemos de determinada manera reducimos el valor de nuestras preferencias y nuestro sentido de la voz. Nos silenciamos cuando aceptamos lo que otros quieren para nosotros, aunque no nos parezca correcto. Con el tiempo, aceptar consejos que no nos parecen bien puede embotarnos los instintos hasta tal punto que ya no los consideremos valiosos. Empezamos a asumir que nuestra voz no importa.

VALORAMOS MÁS LA MONOTONÍA QUE LA SINGULARIDAD

El mimetismo (la tendencia inconsciente a imitar) es un fenómeno bien documentado en humanos. Cuando dependemos de los demás, nos sentimos cercanos a ellos o queremos caerles bien, imitamos inconscientemente su comportamiento.[5] Las personas tienden a tener opiniones más positivas, a estar más dispuestas a ayudar y a decir que sí a los que las imitan.[6] Tanto es así que los libros sobre influencia recomiendan la imitación como una forma de causar buena impresión y tener relaciones positivas con los demás.[7]

Los efectos del mimetismo son lógicos, porque al fin y al cabo resulta fácil relacionarse con personas que actúan como nosotros. Imitar lo que hacen otros parece menos arriesgado que buscar nuevos caminos, porque ya disponemos de un historial de sus comportamientos. Al ingresar en un nuevo lugar de trabajo o en un sistema familiar, lo sensato es tomarse un tiempo para observar su funcionamiento, sobre todo cuando tu identidad es subordinada, porque tu lugar en un sistema ya es más tenue.

Al mismo tiempo, el mimetismo (particularmente cuando se recompensa) embota nuestra forma personal de mostrarnos al mundo. Empezamos a preguntarnos si nuestro valor y nuestra eficacia están vinculados a cómo imitamos a los demás. Si nuestro valor procede de que nos parecemos a ellos, ¿por qué íbamos a pensar que nuestras voces importan? Pero sin diferencias es imposible aprender e innovar.

Cuando empecé en la formación empresarial imitaba lo que hacían los fundadores de nuestra empresa. Al fin y al cabo, eran profesores de Harvard y autores de un libro incluido en la lista de superventas del *New York Times*. Estaba comprobado que su forma de trabajar, tratar a los clientes e impartir talleres había tenido éxito. Su manera de hacer las cosas ya disponía de un sello de garantía. Aprendí a describir conceptos y a involucrar a los clientes como ellos, hasta tal punto que un cliente observó que incluso hablábamos igual. A mi modo de ver, mi trabajo era canalizar su voz para alcanzar su impacto.

Creía que los clientes solicitaban trabajar conmigo porque era una buena imitación de nuestros fundadores, pero a un precio inferior. Un día, una clienta dijo que no quería a un fundador para el trabajo. Me quería a mí por mi sensibilidad y mi manera de ver las cosas.

Todavía doy vueltas a la idea de que una persona me quisiera por mí, no porque fuera una buena imitación de otra persona. Todavía me resulta un poco surrealista que yo, una persona única, tenga algo que decir y que mi voz pueda importar.

A paso lento pero seguro decido aceptar mi singularidad en lugar de ocultarla. Empiezo a asumir que mi voz importa. Si tengo la capacidad y la oportunidad de tomar decisiones, ¿cuál será mi enfoque?

Nos autocensuramos

«Ojalá cambiaran de actitud».

«No quiero ser como ellos».

«Absorben toda la energía de la habitación».

Estas son las cosas que pensamos cuando juzgamos, no tan en secreto, a los que hablan y cuentan demasiado a nuestro alrededor.

Nuestro miedo a ser autoritarios o dominar una conversación no es infundado. En una reunión cualquiera de seis personas, más del 60 por ciento de lo que se comenta lo dicen solo dos personas.[8] La relación entre la cantidad de tiempo durante el que se toma la palabra y la autoridad que percibimos está tan bien establecida que algunos investigadores la llaman la hipótesis del parloteo. Consciente o inconscientemente, las personas hablan para intentar demostrar liderazgo. Y muchas interpretan el tiempo de uso de la palabra como una señal de liderazgo o de potencial de liderazgo.[9]

Pero si te preocupa parecer autoritario, es más probable que estés lejos de serlo. Al fin y al cabo, eres lo bastante consciente para que te preocupe. Pero es probable que te censures a ti mismo y te corrijas demasiado, lo que socava tu capacidad de defender lo que piensas y aportar algo al mundo.

Varios investigadores han definido la autocensura como ocultar lo que de verdad pensamos a una audiencia que creemos que no estará de acuerdo con nuestra opinión.[10] ¿Por qué nos autocensuramos? Porque si estamos acostumbrados a que otros nos censuren, no nos parece tan diferente hacerlo nosotros mismos. Porque no estamos seguros de si los beneficios de hablar compensarán los costes. Porque nos debatimos sobre si decir algo. Lo que a menudo parece una decisión intuitiva tomada en una milésima de segundo nos lleva a la conclusión de que el coste de hablar no compensa.

Patreeya se esforzó durante años por encontrar una manera de mejorar la relación con su madre. Su madre había hecho grandes sacrificios, tenía tres trabajos y había dejado a su familia en Tailandia para que Patreeya tuviera otras oportunidades en la vida. Sin su madre, ella no habría estado donde estaba, pero sentía que no podía controlar su vida y que no tenía libertad para decidir entre las diferentes opciones que le proporcionaban su formación y su entorno. Todas las conversaciones se centraban en cómo podría mejorar, lo que estaba haciendo mal o lo que tenía que hacer.

Decirle a su madre que le diera espacio sería parecer una desagradecida, así que asentía, aunque ponía los ojos en blanco durante la llamada telefónica, y no decía nada cuando su madre la reñía por una cosa u otra. Cada vez que Patreeya llamaba a su madre, colgaba el teléfono desanimada y agotada. Tenía muy clara la lista de lo que debía cambiar en su dinámica: necesito espacio para cometer mis propios errores, necesito que te des cuenta de que ya no tengo nueve años, necesito que reconozcas lo que estoy haciendo bien y necesito saber que me querrás y me aceptarás haga lo que haga.

Pero Patreeya sentía que no podía decirle nada.

No quería parecer egoísta ni exigente.

Quizá observes los fallos de los argumentos a los que Patreeya daba vueltas. Como ella, elaboramos y anticipamos refutaciones para evitar abordar el problema, aunque las refutaciones puede que no sean la respuesta que nos daría la otra persona. Nos quedamos atrapados en lo que nos parece un dilema. Patreeya negaba sus necesidades y estaba cada vez más amargada y distante porque no recibía lo que necesitaba, en parte debido a su autoimpuesta prohibición de decir lo que quería y necesitaba de su madre.

¿Y qué podemos hacer? Compartir el dilema en lugar de dejar que sea una razón para no decir nada. Patreeya podría decirle a su madre: «Mamá, te quiero y deseo que tengamos una relación estrecha. Te agradezco mucho lo que has sacrificado por mí. Y también me duele mucho escuchar constantemente lo que crees que hago mal sin que me digas lo que crees que hago bien. ¿Podemos equilibrar un poco lo que comentamos en nuestras llamadas?».

Desde hace mucho tiempo se considera que los «pero» son los «grandes borradores». Unir dos pensamientos con un «pero» provoca que se borre el pensamiento precedente. En su lugar, planteémonos decir «y». Utilizar «y» para unir pensamientos nos permite compartir la tensión que experimentamos e iluminar la complejidad natural de la vida. Porque nosotros (y el mundo) somos complejos.

«Te quiero y estás volviéndome loco».

«Me entusiasman las expectativas del cliente y me asusta el trabajo que tenemos por delante».

«Quiero apoyar el plan y tengo dudas sobre el enfoque».

Las dos afirmaciones pueden ser verdaderas a la vez. Los diferentes pensamientos forman parte de la complejidad del ser humano. Cuando eliminamos partes de la complejidad, somos versiones menos completas de nosotros mismos. Retenemos información fundamental para desarrollar soluciones holísticas y sostenibles. Censurar significa ser unidimensional en un mundo multicolor y multidimensional.

A veces nos angustiamos sobre si hablar o no, y tardamos tanto en decidir que el momento de hablar queda atrás. Otras veces, el silencio es tan habitual que ni siquiera nos damos cuenta de que hemos tomado la decisión implícita de guardar silencio. Además, nuestro cerebro toma las decisiones hasta diez segundos antes de que nos demos cuenta de que las hemos tomado. Observando la actividad cerebral, los investigadores pueden predecir qué elecciones van a hacer las personas antes de que sean conscientes de ellas.[11] ¿En qué casos podrías estar tan acostumbrado a autocensurarte que ni siquiera te das cuenta de que podrías elegir un camino diferente?

Mitigamos nuestro discurso

Tuve la suerte de viajar con mi hermano el verano después de graduarme en la universidad. Compramos pases Eurail y buscamos los albergues más asequibles. Recuerdo que el estómago me retumbaba de hambre.

—¿Tienes apetito? —le pregunté.

—No —me contestó.

Y seguimos caminando.

Estuve furiosa un rato, enfadada porque no me tenía en cuenta.

¿Por qué no podíamos ir a comer algo?

¿Por qué siempre teníamos que hacer las cosas a su manera?

¿Por qué no podía leerme el pensamiento y saber que tenía hambre?

Me atrincheré en mi enfado sin decir nada hasta que me di cuenta de que no había ninguna razón (aparte de mi deseo de que los que me rodeaban me leyeran el pensamiento y atendieran mis necesidades exactamente como yo quería sin tener que decir nada) para que él supiera que «¿Tienes hambre?» en realidad significaba «Tengo hambre, ¿vamos a comer algo?». O mejor aún: «Tengo hambre, voy a comer algo».

En retrospectiva, es fácil ver la diferencia entre el mensaje que pretendía transmitir y las palabras que salieron de mi boca. Ver esa diferencia también arroja luz sobre por qué mi hermano no entendió el mensaje. ¿Con qué frecuencia lo que pretendemos decir es diferente de lo que realmente decimos?

El escritor Malcolm Gladwell popularizó la expresión «discurso mitigado», que definió como todo intento de restar importancia o endulzar el significado de lo que decimos.[12] Suavizamos la intensidad o el alcance de lo que decimos para que a nuestro interlocutor le resulte más fácil escucharlo. Los lingüistas llevan tiempo estudiando el habla mitigada, en especial entre individuos con distinto poder.[13] Las mujeres y las personas de color hemos aprendido a mitigar lo que decimos para hacernos más aceptables para las personas con poder, y después recibimos críticas por no ser tan claras como deberíamos.

¿Por qué mi hermano y yo no teníamos el mismo poder? Porque soy la hija menor de una familia sumida en el patriarcado implícito. Por más que mis padres intentaran garantizar la paridad entre nosotros en nuestra vida en Estados Unidos, la preferencia por los hijos varones está profundamente arraigada en la cultura china. Durante miles de años, las familias chinas han preferido hijos varones a hijas porque tradicionalmente los hombres tenían mayor capacidad de conseguir ingresos que las mujeres, mantenían el apellido, contribuían al trabajo familiar, ofrecían seguridad a los padres durante su vejez y realizaban ritos ancestrales.[14] Aunque intentábamos activamente luchar contra esa preferencia, yo seguía interiorizando la arraigada sumisión por género y edad. Pero reconocer mi discurso mitigado me ayudó a desentrañar y preservar lo que por lo demás era una oportunidad única para establecer vínculos con mi hermano y ver el mundo juntos.

Pensándolo ahora, mi conversación con mi hermano me parece una tontería, pero para mí fue importante darme cuenta. ¿En qué otras situaciones había caído en la trampa del discurso mitigado? ¿Cuántas otras veces me había sentido frustrada porque alguien no me leía el pensamiento cuando no le había ofrecido mucho que leer?

Ahora que tengo un hijo pequeño, a menudo le digo: «¿Puedes decírmelo con palabras?». Pero la pregunta también funciona para los adultos. ¿Podemos decirlo con palabras? ¿Podemos esclarecer lo que de verdad queremos pedir y después decírselo en voz alta a la persona que tiene que escucharlo? Utilizar mis palabras exige darme permiso para expresar mis necesidades. Que yo tuviera hambre y que hiciera algo al respecto no tenía por qué depender de si mi hermano también tenía hambre en ese momento. En culturas grupales puede parecer extraño o egoísta defender y resolver nuestras necesidades, pero la realidad es que vamos a tener necesidades diferentes de las de otras personas. Depende de nosotros identificarlas y decidir cómo articularlas.

Así pues, ¿cómo comunicamos nuestras necesidades? Puede ser útil observar los diferentes niveles de mitigación en nuestra forma de comunicarnos considerando que la más indirecta es una insinuación, y la más directa es una orden.[15] Cada uno de los niveles de sinceridad tiene su utilidad, en especial cuando nos comunicamos entre culturas, y pueden combinarse para conseguir el efecto deseado. A continuación tienes un análisis de los diferentes niveles de claridad en el discurso mitigado recurriendo al ejemplo de mi deseo de comer algo cuando estaba de viaje con mi hermano.

NIVEL DE CLARIDAD	QUÉ ES	CÓMO SUENA
Orden	Di lo que hacer.	Vamos a comer algo.
Propuesta	Apoya una opción.	Podemos ir a comer algo.
Sugerencia	Plantea una opción.	¿Qué te parece si comemos algo?
Pregunta	Haz una pregunta.	¿Tienes hambre?
Observación	Haz una observación.	Hace mucho que no comemos.
Pista	Indica indirectamente.	La comida aquí no es igual que en casa.

Los contextos culturales y nuestro papel en esos contextos a menudo exigen diferentes niveles de claridad. Por eso en Francia consideran bruscos a los estadounidenses, y los que viven en Iowa pueden enfadarse ante la claridad de los neoyorquinos. En el trabajo, si eres la persona de menor rango en una reunión, es poco probable que te convenga dar órdenes a un director. Si vas a cenar a casa de los padres de tu pareja por primera vez, seguramente es mejor que hagas observaciones y preguntas en lugar de darles órdenes en su propia casa. Por lo demás, si no consigues ganar terreno, podría deberse a que tu estilo de comunicación no está sincronizado con las normas de la cultura y el contexto en el que estás.

¿Cuándo no has sido lo bastante claro? ¿Cuándo podría ayudarte ampliar las opciones de tu modo de comunicarte? ¿Último nivel? Elige el nivel de claridad que creas que beneficia más tu propósito en cada momento.

Si aun así nos cuesta ser directos y defender lo que pensamos, dos trucos mentales pueden ayudarnos a conseguir la autodefensa que tanto necesitamos. Si nos han educado para pensar en el bien común en lugar del individual, podemos priorizar nuestro bien individual dándonos cuenta de que nuestro bienestar es en realidad un bien colectivo. Cuando viajaba con mi hermano, el hecho de que yo no pasara hambre era de interés común. Seré una mejor versión de mí misma si estoy bien alimentada. Seré una compañía mejor, no estaré resentida y ambos podremos disfrutar del viaje. Nombrar mis necesidades nos permite resolverlas, lo que implica un mejor viaje para los dos.

Me gustaría que tener necesidades bastara para nombrarlas y satisfacerlas. No tener que vincular mis necesidades individuales a un bien común para darme cuenta de que tienen valor. Pero cuando estoy soportando el peso del paradigma dominante, me alegra disponer de un truco mental para conseguir satisfacer mis necesidades.

El segundo truco mental es cambiar de mentalidad. La teoría clásica de la negociación dice que cada parte, en una negociación, tiene una serie de intereses. Si la decisión me afecta, entonces también yo tengo una serie de intereses, necesidades, objetivos, esperanzas y preocupaciones que debemos resolver en común. No atenderemos a mis intereses porque sea especial o porque lo necesite, sino porque la negociación es el proceso de atender a los intereses de todas las partes. Todos los implicados en la negociación deben atender a mis necesidades, como yo me preocuparé de las suyas y las atenderé. ¿Tengo claras cuáles son mis necesidades? En ese momento eran tanto comer como que mi hermano me conociera.

La investigadora Brené Brown popularizó el lema «Lo claro es amable».[16] ¿Podemos negociar con nosotros mismos para reescribir el relato de modo que ser claros sea amable y no ser claros sea cruel? ¿Y podemos de verdad ser claros? ¿Dar menos rodeos y endulzar menos? ¿Observar la desconexión entre lo que pretendemos decir y lo que realmente decimos? No podemos controlar cómo los demás entienden lo que decimos, pero sí lo que en realidad decimos.

No hemos hablado

Además de la cuestión de si hemos dicho las cosas con la claridad que necesitábamos o pretendíamos, está la más fundamental de si en realidad lo hemos dicho.

Cuando estamos enfadados por algo, tendemos a desahogarnos con personas en las que confiamos. El tema nos preocupa. Echamos chispas en silencio. A veces damos vueltas y más vueltas a la situación.

El problema de la memoria es que a medida que describimos y nos quejamos de algo con las personas que nos rodean, nuestra memoria empieza a reescribir la historia. Empezamos a creer que hemos mantenido una conversación con una persona aunque no haya sido así.

Los psicólogos lo llaman «efecto de la verdad ilusoria». Cuanto más repetimos una afirmación, más posibilidades tenemos de creerla cierta. Incluso afirmaciones muy improbables se vuelven más plausibles si las repetimos lo suficiente.[17] Una explicación de este efecto es que a nuestro cerebro le resulta más fácil procesar y entender afirmaciones repetidas. La facilidad con la que se procesa algo se utiliza como señal de verdad.

Este efecto es profundamente perturbador y un motivo para hacer una pausa. Repetir información errónea no la convierte en verdadera, pero sí hace más probable que la creamos. Se convierte en nuestra verdad, a menos que nos detengamos y nos preguntemos: «¿En realidad lo dije?». He descrito mi versión de los hechos a todo el mundo, a mis amigos, a mi familia, a mi vecina e incluso a una cajera cualquiera del supermercado cuando me dio los buenos días. Pero ¿en realidad se lo dije a la persona que tiene que escucharlo? No.

Los trucos a los que recurre nuestro cerebro son mecanismos de defensa. Las defensas más adaptativas son las que permiten la gratificación. No nos gusta la realidad distorsionada, por eso la cambiamos, no siempre de forma consciente. Desahogarnos es una forma de gratificación instantánea que puede desplazar los verdaderos sentimientos que nos provoca el conflicto.[18]

La empresa de Tara tuvo durante años un empleado a jornada completa que se ocupaba del diseño gráfico. A Tara le parecía que tener un empleado a jornada completa para ese trabajo era desperdiciar recursos, sobre todo porque no tenía experiencia ni aptitud. Para Tara, el diseño gráfico era una vergüenza. Conocía a diseñadores autónomos que podrían hacer el trabajo más rápido, mejor y por una tarifa por hora más baja que la que suponía que la empresa pagaba a su compañero.

Tara sabía que subcontratar el trabajo era una decisión comercial que le ahorraría tiempo y dinero a la empresa y que produciría recursos visuales que funcionarían mejor en el mercado, pero cada vez que pensaba en sugerirlo, lo descartaba. A su compañero diseñador le apasionaba su trabajo. La única vez que le preguntó a Tara qué le parecía el diseño, ella murmuró que no le gustaba. Al ver la expresión abatida de su compañero enseguida añadió: «Pero yo no soy la que toma las decisiones». Tara, que había vuelto al trabajo después de haber criado a tres hijos, no quería hacer nada que hiciera pensar que no sabía trabajar en equipo, así que una y otra vez lo dejó correr.

Cuando sus amigos le preguntaban si la empresa había cambiado por fin el diseño, ella negaba con la cabeza y decía que no querían cambiarlo. Cada vez que veía un diseño gráfico de la empresa, se estremecía y se decía que no le correspondía pelear esa batalla.

Pero se desahogaba con sus amigos sobre lo anticuada que estaba la empresa y decía que la decisión de dejar que esa persona trabajara en un proyecto tan bonito apestaba a nepotismo y perjudicaba la imagen pública de la empresa. Se quejaba, pero nunca sugirió subcontratar el diseño gráfico directamente a los jefes que podían hacer algo al respecto. Daba por sentada su respuesta en lugar de dejarles responder por sí mismos.

Quejarse a los compañeros es una dinámica habitual en el trabajo. Incluso se puede plantear el problema al jefe, pero rara vez se habla directamente con la persona involucrada en el problema. Hasta cierto punto es más cómodo mantener el relato en tu cabeza, donde puedes controlarlo. También implica que los demás no pueden negarse a representar el papel que les has asignado en tu cabeza ni elegir un camino diferente.

Unos años después, un joven compañero blanco entró en el equipo de Tara. Una de sus primeras sugerencias fue que la empresa subcontratara el diseño gráfico a un profesional autónomo en lugar de asignar a ese trabajo recursos a jornada completa, ya que le ahorraría tiempo y energía. La dirección estuvo de acuerdo.

Una cosa es que digamos algo, pero que otros decidan no escucharlo, y otra que no nos escuchen porque no lo decimos.

La primera se produce muchas veces, pero si te encuentras en la segunda, sugerir o contar la idea a las personas que pueden hacer algo al respecto es un paso clave para que aumente la probabilidad de que la escuchen.

Si descomponemos la comunicación a efectos prácticos, debemos vigilar algunos posibles fallos: si decimos algo, cómo lo decimos, a quién se lo decimos y si lo escuchan. Apenas depende de nosotros que nos escuchen, pero podemos controlar los tres primeros posibles fallos. En este capítulo hemos analizado cómo nuestras suposiciones interiorizadas, la autocensura, el discurso mitigado y los trucos mentales pueden silenciarnos, incluso sin que nos demos cuenta. Te desafío a reflexionar sobre si has caído en estos patrones como parte del silencio aprendido y a experimentar para romperlos. Al fin y al cabo, podemos controlar más si nos silenciamos a nosotros mismos que si nos silencian los demás.

Al final, podemos decidir ser más directos y mitigarnos menos. Podemos decir lo que tenemos que decir a la persona a la que tenemos que decírselo. Y aun así es posible que no lo escuche debido a sus propios supuestos o prejuicios sobre una persona de una edad diferente, una raza diferente o alguien como tú y como yo. Asimismo, es posible que no escuchemos todo y a todo el mundo, un desafío que abordaremos en el siguiente capítulo.

PREGUNTAS PARA REFLEXIONAR

¿Cuáles son tus supuestos sobre el valor de tu voz? ¿En qué punto del camino podrías haber perdido el sentido de la voz?

¿Con quién y en qué contextos te autocensuras?

¿Qué niveles de claridad sueles emplear? ¿Cómo podrías ampliarlos para aumentar la probabilidad de que te escuchen?

5

Cómo silenciamos a los demás

No podemos abordar el silencio sin tener en cuenta también cómo hemos silenciado a otras personas.

Quizá pienses: «Yo no tengo nada que ver con este problema. Es a mí al que han silenciado. Soy la última persona que intentaría silenciar a alguien. Soy buena persona. Hay personas que silencian a los demás, claro, pero no soy una de ellas».

A esto te digo que casi todos somos buenas personas. Y aun así, intencionadamente o no, silenciamos a otras personas. Yo incluida.

Puedes ser buena persona y que alguien sienta que no lo ves, no lo conoces, no lo escuchas y no lo valoras como merece.

Puedes ser un jefe impresionante y no saber dirigir a empleados que son, se expresan y trabajan de manera diferente que tú.

Puede que quieras construir un mundo donde las personas tengan conversaciones sinceras que eviten crisis y favorezcan el crecimiento, y aun así que algunas personas anden de puntillas a tu alrededor y te oculten información.

Puedes ser digno de confianza y que otros no confíen en que no les arrancarás la cabeza de un mordisco.

Muchos de nosotros tenemos las mejores intenciones. Trabajamos duro para crear equipos saludables, familias que se quieran y comunidades enriquecedoras. Escuchar que nuestros esfuerzos no bastan puede resultar desalentador y desmotivador. Es entonces cuando el silencio puede ser una opción ilusoriamente atractiva. Al mantener el *statu quo*, el silencio ofrece previsibilidad, estabilidad y una sensación de control en un mundo que a menudo nos parece que no controlamos. Si no escucho que lo que hago no te sienta bien, puedo dar por supuesto que no hay problema. Si nadie dice que ve las cosas de otra manera, no hay razón para pensar que exista otra manera de ver las cosas o que sea necesario cambiar. El silencio nos permite el lujo de la ignorancia.

Como seres humanos, nos centramos (o nos fijamos) en las ocasiones en las que nos han silenciado, en las que nos han dicho que nos callemos o hemos sentido que nos echaban por tierra. Es humano recordar los lugares en los que nos han hecho daño y alejarnos de los lugares en los que hemos hecho daño. Nuestro cerebro no prioriza la codificación y recuperación de recuerdos no deseados para ayudarnos a mantenernos funcionales.[1] Psicólogos y economistas de Yale han descubierto que las personas tendemos a recordar que nos hemos portado con los demás mejor de lo que realmente lo hemos hecho. El cerebro adapta nuestros recuerdos para que evitemos sentirnos mal por nuestro comportamiento. Recordar erróneamente los momentos en los que no actuamos bien es una manera de mantener nuestra autoimagen moral.[2]

Que nos silencien y silenciar significa que no tenemos que ver ni tener en cuenta las partes de nosotros que pueden ser feas, pero si queremos un mundo que apoye a las personas, esas son las partes de nosotros que debemos ver.

En este capítulo invito a bajar la guardia. Dados los muchos papeles que desempeñamos y las relaciones que mantenemos, podemos ser silenciados y silenciar a otras personas al mismo tiempo.

En los siguientes apartados identificaré patrones tan frecuentes que los consideramos parte de la naturaleza humana. Aclararé nuestro impacto negativo en las personas que nos rodean para que ellas no tengan que hacer el trabajo emocional de informarnos de por qué fallamos mientras se tambalean por nuestro error. Mientras lees, pregúntate:

«¿En qué situaciones podría haber caído en estos patrones? ¿Estoy haciéndolo ahora? ¿Cómo podría cambiarlo?».

Intentaré escribir con la mayor compasión y claridad posibles. Lo que espero es que la consciencia de los patrones se convierta en un catalizador para la reflexión personal y la acción consciente.

A continuación abordamos los patrones en los que caemos y que tienen el efecto de silenciar a las personas a las que a menudo queremos apoyar.

Subestimamos las dificultades

Steve había contratado a Maribel porque vio su talento en bruto. Era cierto que su nuevo puesto le quedaba un poco grande, pero Steve se empeñaba en ofrecer oportunidades para crecer. Odiaba que controlaran su trabajo, de modo que se aseguraba de dar a los miembros de su equipo mucho margen para que hicieran las cosas a su manera. También dejaba claro que si alguna vez necesitaban algo, él era todo oídos.

Maribel quería tener éxito en su nuevo puesto y agradecía mucho que se lo hubieran ofrecido. La empresa había apostado por ella. El trabajo incluía beneficios, vacaciones pagadas y una pensión al jubilarse. Estaba decidida a demostrar que no se habían equivocado al contratarla. Sin embargo, al ser el primer miembro de su familia que había ido a la universidad, se sentía insegura en el mundo empresarial. Cuando iba a ver a su familia los fines de semana, los amigos con los que había crecido se burlaban de ella. «¿Qué tal tu nuevo supertrabajo? No vayas a pensar ahora que eres mejor que nosotros». Estar en un ambiente diferente del mundo en el que había crecido era alienante. Si no le iba bien, no podría volver atrás.

Maribel veía que algunas personas que habían entrado en la empresa después que ella ascendían. De alguna manera accedían a puestos y oportunidades que ella ni siquiera conocía. ¿Dónde anunciaban esas ofertas de trabajo? ¿Cómo se enteraban de estas cosas? Parecía que hubiera una red secreta a la que ella no tenía acceso.

Se acercaba su evaluación de rendimiento anual. La evaluación era su oportunidad de descubrir cómo valoraban su trabajo y preguntar por qué habían ascendido a otros empleados antes que a ella. Estaba decidida a no desaprovechar la oportunidad.

En la conversación, Steve le preguntó si cambiaría algo en su puesto. «Vamos, Maribel. ¡Dilo!», pensó. Pero cuando lo intentó, las palabras se le quedaron atascadas en la garganta. Le sudaban las palmas de las manos, se puso roja y se le quedó la mente en blanco.

Las palabras habían salido con relativa fluidez cuando había practicado lo que quería decir delante del espejo. Quería saber si ella era la única que trabajaba por la noche y los fines de semana. Quería saber por qué no le habían pagado esas horas extras. Quería saber por qué ascendían a los demás y a ella no. Pero todos esos pensamientos se quedaron atrapados dentro de ella.

Para Maribel, pedir más era difícil por muchas razones. Su familia le había enseñado a no cuestionar la autoridad, a agradecer las oportunidades y que el trabajo duro recibiría su recompensa. Confiaba en que las personas que llevaban más tiempo y ocupaban puestos de mayor influencia tomarían buenas decisiones para la empresa y los empleados.

Maribel negó con la cabeza, así que Steve pasó al tema siguiente. Entendió que su silencio significaba que todo estaba bien. Al fin y al cabo, se lo había preguntado y ella le había dicho que no.

Como Steve, silenciamos a los demás cuando no nos damos cuenta de lo difícil que es para algunas personas decir lo que piensan. Si a nosotros no nos cuesta, puede parecernos raro que a otros les resulte difícil. Si nunca hemos sentido la necesidad de esperar a que nos inviten a hablar, es posible que no nos demos cuenta de que otras personas esperan a que las inviten. Los que crecimos en un ambiente en el que valoraban nuestra voz y recompensaban nuestros esfuerzos tenemos datos diferentes de los que no crecieron así. Tenemos ejemplos de haber dicho lo que pensábamos, que nos escucharan, que aceptaran nuestras palabras e incluso que se produjeran cambios. No todo el mundo ha tenido esas experiencias. El resultado es que subestimamos las dificultades de decir algo u olvidamos que es un reto. No sentimos empatía por esas dificultades y no hacemos nada por ponerlo más fácil.

Dos terceras partes de los profesionales encuestados contestaron que sus subordinados rara vez o nunca les tenían miedo.[3] Sin embargo, en un estudio diferente, seis de cada diez personas informaron que se sentían demasiado intimidadas para acudir a su jefe o gerente con un problema.[4] Aunque las matemáticas no son perfectas, los estudios muestran una desconexión entre cómo nos vemos a nosotros mismos y cómo nos ven los demás. Pensamos: «Soy la persona más amable, más cordial y menos intimidante que conozco», pero otros no comparten nuestras percepciones de nosotros mismos, y menos si hay diferencias jerárquicas. Aunque darnos cuenta de la desconexión puede resultar frustrante, también es una invitación a preguntarnos: ¿cómo nos mostramos realmente ante los demás?, ¿qué podríamos cambiar para conseguir el efecto que buscamos?, ¿qué podemos hacer para no subestimar las dificultades?

Mucho. Podemos recordar lo difícil que puede resultar hablar. Podemos preguntar a las personas cómo apoyarlas. Podemos invitarlas a hablar con frecuencia. Podemos aceptar sus aportaciones cuando nos cuentan su punto de vista. Podemos dejar claras las vías para plantear problemas de modo que no tengan que esforzarse por descubrirlas. Podemos generar confianza para que no nos vean como la culminación de sus peores pesadillas, sino como personas.

Decimos que queremos opiniones cuando en realidad no las queremos

De adolescente, Nathan trabajó como monitor en un campamento de ciencias para alumnos de secundaria. Después del programa diario, el director pedía a todos los miembros del personal que comentaran algo que había funcionado bien y algo que les gustaría hacer de otra manera. Aunque algunos se encogían de hombros y respondían sin entusiasmo, Nathan pensaba mucho en lo que comentar, sobre todo en lo que el equipo podría hacer de otra manera. Sabía que en el futuro quería ser maestro y su familia le había enseñado a hacer todo con sinceridad. Señaló que algunos campistas se sentían en aprietos cuando los llamaban durante las actividades y recomendó que el director avisara con anticipación de cuándo los llamarían para que pudieran pensar previamente lo que querían decir. El director asintió y anotó su sugerencia, pero al día siguiente siguió llamando a los campistas sin previo aviso. Por la tarde, Nathan volvió a hacer la misma sugerencia, pero nada cambió.

Otro monitor le dijo: «Oye, Nathan, relájate. Déjalo correr. No es para tanto». Nathan aprendió la lección. La próxima vez que le preguntaran qué pensaba, no iba a perder el tiempo haciendo sugerencias. Era evidente que en el campamento las aportaciones no eran bien recibidas ni las valoraban.

Tanto en el trabajo como en nuestras comunidades, e incluso en comidas informales, se nos presiona para que seamos inclusivos. Se supone que debemos invitar a que se planteen opiniones y llegar a un consenso cuando podamos. Con demasiada frecuencia hacemos el papel que creemos que tenemos que hacer en lugar de ser sinceros sobre en qué medida estamos realmente abiertos. Confundimos valorar a un individuo con valorar su opinión sobre un tema concreto. En el mejor de los casos, esta desconexión genera confusión. En el peor, conduce a la manipulación o a caer en una falsa sensación de seguridad. Silenciamos a los demás cuando decimos que queremos que nos den su opinión e incluso los invitamos a darla porque es lo que creemos que debemos hacer, pero si en realidad no estamos abiertos a sus aportaciones o en ese momento no podemos tenerlas en cuenta, invitarlos a dar su opinión enturbia las aguas para todos, confunde y socava el nivel de confianza en la relación.

Escuchar a los demás no significa que debamos aceptar todas las propuestas, pero si vamos a pedir opiniones y no vamos a implementar las sugerencias, debemos dejar claro que no todas las sugerencias van a implementarse. Y debemos explicar a las personas cuyas sugerencias descartamos por qué no las hemos aceptado, o por qué no en este momento. Sin conversación ni comunicación, las personas suelen entender que es inútil opinar. Hay pocas cosas más desmotivadoras que esforzarse por hablar y que el mensaje desaparezca en el vacío.

Tres grupos

Una de las ideas que más utilizo en mi trabajo es la de los tres grupos. Toda iniciativa, desde planificar las comidas en casa hasta organizar proyectos en el trabajo involucra a tres grupos de personas: los que deciden, aquellos a los que se consulta y aquellos a los que se debe informar.[5] El objetivo de crear grupos es aumentar la claridad en la comunicación, la colaboración y el trabajo en equipo. Clarificar las expectativas sobre quién decidirá, a quién se consultará y a quién se informará permite que todos sepan a qué dedicar su energía. Por más que lo intentemos, no todos pueden formar parte del grupo que decide. El consenso no funciona para todo.[6] Clarificar quién toma las decisiones sí. Aunque todo el mundo quiera dar y recibir opiniones, es imposible consultar a todos sobre todo. El resultado es que los que no forman parte del grupo que decide o del grupo al que se consulta pasan al grupo al que se informa.

GRUPO	EXPECTATIVA
Decisión	• Toma la decisión.
	• Comunica el razonamiento a los demás.
Consulta	• Comenta perspectivas y datos.
	• Defiende el resultado que le parece mejor.
	• Acepta y respeta la decisión final.
Información	• Escucha al responsable de tomar las decisiones.
	• Decide si negociar o dar su opinión.

Un buen ejemplo de los tres grupos es el papel que desempeñan las personas en las decisiones sobre con quién sales. Antes de conocer a mi actual pareja, mis padres nunca habían conocido a las personas con las que salía. Era así porque cada vez que les decía a mis padres que estaba saliendo con alguien, surgía el inevitable aluvión de preguntas. «¿Quién es? ¿Qué edad tiene? ¿A qué se dedica? ¿Cómo sabes que es quien dice ser?». Era más fácil (aunque no necesariamente más inteligente) decirles que no estaba saliendo con nadie.

Una vez que me quejaba con una amiga de la preocupación de mis padres, ella me dijo algo que nunca olvidaré. «Con quién sales no es decisión de tus padres. Salir con alguien no es un deporte de equipo». Recuerdo que en ese momento le contesté: «Oh, está claro que no eres de mi familia».

En mi cultura, salir con alguien es en buena medida un deporte de equipo. Si a mi familia no le gustaba la persona con la que salía, la relación estaba condenada al fracaso. Nunca se me había pasado por la cabeza la idea de que salir con alguien pudiera ser un deporte individual.

A medida que me frustraba por cómo consideraban a las personas a las que elegía, me di cuenta. Si decidía contar mi vida, sería útil tener claro qué papel esperaba que desempeñaran las personas muy involucradas en ella y comparar mis expectativas con el papel que estas querían desempeñar.

¿Salir con una persona es un deporte individual o de equipo? Depende. Si recurrimos a los tres grupos, ¿mis padres (o cualquier otra parte interesada) están en el que toma las decisiones sobre con quién salgo o con quién me caso? ¿En el que debe ser consultado? ¿O en el que debe ser informado? Diferenciar los papeles nos habría ayudado a todos a evitar las fricciones y me habría ayudado a mí a entender mejor cómo interpretar sus inevitables comentarios de que las personas con las que salía no eran las adecuadas para mí.

Intentar escuchar a todos sobre todo es una labor imposible. Las fricciones surgen cuando confundimos el grupo en el que estamos y qué y cómo nos comunicamos. Si tenemos claro en qué grupo estamos, podemos negociar explícitamente para pasar a otro grupo o gestionar mejor nuestras expectativas sobre el papel que vamos a desempeñar. En ambos casos, todos tenemos una idea más clara sobre a qué y cómo dedicar nuestra energía.

Silenciamos a los demás cuando no somos realistas, sinceros y veraces con nosotros mismos y con ellos sobre la aportación que queremos. Si en realidad no deseas escuchar lo que van a decirte o en ese momento no puedes aceptar opiniones, no digas «Soy todo oídos» ni «Si no estás de acuerdo, cuéntamelo». Puede que estas afirmaciones te hagan sentir buena persona, pero si no eres sincero, empeoras las cosas. No generes expectativas que no puedas cumplir.

Controlamos el relato

De niño, Leon tardó mucho en hablar. Los pediatras esperan que los niños digan unas cincuenta palabras hacia los dos años, pero Leon había pronunciado muy pocas. Los médicos se preocuparon y recomendaron llevarlo a un logopeda. ¿El culpable? El hermano mayor de Leon.

Yianni, cuatro años mayor que Leon, anticipaba y traducía sus gruñidos. Cuando alguien le preguntaba a Leon «¿Qué quieres?», respondía Yianni. Al principio era entrañable y sus padres lo elogiaban por cuidar de su hermano, pero resulta que la mejor manera de ayudar a su hermano era dejarlo hablar por sí mismo.

Leon no es el único. Los niños con hermanos mayores muestran menor capacidad lingüística que los que no los tienen. Los investigadores atribuyen la diferencia a que los hermanos mayores compiten por la atención de sus padres y hablan en nombre de sus hermanos menores.[7]

El patrón de hablar en nombre de otra persona se repite con frecuencia entre adultos. El equipo de comunicaciones se ocupa de trasladar los mensajes. El jefe habla en nombre del grupo. Juramos guardar el secreto porque nuestros amigos no quieren que se sepa lo que pasa. Tener un relato coherente es importante para la cohesión, el precio de las acciones y la eficacia, pero controlar el relato también puede silenciar a otras personas, a veces de forma deliberada. Necesitamos relatos coherentes, pero ¿queda margen para expresar diferentes experiencias y perspectivas en lugar de limitarse a seguir la corriente? No preguntar ni invitar a que se hagan aportaciones al relato dominante es destructivo no solo porque aplasta voces, sino también porque deja fuera datos que podrían ser útiles.

La economista e investigadora Nadiya había enviado una breve biografía a los organizadores de la conferencia. Cuando vio la publicación, observó que en algún momento entre el envío y la impresión alguien había añadido unas líneas sobre lo importante que era para ella incentivar la diversidad en el sector. Sin duda para Nadiya era importante contar con diferentes perspectivas. Como mujer de Tonga en un sector mayoritariamente masculino y blanco, le importaba que las minorías estuvieran representadas, pero ¿por qué los organizadores no se lo habían consultado antes de añadir esa información a su biografía? En ninguna de las biografías de los demás conferenciantes se mencionaba la diversidad. ¿Por qué la habían introducido en la suya?

Odiaba que la utilizaran como muestra. Quería presentarse como ella había decidido. Que pusieran palabras en su boca hacía que se sintiera como un peón. En la medida de sus posibilidades, quería que la consideraran parte de la lista de ponentes por su experiencia, no por romper la homogeneidad de los conferenciantes masculinos blancos. Si querían añadir datos a su biografía, lo mínimo que podían hacer era consultárselo, no cambiar de forma unilateral su presentación. Añadir y corregir sin su consentimiento, aunque estuviera de acuerdo en lo que habían añadido, restaba valor a su voz original.

El consentimiento importa. Poner palabras en boca de otra persona sin su consentimiento es una forma de silenciar. Es normal corregir cuando se trabaja en equipo, pero consultar si se está de acuerdo con los cambios es una forma de mostrar respeto. Algunos podrían argumentar que aceptar participar como conferenciante otorga a los organizadores licencia para presentarlos como quieran, pero lo mejor que podemos hacer es cuestionar las repercusiones y los sesgos cuando se ponen de manifiesto. Los organizadores podrían habérselo consultado a Nadiya y decirle: «Nos gustaría añadir unas líneas para que los asistentes sepan que pueden hacer preguntas. ¿Te parece bien?». Eso habría facilitado la conversación sobre dónde, por qué y qué impacto tenía en Nadiya ese texto añadido.

El consentimiento también puede ser complicado cuando contar nuestra historia afecta al deseo de privacidad de otra persona. Como nuestra vida está indisolublemente ligada a las de otras personas, puede ser difícil determinar si podemos contar nuestra historia sin contar las suyas.

A Jeong le habían diagnosticado cáncer en fase 4. No quería compartir el diagnóstico con nadie aparte de su mujer. No quería que sus hijos, que ya eran adultos, se preocuparan por él. No quería ser una carga para nadie. Quería que lo recordaran como la persona fuerte, sana y aventurera que había sido antes del cáncer. Cuando sus amigos observaron que había perdido peso, lo atribuyó al estrés. Cuando se le empezó a caer el pelo, dejó de ver a sus amigos. Estos creyeron que estaba muy ocupado, porque Jeong y su mujer, Anna, estaban haciendo obras en su casa. Anna lo conocía lo suficiente para respetar su privacidad. Quería hacer lo posible para que esa temporada fuera lo más soportable posible para él.

Al mismo tiempo, como no podía contarle a nadie lo que pasaba, Anna empezó a sentirse desconectada. Poner cara alegre y fingir que todo iba bien era agotador. Nunca le había gustado mentir, y ya no sabía a qué excusa recurrir para no ir a comer con sus amigos ni encontrar un rato para verlos. Había pasado de tener una agitada vida social a ser una agotada cuidadora. Algunos días quería gritar. Las duchas calientes eran su único consuelo. Imaginaba que el agua lavaba sus lágrimas y cubría sus silenciosos sollozos. El deseo de privacidad de Jeong silenciaba a Anna.

Un día Anna llegó al límite y le dijo: «Jeong, sé que no quieres que se sepa, pero tengo que decírselo a alguien. Solo se lo diré a mi mejor amiga y a una vecina para que puedan apoyarme». La voz y el silencio no tienen por qué ser todo o nada. Jeong puede tener la privacidad que considera digna, y Anna puede recibir el apoyo que necesita para seguir adelante.

Silenciamos a los demás cuando no les permitimos contar su versión de la historia. Pedirles implícita o explícitamente que guarden silencio prioriza nuestras necesidades y pasa por alto las suyas. Es cierto que contar da pie a todo tipo de comentarios, pero el hecho de poder contar nuestra historia (nuestra versión de la historia) da forma al mundo en el que vivimos y al peso con el que cargamos. Valora si tu deseo de silencio afecta a la necesidad de hablar de otra persona y piensa si, como en el caso de Anna, existe una forma que complazca a ambos.

Respuestas reactivas

Una de las decisiones que más lamento en mi vida profesional es un correo electrónico que envié mientras volvía a casa del supermercado. Fue un caluroso fin de semana de verano. Revisé mi correo electrónico y vi uno de una compañera. Nuestro equipo había preparado una descripción del trabajo para un nuevo empleado en la que decíamos que valorábamos la diversidad y la inclusión. Al revisar la descripción del puesto, mi compañera me preguntó: «¿En qué somos realmente diversos e inclusivos?».

Mis pulgares respondieron rápidamente: «Se me ocurren al menos diez cosas en las que somos diversos e inclusivos. Ya hablaremos la semana que viene».

Me avergüenza no haberme tomado tiempo para preguntarle a qué se refería y qué le preocupaba, y para plantearme si para ella el mero hecho de preguntar suponía asumir un gran riesgo.

De vez en cuando todavía quiero creer que mi respuesta no estuvo tan fuera de lugar. Mi compañera me hizo una pregunta y yo le respondí. Puedo justificar mi respuesta de muchas maneras: que solo canalicé nuestra visión y reforcé las normas, que encarnaba el entusiasmo que se esperaba de nuestro equipo y que en realidad mi respuesta no fue tan mala. Era coherente con el tono optimista que defendían los jefes. Le sugerí que trasladáramos el tema a una conversación en directo. Mi intención no fue silenciarla.

Pero la realidad es que la silencié.

Mi respuesta no expresaba curiosidad por lo que la pregunta encerraba. Mi rápida y breve respuesta la alejó aún más como miembro del equipo.

La medida del éxito en la comunicación no es lo que queremos decir, sino lo que otros entienden. El éxito no es nuestra buena intención, sino el impacto que tenemos. Y en eso había fallado.

Mis explicaciones y justificaciones no eliminan el hecho de que lo hice mal. Mi respuesta provocó que sintiera que no la escuchaba y que no estaba abierta a lo que ella intentaba preguntarme o decirme. Ella había asumido el riesgo de decirme lo que pensaba y yo no me había esforzado por entender lo que de verdad me decía.

Quizá pienses: «Bueno, respondiste a su pregunta. ¿Por qué nos corresponde a nosotros pedirle que siga hablando? Fue ella la que no dijo lo que en realidad quería decir».

Todos vamos a fallar en la comunicación en algún momento. Quiero y necesito ser dueña de mis aportaciones a la conversación y del impacto que tengo en los demás. En este caso, resistirme a la costumbre de contestar de inmediato y detenerme a pensar si estaba preguntándome algo más profundo habría ayudado a alimentar la cultura de conversación abierta que quiero crear.

Cuento este ejemplo con la esperanza de que evite que silencies a otras personas con respuestas que no has pensado dos veces. La cultura de la inmediatez que crea la hiperconectividad tecnológica puede provocar interacciones de baja calidad y que tomemos decisiones reactivas. Espero que estés menos condicionado que yo mientras reviso el correo electrónico en el móvil al detenerme en un semáforo en rojo y mientras vuelvo a casa desde la estación de tren. Respondo en los cuarenta y dos segundos que tengo entre una reunión y la siguiente. Por desgracia, soy una de los típicos estadounidenses que levantan el teléfono más de ochenta veces al día, lo que se traduce en un promedio de dos mil seiscientos deslizamientos, toques y clics al día.[8] Los dispositivos que llevamos en la muñeca o en el bolsillo, al alcance de la mano, han creado la expectativa de que siempre estaremos conectados y ofreceremos y esperaremos respuestas inmediatas. Para hacer frente a las expectativas, nuestro cerebro debe tomar decisiones reactivas en lugar de reflexivas.

La toma de decisiones reflexiva es lógica, analítica, deliberada y metódica. La toma de decisiones reactiva es rápida, impulsiva e intuitiva.[9] Normalmente utilizamos la toma de decisiones reflexiva para resolver cuestiones importantes, como aceptar un nuevo trabajo, trasladarnos a otra ciudad o continuar una relación sentimental. La toma de decisiones reactiva no es mala. Es una adaptación evolutiva que nos permite evitar el cansancio de tomar decisiones de forma constante. El problema no es solo que tomemos malas decisiones, sino también que a menudo ni siquiera somos conscientes de que hay decisiones que tomar.[10]

El cerebro deja que el inconsciente tome la inmensa mayoría de las decisiones sobre nuestro comportamiento. Solo cincuenta de los diez millones de bits (el 0,0005 por ciento) de información que nuestro cerebro procesa cada segundo se dedican al pensamiento deliberado.[11] Utilizar el piloto automático nos permite realizar tareas sin pensar mucho en ellas.[12] El piloto automático tiene su función. No necesitamos pensar conscientemente cómo atarnos los zapatos o cepillarnos los dientes. No funcionaríamos de forma tan fluida si tuviéramos que deliberar de manera consciente cada acción. Nuestra mente consciente crea bases de datos para filtrar nuestras interacciones de forma instantánea, pero el problema es que nuestras bases de datos están influenciadas por nuestros prejuicios inconscientes y desencadenan hábitos reflejos. Cuando no nos detenemos a hacer una pausa, pensar y elegir una respuesta, los prejuicios incorporados en nuestras bases de datos nos impulsan.

Poner el piloto automático implica perpetuar las normas sobre quién tiene voz y a quién se silencia, incluidas las normas incorporadas a nuestras respuestas. Podemos mejorar nuestra toma de decisiones reflexiva reduciendo la velocidad y decidiendo de forma consciente nuestras respuestas.[13] Podemos descartar lo que estamos condicionados a hacer y elegir un camino diferente.

Nos centramos en nosotros mismos

Filósofos y antropólogos llevan mucho tiempo debatiendo si el ser humano es intrínsecamente egocéntrico o no. Sea cual sea la teoría, nos basta con mirar a la persona que tenemos al lado (o a nosotros mismos) para saber que los humanos gravitamos hacia lo que se ajusta a nuestros esquemas, preferencias y valores predeterminados. Investigadores del Duke Institute for Brain Science han descubierto que los humanos no podemos evitar priorizar los estímulos relacionados con nosotros mismos. Nuestro cerebro responde más rápido cuando oímos nuestro nombre que el de otra persona.[14] Si alguien empieza a hablar de mí en una reunión, es mucho más probable que preste atención. Nos centramos y priorizamos de forma natural lo que es bueno para nosotros.

Trabajar y participar de forma que se aprovechen nuestros puntos fuertes exige menos energía cognitiva y emocional. La formulación inversa también es cierta: trabajar y participar de forma que no se aprovechen nuestros puntos fuertes exige más energía. Silenciamos a los demás cuando nos ceñimos a nuestros valores predeterminados en lugar de elegir el momento, los medios y los estilos de procesamiento que apoyen su voz.

MOMENTO DEL DÍA

Sabrina odiaba las *happy hours*. De entrada, ella no bebía y esas salidas con los compañeros de trabajo tenían lugar en bares ruidosos en los que era imposible escuchar a nadie, pero el mayor problema era la hora. Quedaban los jueves de cinco a seis de la tarde, aunque se alargaban hasta las siete y media, momento en el que los compañeros se trasladaban a un restaurante para continuar con la quedada. Nadie parecía entender que tener compromisos de trabajo fuera del horario laborable causaba estragos en su vida familiar. Aunque pudiera encontrar a alguien que fuera a buscar a sus hijos al colegio y los metiera en la cama, los niños se portarían mal los días siguientes. La salida con sus compañeros provocaba una resaca familiar de varios días.

Pero en esas salidas se creaban las relaciones y se producían las negociaciones informales. Tomándose unas copas (o, en el caso de Sabrina, una tónica con lima que parecía un gin-tonic) se enteraban de los cambios que se avecinaban y descubrían a quién tenían que ganarse para que contara con ellos en el siguiente proyecto importante.

En un mundo que requiere colaboración entre diferentes zonas horarias, encontrar un momento para reunirse puede parecer el hueso más difícil de roer. No se puede eludir la realidad de que las nueve de la mañana en Nueva York son las seis y media de la tarde en Bangalore, las nueve de la noche en Pekín y las once de la noche en Sídney. En un mundo global no existe la hora perfecta. Los empleados de oficinas satélite llevan mucho tiempo atendiendo llamadas fuera del horario comercial de su zona bajo el supuesto privilegio de trabajar para una empresa multinacional con sede en un país diferente. Hacer que diferentes personas tengan un horario de trabajo flexible es una forma de garantizar que no siempre sea la misma la que «reciba el golpe».

Pero dejemos de fingir que todos los momentos son iguales. La hora a la que se programan los eventos limita quién puede asistir, el coste que supone estar allí y si el contexto favorece los puntos fuertes de los que asisten. La hora que elegimos para encontrarnos silencia o apoya a personas diferentes en función de quién puede asistir a la reunión sin alterar sus horas de sueño o quién va a trabajar con más energía a esa hora. Incluso aunque una persona asista, el momento elegido puede silenciar o atenuar su contribución.

El escritor Carey Nieuwhof señala que todo el mundo tiene zonas de energía verdes, amarillas y rojas durante el día. Las verdes son las zonas en las que te concentras mejor y eres más productivo. En las amarillas puedes hacer cosas, pero no las mejores. En las zonas rojas estás cansado y te cuesta concentrarte. Nieuwhof pone el ejemplo de la reunión de equipo prevista para la una de la tarde que resultó estar en la zona roja de todos los asistentes. Cambiar de hora la reunión consiguió mucha más productividad, conectividad y colaboración.[15] Reunirse durante la zona verde de una persona apoya su voz. Reunirse durante la zona roja de una persona aumenta la probabilidad de que la silencien o elija el silencio.

He atendido llamadas (con el vídeo apagado) mientras daba de mamar en plena noche porque era el único momento en el que podía hablar con personas que estaban en una zona horaria diferente. Algunas de estas opciones son el coste de hacer negocios a nivel mundial. Si programas la reunión para las cuatro de la mañana o las once de la noche en mi zona, no vas a obtener lo mejor de mí. Puede ser la mejor de las opciones posibles, pero no pretendamos que vaya a apoyar mi voz (o la de otras personas).

Puede que no haya una hora perfecta que sea verde o al menos amarilla para todos, y menos cuando hay personas de distintas zonas horarias, pero hay horas mejores y peores. Por ejemplo, nunca es un buen momento para decirle a una persona que el producto de su trabajo es horrible o que vas a romper con ella, pero por esta razón los despidos suelen producirse los viernes y no terminamos una relación el día del cumpleaños de nuestra pareja.

En nuestra interiorizada cultura de la inmediatez queremos resolver los problemas lo antes posible. A muy pocos les gusta la incertidumbre de no tener una solución. Queremos salir del torbellino y sentirnos mejor. No queremos que piensen que le hemos dado muchas vueltas. Y abordar los problemas antes de que haya transcurrido demasiado tiempo y nos falle la memoria tiene sus ventajas. Además, si posponemos la conversación, corremos el riesgo de que la vida desplace el tema y no vuelvas a abordarlo. Pero también debemos considerar si es un buen momento para la otra persona.

Mientras escribo estas páginas tengo en la cabeza la cantinela de mi hijo: «Pero ¡lo quiero ahora mismo!». ¿Con qué frecuencia actuamos para saciarnos ahora mismo? No hablo de posponer dos semanas la conversación, pero ¿podríamos esperar (y la conversación y la relación se beneficiarían de esa espera) veinte minutos? El hecho de que tú estés listo para escuchar no significa que la otra persona esté lista para hablar. Lo ideal es que decidáis juntos cuándo abordar un tema o retomar una conversación. Decidir de forma unilateral suele implicar elegir un momento que funciona para ti y que empuja a la otra persona hacia el silencio, incluso antes de que haya empezado la conversación.

MEDIOS DE COMUNICACIÓN

A Rabiyah le encantaban los grandes grupos. Para ella no había nada más estimulante que ver a personas reuniéndose en torno a un interés común. Música alta, luces parpadeantes y hablar a voz en cuello eran la norma en un evento de Rabiyah. A medida que sus amigos se trasladaban a diferentes partes del mundo, ella intentaba mantener el contacto con reuniones anuales y videollamadas mensuales, pero no era lo mismo. Le resultaba engorroso escribir. Le dolían los ojos de mirar la pantalla tanto rato. La conexión a internet siempre fallaba. Entendía que los chats grupales los ayudaban a no perder el contacto, pero odiaba entrar en los hilos sin saber cuándo le iban a responder. Si hablabas por teléfono, al menos te contestaban de inmediato.

A diferencia de ella, su hermano Omar odiaba las grandes reuniones familiares. Entendía que la familia era importante y que para mantener el contacto debían reunirse, pero las conversaciones, la música y el ruido lo agobiaban. Sobrecarga sensorial, lo llamaban los manuales. Se sintió aliviado cuando Rabiyah se trasladó y ya no tendría que elegir entre asistir a sus fiestas (donde en realidad no tenía ocasión de hablar con ella) o que lo considerara un mal hermano. Atrás quedaron los tiempos en los que necesitaba varios días para recuperarse de las reuniones de Rabiyah. Leer un correo electrónico grupal y responder cuando estaba en el estado de ánimo adecuado era mucho más fácil que tener a todas sus tías hablándole a la vez. ¿Teclear un emoticono en lugar de buscar las palabras correctas para transmitir una emoción? No le costaba tanto. Su familia siempre lo había criticado por esconderse detrás del teléfono, pero, en lugar de ponerse nervioso en el momento, le resultaba más sencillo ordenar sus pensamientos, escribirlos y releerlos antes de enviarlos.

La comunicación es una habilidad y un arte, y cada medio de comunicación exige su habilidad y su arte. Comunicarse de forma asincrónica y en formatos de texto requiere habilidades diferentes a las de hablar por teléfono, por videollamada o en persona. Cada medio tiene su utilidad, y la combinación de ellos nos permite mantenernos en contacto, establecer relaciones y trabajar juntos.

Solemos elegir los medios con los que estamos familiarizados y que favorecen nuestros puntos fuertes, lo que puede resultar difícil para todo aquel que no los comparta. Los que tienen facilidad para interpretar las palabras prefieren los contactos en persona, y sin duda las neuronas espejo de nuestro cerebro implicadas en la empatía y la facultad de relacionarse están más activas en persona.[16] Sin embargo, reunirse en persona silencia a los que no pueden viajar o estar físicamente presentes. Se ha criticado la comunicación escrita por su limitada capacidad para transmitir el tono, pero ofrece tiempo para pensar, la oportunidad de elaborar los mensajes y documentación para aquellos de nosotros que subcontratamos nuestros recuerdos a la bandeja de entrada o nos preocupa la responsabilidad legal.

Debemos hacer coincidir el medio con el propósito de la comunicación y observar qué voz amplifica y cuál silencia. Para ello es necesario entender cómo nos relacionamos, qué medios nos facilitan o nos dificultan emplear la voz y cómo esos medios apoyan o silencian a las personas que nos rodean. Elegir reunirse en persona prioriza la voz de Rabiyah y puede silenciar a Omar. No quiero decir que cada uno de ellos no deba potenciar las habilidades del otro, sino que debemos tener en cuenta el impacto del medio al elegir una forma de comunicación.

ESTILOS DE PROCESAMIENTO

Annette tiene una gran personalidad y un procesador externo. Piensa mejor mientras habla. Todo el mundo la conoce bien porque siempre dice las cosas a la cara. Su superpoder es ver un problema desde todos los ángulos, de modo que a menudo el alcance de los problemas se amplía después de hablar con ella. ¿Lo positivo? Tiene una buena perspectiva general. ¿Lo negativo? Absorbe todo el espacio de la sala.

Kai es todo lo contrario. Profundamente introspectivo y reflexivo, procesa mejor cuando no lo interrumpen. Dale a Kai un problema complejo y dos horas de tranquilidad, y obtendrás un análisis completo y un plan de acción detallado. Ponlo en un aprieto y espera su respuesta verbal inmediata, y Kai se callará. Él es un posprocesador, así que sus mejores ideas llegarán después de la reunión.

Kai también procura dejar espacio a sus compañeros y tiene en cuenta sus preferencias y deseos, así que mientras Annette habla, no la detiene.

Si juntamos a Kai y Annette, tendremos la receta para el desastre. Cuanto más habla Annette (y habla mucho), más se retira Kai. Cuanto más se retira Kai y deja un hueco en la conversación, más llena Annette el hueco. Si fuera un *reality show*, los demás miembros del equipo los mirarían fascinados e irían a buscar otra caja de palomitas, pero, como es la vida real, todos se horrorizan porque saben que están perdiendo horas y horas en reuniones.

En el caso de Annette y Kai, sus respectivos esquemas mentales y preferencias crean un ciclo incesante que amplifica la voz de Annette y reduce la de Kai. Podría parecer que esta dinámica da ventaja a Annette, pero el hecho de que todo el mundo crea que no deja de hablar y que «chupa la energía de la sala» no la favorece en absoluto. Que piensen «Ya está otra vez» implica que desconecten. Aunque los miembros del equipo quieren ser inclusivos y colaborar, acaban en un ciclo improductivo.

Preguntar qué estilo de procesamiento es mejor resulta infructuoso. La diversidad es tanta como los funcionamientos cerebrales. La neurodiversidad es el reconocimiento de que las personas procesan el mundo que las rodea de diferentes maneras. Son tan diferentes que no es extraño que sus cerebros también piensen, se comporten, aprendan y sientan de diferentes maneras.

La pregunta clave es cómo crear relaciones, equipos y organizaciones en las que puedan desarrollarse personas diferentes. Diseñar patrones de comunicación que aprovechen los puntos fuertes y reduzcan los puntos débiles de todos es un reto y una oportunidad. Un patrón así podría ser una reunión en la que se mandan los temas por anticipado para que Kai pueda procesarlos. En la reunión, Annette podría ayudar a los demás a interpretar su actitud diciendo «Solo estoy pensando en voz alta» y comentando explícitamente «Y aquí me paro» para que sus compañeros supieran que ha llegado a su destino tras un largo y agitado viaje.

Cambiamos el tema para hablar de nosotros

Desde que tenía uso de razón, la principal preocupación de Dan había sido cuidar de su madre, que a los ochenta y siete años seguía viva gracias a un marcapasos. Había que administrarle oxígeno a menudo. Dan se pasaba el día coordinando a especialistas, peleando con compañías de seguros y lidiando con los dolores de su madre. Las enfermeras que la asistían en casa la llamaban «la gata de las nueve vidas», porque, por más que su estado de salud se complicara, siempre salía adelante. A Dan no le molestaba cuidar de ella. Al fin y al cabo era su madre.

Dan era el menor de tres hermanos. Su hermano mayor había muerto en un accidente de coche hacía años. Nina era la mediana, la diva y la favorita de su madre. Nina siempre había soñado con viajar por el mundo. Cuando hubo ahorrado lo suficiente para comprar un billete de avión, se marchó. A veces pasaba más de un mes sin que supieran nada de ella. Cuando volvía a aparecer, tenía mucho que contar: que había escalado montañas cubiertas de nieve, había probado comida extravagante y había nadado con tiburones.

Su madre había firmado un poder notarial autorizando a Dan a tomar las decisiones médicas por ella. Su segundo derrame cerebral en nueve meses le provocó un daño irreversible. Después de dos semanas de terapias y respirador, seguía sin mejorar. Los médicos decían que no iba a durar mucho. Dan no sabía qué hacer. ¿Estaba dispuesto a desconectarla porque quería liberarse? ¿O porque su madre habría querido descansar? Aunque Nina fuera muy independiente y no estuviera allí, sabía que tener a su madre viva le proporcionaba estabilidad, pero en ese estado era como si su madre no estuviera viva.

Dan intentó ponerse en contacto con Nina, pero, como siempre, no respondió a sus mensajes ni a sus correos electrónicos. Un contestador automático le dijo que su buzón de voz estaba lleno.

Cuando Nina lo llamó por fin, Dan le contó su decisión.

—Ha llegado la hora de dejar marchar a mamá —dijo.

—¿Me tomas el pelo? ¿Cómo puedes quitarme a mi madre? —preguntó Nina.

Dan se quedó petrificado. La respuesta de su hermana le parecía injusta. Él había tenido que reorganizar su vida. Había dejado relaciones en suspenso. Se había ocupado de todo. Si a Nina tanto le importaba su madre, podría haber pasado muchos años con ella. ¿Por qué todo tenía que girar a su alrededor?

Silenciamos a los demás cuando nos centramos en nuestras reacciones y pasamos por alto las de la otra persona y lo que intenta comunicar. No hay duda de que nuestras reacciones son parte del rompecabezas y contienen información valiosa. Centrarnos en nuestra reacción tiene el efecto de pasar por alto lo que la otra persona intenta comunicar. Desviar el tema hacia nuestra reacción obliga a la otra persona (nosotros estamos demasiado centrados en nosotros mismos) a esforzarse por volver al tema original, si es que se decide a hacerlo.

Cuando hacemos cosas por nosotros mismos, silenciamos a los demás.

Dan había intentado decirle a Nina que el tiempo de su madre había llegado a su fin. Le había costado mucho tomar esa decisión. Había tenido muchas dudas y sabía lo difícil que sería para su hermana escuchar la noticia. Quería que ella supiera que después de todo lo que él y el equipo médico habían hecho, su decisión era dejar marchar a su madre, pero no llegó a comentarle nada de eso, porque Nina desvió el tema hacia su reacción.

Cuando estamos dolidos, tendemos a centrarnos en nosotros mismos: nuestras reacciones, cómo nos han agraviado y lo mucho que nos afecta la situación. Olvidamos que el tema original de la conversación era lo que la otra persona planteaba. Mis colegas Douglas Stone y Sheila Heen llaman a esta dinámica *switchtracking* («cambio de vías»), como si la conversación fuera un tren que pasa de una vía a otra.[17] Para apoyar a las personas en lugar de silenciarlas debemos dejar de cambiar de tema para hablar de nosotros. Debemos centrarnos en lo que los demás intentan comunicar, no en nuestras reacciones a lo que creemos que dicen. Debemos esforzarnos en entender de dónde vienen y qué esperan de nosotros.

No los creemos

Asignaron a Yael y Nicolas el proyecto para un cliente. Nicolas era un veterano en el sector, y Yael era una joven promesa. En la reunión con el cliente, Nicolas dijo en broma que no se puede confiar en que las mujeres tomen decisiones políticas. Comentó en tono jocoso que son demasiado emocionales. Varias personas se rieron entre dientes. Yael abrió los ojos como platos. ¿De verdad Nicolas acababa de decir algo así? Había cambiado de tema enseguida y su encanto ocultó la gravedad de sus palabras. Nadie más parecía haberse dado cuenta. ¿Quién era ella para contradecir al veterano? Era más fácil creer que lo había entendido mal. Pero aunque el cliente no estuvo en desacuerdo con el comentario, ella sí lo estaba. Al fin y al cabo, toda broma encierra algo de verdad.

Yael no sabía qué hacer. Odiaba tolerar bromas como esa y no quería formar parte de un equipo que dejaba pasar ese tipo de comentarios. No le parecía prudente plantearle el tema a Nicolas, ya que podría arruinar su carrera antes de que hubiera empezado siquiera.

Cuando le contó al director del proyecto el comentario de Nicolas, su respuesta confirmó sus temores de que no la tomaran en serio.

«¿Estás segura de que lo entendiste bien? Fue una de tus primeras reuniones con clientes y el inglés no es tu lengua materna. Quizá los nervios te impidieron entenderlo bien».

El director del proyecto le comentó unos días después: «El cliente ha dicho que Nicolas y tú estuvisteis geniales. No tenemos queja de ninguno de vosotros».

Yael suspiró. ¿Qué tenía que hacer para que alguien la creyera e hiciera algo respecto del comportamiento de Nicolas? Aunque el cliente no estuviera en desacuerdo con el comentario, ella sí lo estaba. ¿Por qué no importaba su opinión (y su dignidad)?

Nuestra forma de mostrarnos cuando una persona se arriesga a decir lo que piensa le indica si debe callarse. En un mundo de habladurías, es lógico que el director de un proyecto que no estuvo en la reunión sienta curiosidad por lo que sucedió, pero sus valores predeterminados revelan los prejuicios arraigados en muchos de nosotros: confiar en el experto, el veterano y el hombre. Cuando nuestras experiencias se ponen en duda, nos cuestionamos a nosotros mismos.

Yael entendió el mensaje. No me molestes con estos temas. No tomaremos tu punto de vista tan en serio como el de Nicolas. Mientras el cliente esté contento, lo que pasara en la reunión no importa.

Desde el acoso hasta la desigualdad salarial, pasando por lo sucedido durante las actividades extraescolares, debemos partir de la postura de creer a las personas con identidades subordinadas para apoyar su voz. El apoyo inequívoco a la persona que asegura que le han hecho daño puede ir en contra del enfoque de que toda persona es inocente hasta que se demuestre lo contrario de los sistemas judiciales modernos, pero es necesario incentivar la voz. Suponer que las personas que plantean problemas son culpables, en especial cuando no tienen la protección de una identidad dominante, las desanima a hablar. No creer que las personas que plantean problemas están diciendo la verdad supone una carga de la prueba adicional para ellas y aumenta la probabilidad de que guarden silencio.

Tenemos una mentalidad rígida

Como en muchas familias, en las grandes reuniones con mis parientes solíamos tener una mesa para los niños. Empezó siendo una solución práctica, porque no había suficiente espacio en la mesa del comedor, los niños hablaban de cosas diferentes de las de los adultos, cabían en la endeble mesa plegable en lugar de en la mesa de palisandro de los adultos con sillas de verdad y podían hacer sus trastadas sin interrumpir la conversación de los adultos. A medida que pasaba el tiempo, nos preguntábamos en qué momento nos graduaríamos de la mesa de los niños. ¿Cuándo dejan de considerarnos niños?

Silenciamos a los demás cuando nos negamos a actualizar nuestro modelo mental sobre ellos, como si protagonizaran una serie de televisión y las descripciones de los personajes estuvieran escritas en piedra. Pero incluso en una serie de televisión, para que la serie se renueve, los personajes tienen que evolucionar.

Mantenemos modelos mentales estáticos de los demás por una buena razón. Nos ayuda a agilizar la toma de decisiones, desconectarnos del ruido y no volvernos locos. Tenemos una idea general de lo que esperar de las personas y sabemos cómo interactuar (o no interactuar) con ellas.

En relaciones como las que mantenemos con familiares a los que vemos una vez al año y no sabemos muy bien qué tenemos en común, puede tener sentido mantener estáticos los papeles y dejar a los niños como niños, pero en el caso de las personas con las que interactuamos a diario por elección o por las circunstancias, el guion estático del personaje es asfixiante. Al fin y al cabo, solo puedo crecer en la medida en que tu descripción de mi personaje cambie.

Hasta cierto punto es más sencillo mantener una mentalidad rígida sobre los demás y el papel que desempeñan en nuestra vida. No cambiar la descripción de tu personaje significa no tener que abrirme a la posibilidad de que vuelvas a enfadarme o a hacerme daño mientras creces, pero negarme a estar abierto a la posibilidad de que evoluciones significa que estoy atrapado en la última versión de ti que conocí y he silenciado todas las versiones futuras que puedan surgir.

Creamos culturas del silencio

A un amigo le gusta recordarme: «Te vigilo».

Al margen de que la frase parezca propia del Gran Hermano de Orwell, es un buen recordatorio de que mis palabras y acciones determinan la cultura del equipo en el que estoy, las organizaciones de las que formo parte y la familia a la que quiero. Mis acciones pueden apoyar o silenciar a las personas que me rodean. Otros nos observan para ver si hablamos de los problemas y cómo lo hacemos. Si abordamos la inequidad y cómo. Si nuestra forma de vivir y lo que hacemos respalda nuestras afirmaciones sobre que valoramos la dignidad, el sentimiento de pertenencia y la justicia para todos y cada uno de los seres humanos.

Una organización sin ánimo de lucro contrató a mi equipo para que la ayudáramos a desarrollar habilidades para mantener conversaciones difíciles. Intenté entender mejor nuestro desafío mediante entrevistas con miembros del equipo. ¿Qué dificultaba las conversaciones?

Me respondieron: «Aquí no hablamos de los problemas. Como si todos se hubieran puesto de acuerdo en no hablar de ellos».

Pocos miembros del equipo eran capaces de precisar de dónde venía el silencio. Solo sabían que estaba allí. Todos habían aprendido a no expresar desacuerdos y diferencias, a guardarse sus opiniones y a esquivar a los demás en lugar de colaborar con ellos. El silencio se había convertido en una fuerza invisible en la cultura de la organización.

La buena noticia es que la cultura surge de comportamientos repetidos que forman normas. Si seguimos con el piloto automático, perpetuaremos el silencio aprendido y las formas en que silenciamos a los demás. Sin embargo, con una mayor consciencia y con decisiones deliberadas podemos apoyar las voces de los demás, incluso cuando sean diferentes de las nuestras.

Cada una de nuestras palabras y acciones tiene el poder de sustentar o alterar las culturas de nuestros equipos, nuestras organizaciones y nuestras familias. Cada una de nuestras palabras y acciones tiene el poder de apoyar o silenciar a otras personas. ¿Qué vamos a elegir?

Todos silenciamos a otras personas, pero no es necesario

Si en algún momento de este capítulo has sentido una punzada de culpabilidad o has pensado «Oh, mierda», espero que lo tomes como una invitación a aumentar la consciencia, reflexionar y tomar decisiones deliberadas en el futuro. Si sientes que te pones a la defensiva o dices «¡Yo no soy así!» o «No es eso lo que pretendía», revisa esos momentos. Pregúntate qué podrías haber hecho de otra manera para apoyar la voz de otra persona.

Recuerda que estás leyendo este libro porque quieres hacerlo mejor o porque tu organización quiere que todos lo hagáis mejor. En los anteriores cinco capítulos espero haberte hecho consciente de cómo te han silenciado y de cómo puedes haber silenciado a otras personas.

Pero para avanzar debemos tomarnos todos un respiro.

(Esperaré).

Ha llegado el momento de superar el sentimiento de culpa y la vergüenza por lo que hayamos hecho y pasar a la acción deliberada. ¿Nuestras decisiones serán siempre perfectas? No. Pero seguir aprendiendo y tener el valor de intentarlo es mucho mejor que la inacción. A partir del siguiente capítulo te contaré cómo pasar a la acción.

PREGUNTAS PARA REFLEXIONAR

¿En qué formas de silenciar a los demás te has reconocido? ¿En cuáles no?

Piensa en cuáles son tus preferencias predeterminadas para:

A qué hora del día comunicarte.

Qué medio utilizar.

Cómo procesas mejor la información.

¿Qué cambios podrías considerar para no silenciar involuntariamente a las personas que te rodean?

SEGUNDA PARTE
Acción

6

Encuentra tu voz

No veo mucho la televisión, pero el único programa que he visto con regularidad durante años es *Top Chef.* Ahí todos los concursantes consiguen algo, porque dan a conocer los premios que han recibido, los chefs famosos para los que han trabajado y los restaurantes con estrellas Michelin de los que han formado parte.

Pero los concursantes no pueden confiar solo en sus credenciales para ganar. Desde cocinar a fuego abierto hasta elaborar platos con ingredientes locales, cada desafío exige que los concursantes creen platos originales.

Capítulo tras capítulo, los concursantes caen en la misma trampa. Chefs que no suelen cocinar platos elegantes sacan pinzas para intentar que su plato tenga más nivel. Chefs cuyo estilo habitual es «de la granja a la mesa» usan alginato de sodio para hacer cocina molecular.

Tras degustar una de esas elaboraciones, los jueces expresan su disgusto y su frustración. Riñen a los chefs una y otra vez.

«¡Limítate a tu cocina!».

Para muchos chefs, descubrir cuál es su cocina es una lucha existencial. ¿Es la que comían en su infancia? ¿Se basa en la técnica que aprendieron en su formación culinaria? ¿En la cocina del último restaurante en el que trabajaron? Si te has pasado toda tu carrera profesional haciendo platos y replicando menús elaborados por otros, cocinando los platos de otra persona, ¿cómo sabes cuál es tu cocina?

Del mismo modo, si nos hemos pasado la vida canalizando las voces de otros y ejecutando su visión en nuestra vida, ¿cómo sabemos cuál es nuestra voz?

En este capítulo pasaremos de la consciencia a la acción para que en las páginas siguientes podamos centrarnos en cómo utilizar nuestra voz para dar forma a la vida y al mundo que deseamos. Hablaré de cuatro componentes que podemos utilizar para encontrar nuestra voz. Los cuatro son necesarios y, como en todo cambio, el proceso no es lineal. Mientras lees las páginas siguientes piensa en qué parte del proceso estás en la actualidad y cómo puedes estructurar con estos componentes el viaje para encontrar (o redescubrir) tu voz.

Cultiva la consciencia

Hace años, un profesor me dijo: «Elaine, me gusta tu voz. Es fuerte». En ese momento las lágrimas me resbalaron por las mejillas. Treinta y tantos años viviendo en este mundo y era la primera vez que una persona aparte de mí reconocía que tenía voz. Y sabes de sobra que no me refiero solo al timbre de los sonidos que salen de mi boca, que, según me han dicho, para bien o para mal, son tan relajantes que podría sacarme un sobresueldo narrando historias para dormir y leyendo meditaciones.

Por voz se refería a que tenía ideas, opiniones y preferencias propias, y a que eso era importante. Como he comentado en capítulos anteriores, todos los mensajes subconscientes que he recibido a lo largo de los años me decían que mi voz no importaba. O que mi voz solo importaba si apoyaba las opiniones de otra persona. Que callarme y guardar silencio me ayudaría a salir adelante. Soy una mujer. Soy joven. Soy inmigrante. Soy la única identidad (rellena el espacio en blanco) en una sala llena de personas que no la comparten. Se supone que no debo ocupar espacio. Se supone que no tienen que escucharme.

O eso había llegado a creer.

Y sé que no soy la única.

Si te preguntas adónde ha ido a parar la voz segura y desafiante que tenías cuando saliste del útero, no temas: sigue ahí.

Aquí tienes tres verdades a las que puedes aferrarte mientras redescubres y perfeccionas tu voz. Menciono estas verdades para que, cuando las experimentes al actuar, sepas que estás en el camino correcto.

TU VOZ ES DIGNA Y MERECE QUE LA ESCUCHEN

Es posible que no estés de acuerdo conmigo, y eso está bien.

Por mucho que te hayan dicho o te hayan menospreciado, todos tenemos nuestros pensamientos y sentimientos. Todos tenemos formas únicas de movernos en el mundo. Y todos tenemos necesidades, ideas, sueños, pasiones y preocupaciones que son únicos (y la combinación de todas estas cosas, que también lo es).

Antes creía que sería muy fácil sustituirme o cambiarme por otra persona.

Al fin y al cabo, si lo que el trabajo necesitaba era una muestra asiática, había varios miles de millones de personas en el mundo para elegir. Si lo que el bufete de abogados necesitaba era una mujer en su equipo exclusivamente masculino, la mitad de la población mundial cumple el requisito. Si lo que mi barrio necesitaba era una persona amable, cualquiera puede serlo, ¿no?

Pero me di cuenta de que soy la única que puede ser yo.

Por muy similares que seamos, por muchas características, experiencias y valores que compartamos, nadie puede sustituirnos a nosotros ni sustituir nuestra voz en el mundo. Vemos el mundo y reaccionamos a él de forma diferente debido a las experiencias que hemos vivido y a nuestros esquemas. Relacionamos las ideas, las personas y las cosas de forma diferente porque somos quienes somos. El mundo es menos vibrante, menos colorido y menos creativo sin nuestros patrones de pensamiento y nuestras expresiones.

Está claro que en mi trabajo aporto la perspectiva de una mujer asiático-estadounidense, pero ¿cuántas personas en el mundo tienen experiencia en el desarrollo de aprendizaje en empresas de seis continentes y son capaces de encontrar su espacio en diferentes culturas y jerarquías?

¿Cuántas personas desearon la paz en el mundo cuando soplaron las velas en su quinto cumpleaños y siguen moviéndose por el mundo con ese deseo?

Reducirme a mí o mi valor a una sola de mis identidades pasaba por alto la realidad de que nadie más en el mundo puede ser yo.

Y ninguna otra persona en el mundo puede ser tú.

Es posible que los sistemas de los que formamos parte no siempre nos den voz, pero eso no niega la verdad de que todos la tenemos. Si nuestra voz es nuestros pensamientos, sentimientos, pasiones, preocupaciones, experiencias y lo que elegimos hacer con ellos, solo tú puedes ser tú. No prives a otros de todo lo que puedes ofrecerles. No te prives de la libertad de vivir como deseas.

Es posible que tu voz esté dormida. Puede haberse debilitado por no utilizarla y que parezca atrofiada y escondida bajo capas de expectativas, corrección y responsabilidad. Pero está ahí y la encontraremos. Porque tu voz, tus pensamientos y tu forma de influir en el mundo son únicos. Y eso es importante.

INTENTARÁN DAR FORMA A TU VOZ

«Debes tener más presencia ejecutiva».

«¿De verdad vas a ponerte esta ropa para el evento?».

«No es posible que creas algo así».

«Necesitamos que alguien organice la comida, y tú serías perfecta».

Desde nuestros jefes, compañeros de trabajo, amigos y familiares hasta las llamadas telefónicas robotizadas que recibimos, todo son fuerzas externas que compiten por influir en nuestros pensamientos, en nuestras acciones y en el empleo de nuestro tiempo y nuestras aptitudes. Ya sea para decirnos cómo debemos vestirnos o cómo debemos presentarnos en la reunión del equipo, esas personas utilizan su voz. Como deben hacer.

Nos llegan comentarios por todas partes, pero no tenemos por qué aceptarlos todos. Podemos incorporar en nuestro proceso la voz de otra persona, pero no tiene por qué determinar lo que hacemos o decimos. Debemos analizar las aportaciones para descubrir qué queremos (si lo queremos) que nos influya, en qué medida y con qué efecto.

Yesenia tenía que admitir que estaba confundida, agobiada y tremendamente cansada. Todos tiraban de ella. Querían su dinero, su tiempo, su energía y su vida. Su amiga había intentado reclutarla para un grupo en defensa de las mujeres. «¡Vamos, Yesenia! No puedes hacerlo sola. Estás tocando el techo de cristal y ser amable no va a llevarte al siguiente nivel». Su vecina intentaba organizar una vigilancia comunitaria y le dijo que si ella no estaba con la comunidad, entonces era parte del problema. Recibió el mensaje del grupo de su iglesia de que si no asistía al estudio bíblico, no participaba en el grupo de oración y no recibía a los fieles en la puerta con una sonrisa, no era una buena cristiana. Yesenia decía que lo pensaría o fingía que tenía que consultar su agenda.

Pero ¿por dentro? Quería gritarles a todos que se callaran.

Cuando empecemos a utilizar nuestra voz, intentarán dictarnos dónde, cuándo y cómo. Pero ninguno de nosotros puede hacerlo todo. Tu voz y tú no existís para cumplir las órdenes de los demás. Debes decidir a qué y cuándo quieres dedicar el tiempo, la energía y el esfuerzo de contar lo que piensas, defender el cambio o apoyar a los demás. Desde el cambio climático hasta la trata de personas, desde las prioridades del próximo trimestre hasta la posibilidad de organizar una subasta silenciosa en la siguiente recaudación de fondos para la escuela, hay causas más que suficientes a las que podrías prestar tu voz.

En última instancia, aquello a lo que prestes tu voz la definirá.

JUZGAR (TU VOZ Y QUIÉN ERES) ES NORMAL

El padre de Joe, conocido por su sentido práctico y su fuerte ética del trabajo, dirigía un servicio de mantenimiento. Desde que tenía uso de razón, Joe ayudaba a su padre en diferentes trabajos. Hacía de todo, desde tapar agujeros de las paredes hasta colocar azulejos y arreglar tuberías. Su padre había conseguido una gran cartera de clientes y las referencias de boca en boca eran infinitas.

El plan siempre había sido que Joe se haría cargo del negocio. Estudió administración de empresas en una universidad de su ciudad, supuestamente para aprender a administrar mejor el negocio familiar. Pero aunque a Joe no le había importado trabajar con su padre de niño, no era el trabajo que prefería. A su padre le encantaba cacharrear, pero a Joe no. Lo que le encantaba a Joe era el arte. Sabía que sus padres creían que el arte no era un trabajo práctico, pero él solo se sentía realizado con una paleta, un lienzo y un pincel.

¿Cómo iba a encajar el arte con los planes de su familia de que se hiciera cargo del negocio de mantenimiento? No había nada malo en ser un manitas. El trabajo permitía pagar las facturas. El deseo de Joe de hacer algo diferente no era un golpe contra su padre, sino el reconocimiento de su talento y su capacidad.

En cierta ocasión en que su padre hablaba entusiasmado de que Joe llevaría el negocio al siguiente nivel, Joe guardó silencio.

—¿Qué pasa, Joe? —preguntó su padre.

—Quiero ser pintor, no dedicarme al mantenimiento —contestó Joe.

—¿Cómo vas a ganarte la vida pintando? Puedes pintar paredes. ¿Quieres que perdamos todo lo que he construido?

—Arreglar cosas es tu sueño, no el mío —replicó Joe.

—No era mi sueño. La vida no tiene nada que ver con los sueños —dijo su padre—. Hacemos lo que tenemos que hacer para mantener a nuestra familia. Y ahora te toca a ti. El arte es un hobby, no un trabajo.

¿Cómo iba Joe a dejar morir el negocio familiar? ¿Cómo iba a faltarle el respeto a su padre después de todo lo que había hecho por su familia?

Pero el mantenimiento era el trabajo de su padre, no el suyo. El arte era lo único que le hacía sentirse vivo. Se arrepentiría si no le daba una oportunidad.

Como Joe, todos recibimos el juicio de los demás y nuestro propio juicio sobre nosotros y las decisiones que tomamos. Silenciamos nuestros deseos y nuestra voz a consecuencia de los juicios de los demás, o de lo que creemos que serán sus juicios, pero, tomemos la decisión que tomemos, nos juzgarán.

Cribar las voces de los demás es especialmente difícil cuando las opiniones proceden de personas que nos importan. Cuando sientas que el juicio se acerca, reconoce que los demás pueden tener su opinión, y después decide cuánto peso quieres dar a sus comentarios. Encontrar nuestra voz consiste sobre todo en estar de acuerdo con quiénes somos y lo que valoramos, y en seguir tomando decisiones con las que podamos vivir, al margen de lo que piensen los demás.

Cuestiona tu voz

En cuanto seamos conscientes de que tenemos una voz y de que el hecho de que intenten influir en ella y juzgarla no es motivo para creer que no la tenemos, podemos empezar a pensar en qué aspectos de nuestra voz queremos conservar y cuáles revisar. Cuestionar periódicamente tu voz arriesgándote a pensar por ti mismo y permitiéndote presentarte como quieras reconoce la realidad de que somos seres humanos en constante evolución y aprendizaje.

PON EN CUESTIÓN LO QUE PIENSAS

Kerri estaba viviendo su sueño. Su casa era una idílica cabaña con vallas blancas y un césped verde y fresco. De niña, Kerri no había ido a la escuela. La habían educado en casa. Su madre se quedaba en casa y Kerri agradecía haberse criado así. Ahora criaba a sus hijas de la misma manera. Podían jugar sin peligro al aire libre, y a menudo lo hacían con su vecina Maya, de doce años. Los padres de Maya trabajaban y viajaban mucho, así que a Kerri le alegraba poder ayudar a sus vecinos echando un vistazo a Maya.

Kerri se había criado en una conservadora familia cristiana, y algunos de sus primeros recuerdos eran haber asistido a manifestaciones provida. Sus padres le habían inculcado que debía amar al prójimo, y el prójimo incluía a las personas a las que no podía ver. Estaba orgullosa de hablar en nombre de los bebés que no podían hablar por sí mismos. En una manifestación, un orador había presentado el argumento del niño pequeño: si hacerle daño a un niño pequeño no está bien, ¿por qué hacérselo a un bebé en el útero? El argumento la marcó y siguió asistiendo a las manifestaciones cada año.

Un día alguien llamó a su puerta. A Kerri le sorprendió ver a Maya en el porche.

—¿Puedo entrar? —preguntó Maya; le temblaba la barbilla.

—Claro. Las chicas están jugando al fútbol, pero pasa.

Al principio Maya no habló mucho. Mordisqueaba el queso y las galletas saladas que había sacado Kerri.

—¿Puedo contarte una cosa? —preguntó Maya tímidamente.

Kerri sintió rabia y confusión en el cuerpo, y lágrimas calientes en las mejillas mientras Maya le contaba que su padre la había violado. Y que ahora estaba preocupada porque estaba embarazada. Había ido sola a la farmacia en bicicleta y había robado un test de embarazo porque no quería que nadie la viera comprándolo. El test había dado positivo y no sabía qué hacer.

—Eres la única con la que puedo hablar. Y no se lo digas a mis padres, por favor. Ya se pelean bastante y no quiero empeorar las cosas —concluyó Maya.

Kerri no pudo dormir durante muchas noches. La situación de Maya le rompía el corazón. Lloraba por la pérdida de la inocencia, la disfunción, el trauma y la infancia que nunca tendría.

Kerri pensó en sus hijas, de la misma edad que Maya. ¿Podrían aguantar un embarazo? ¿Podía esperarse que llevaran un niño dentro de ellas que les recordara que su padre no era el padre que habrían debido tener? Recordó las manifestaciones en las que había participado. El argumento de los niños pequeños no cubría esta situación. Kerri había pasado muchos años manifestándose y luchando por la vida. ¿Podría llevar a Maya a una clínica para acabar con la vida de un bebé? Kerri quería ser una luz en la oscuridad. ¿Qué significaba eso en el caso de Maya?

Nuestras creencias no existen en el vacío. Lo que decimos y hacemos expresa nuestros valores. Las situaciones de la vida pueden obligarnos a analizar cómo se ven nuestras creencias en la práctica y si las creencias y los valores pueden evolucionar, y cómo. Tenemos que preguntarnos: «¿De verdad creo esto o lo que sucede es que nunca me he detenido a preguntármelo?».

Pregúntate: «¿Qué pienso de verdad? ¿Qué pienso al margen de las opiniones de los demás? ¿Qué haría si no me preocuparan las consecuencias? ¿Cómo explicaría mi razonamiento?».

A partir de ahí, pregúntate: «¿Qué creo de verdad?». No poner en cuestión lo que pensamos implica que vivimos con el piloto automático y somos cómplices de perpetuar los valores predeterminados que han establecido otras personas.

Después de poner en cuestión lo que pensamos, puede que lleguemos a la conclusión de que en realidad pensamos lo que creíamos pensar. Poner en cuestión no es dar por sentado un resultado o un cambio de visión del mundo, sino colocarnos en un terreno aún más sólido después de haber pasado por el proceso de articular por qué tenemos esas creencias. Ponerte en cuestión es asegurarte de que vives de acuerdo contigo mismo y de que puedes defender tus puntos de vista.

Este tipo de pensamiento puede desorientarnos tanto que muchos de nosotros tememos incluso preguntarnos: «¿Qué pienso de verdad?». Y con razón. Porque ser consciente de lo que de verdad piensas y crees significa que tendrás que elegir qué hacer. Si poner en cuestión tu forma de pensar te aleja del *statu quo*, puede que te preguntes: «¿Cómo puedo conciliar lo que creo con lo que me han enseñado? ¿Qué significa para mis relaciones con personas que creen algo diferente? ¿Es una falta de respeto hacia mi cultura, mis padres, mis amigos, mi familia, mi religión y mi comunidad pensar de manera diferente? Y en ese caso, ¿qué hago?».

También puedes sentir vergüenza y preguntarte por qué no has puesto antes en cuestión lo que pensabas. «¿Cómo he podido pasar tanto tiempo en la vida sin cuestionarme esta creencia? ¿O mis acciones y comportamientos? ¿Qué daños he dejado a mi paso? ¿Cómo arreglo mis relaciones y sigo adelante?».

Pero sintonizarte con lo que piensas (no con lo que piensa tu jefe, tu amigo o tu pareja) es fundamental para conocer tu voz y vivir una vida más deliberada y en consonancia contigo mismo. Y cada uno de nosotros encuentra su voz en su momento.

Con todo esto, ¿te he disuadido de ponerte en cuestión?

Espero que no, porque es la forma de descubrir tu voz y no aferrarte a las creencias, prácticas, expectativas y responsabilidades que quizá has tomado de otros a lo largo de los años. No tienes que poner en cuestión lo que piensas a todas horas, ni todos los días, ni tiene por qué provocarte una crisis existencial. Se trata sencillamente de observar el mundo que te rodea y las conversaciones que mantienes y preguntarte: «¿Estoy de acuerdo?».

Y si no, «¿Qué pienso?».

DATE PERMISO

El otro día, una mujer a la que acababa de conocer me dio las gracias por permitirle ser ella misma. Me llamó la atención que sintiera la necesidad de recibir permiso. Al fin y al cabo, es una directiva con enorme talento y con una capacidad única de equilibrar la claridad y la comprensión. Ha creado un producto y una comunidad que yo nunca habría imaginado.

Aun así, entendí por qué necesitaba que le dieran permiso para ser ella misma. Como mujer árabe en un puesto directivo de una empresa estadounidense, transita por muchas de las influencias que me hicieron contorsionarme para adaptarme a las voces y los estilos que había visto a mi alrededor durante la mayor parte de mi carrera profesional, y más. Me encantó que nuestra interacción le permitiera ser ella misma.

Pero no necesitaba mi permiso para ser ella misma. Con demasiada frecuencia acudimos a los que nos rodean (en especial a los que están por encima de nosotros en el organigrama o en el árbol genealógico y a los que consideramos que tienen autoridad) para que nos den permiso. Es lógico, porque esas personas tienen influencia en si se considera que hacemos un buen trabajo o respetamos a la familia. Si no explicitamos lo implícito, es fácil dar por sentado que necesitamos que otras personas nos den permiso. Al fin y al cabo, estamos acostumbrados a tener que pedir permiso para ir al baño, volver tarde a casa o tomarnos días libres en el trabajo. Nos han educado para pedir permiso.

Pero ¿de quién necesitamos permiso? Muchas veces no de los demás, sino de nosotros mismos. Permiso para ser la versión de nosotros que queremos y podríamos ser.

¿Esperas el permiso de otras personas para tener tu propia voz? ¿Cómo sería para ti darte permiso para pensar por ti mismo, hacer lo que crees que es bueno, correcto y valioso, y ser total y descaradamente tú mismo?

Las personas bien intencionadas suelen decir: «No pidas permiso, pide perdón». La esencia del mensaje parece sensata: actúa y no permitas que otros te detengan. Pero si no nos perdonan tan fácilmente, el consejo no funciona. Encontrar tu voz también es descubrir el nivel de riesgo, las consecuencias y la incertidumbre que estás dispuesto y eres capaz de asumir.

El esfuerzo de encontrar nuestra voz puede ser un desafío y valer la pena, pero saber lo que creemos, a qué aspiramos y a quién pedimos permiso no basta. Para saber si una voz es realmente nuestra tenemos que probarla en comportamientos.

Experimenta utilizando la voz

Después de poner en cuestión nuestras creencias, debemos convertir esos modelos en acciones, lo que a su vez nos ayuda a cultivar nuestra voz. Una forma sencilla de practicar en la vida cotidiana es mediante experimentos.

Hacer un experimento siempre me recuerda a las clases de ciencias del instituto. ¿Qué pasa si echas bicarbonato y vinagre blanco en una botella de refresco? El objetivo de un experimento es la curiosidad y el aprendizaje, no solo los resultados. Pruebas algo para ver qué sucede, no para quedar atrapado en un resultado. Los experimentos ofrecen datos que pueden informar nuestras acciones en el futuro.[1] Para los que somos perfeccionistas y buscamos resultados, los experimentos evitan que nos estanquemos en la inacción porque nos preocupa el resultado. La experimentación nos permite liberarnos del peso de tener que conseguir algo y aprender a intentarlo.

¿Cómo empezar?

Haz pequeños experimentos

Déjame ser clara: no estoy sugiriendo que dejes de leer ahora mismo y vayas a decirle a tu jefe por qué es gilipollas. Empieza con un experimento que te permita asumir un riesgo calculado en un contexto en el que sepas que puedes capear las consecuencias.

En mi caso, un pequeño experimento consistió en preguntarle a un taxista si podía abrir las ventanillas porque en el taxi hacía mucho calor. Lo sé. Mi silencio aprendido estaba tan arraigado que tuve que empezar por algo tan sencillo.

Acababa de aterrizar en Seattle. Después de unas horas en aeropuertos y aviones, necesitaba un poco de aire fresco. Hacía mucho calor y el ambientador que colgaba del retrovisor era cualquier cosa menos fresco. Pulsé el botón para abrir la ventanilla del pasajero, pero no se movió. Volví a intentarlo, por si acaso.

Pensé: «No molestes al hombre. El GPS dice que solo quedan veintidós minutos de trayecto. No es para tanto. Puedes aguantar la incomodidad».

Quizá te parezca ridículo que una petición tan simple me angustiara tanto. ¿El conductor iba a enfadarse conmigo si le preguntaba eso? ¿La tomaría conmigo y se pondría a conducir de forma imprudente? Yo era una mujer que había viajado sola a una ciudad que no conocía.

Pero estábamos en una gran autopista, así que las posibilidades de que acabara en una zanja por haberle pedido al tipo que abriera la ventanilla eran bastante bajas.

Me convencí a mí misma.

«Pedir que abran una ventanilla es una solicitud bastante razonable. Lo peor que puede pasar es que me diga que no. No volverás a ver a este tipo».

—Señor, ¿le importaría abrir la ventana? Hace un poco de calor —dije.

Pulsó un botón sin decir una palabra. La ventanilla se abrió.

El aire era maravilloso, fresco y con aroma a libertad y validación.

Pedirle al taxista que abriera la ventanilla fue un experimento que funcionó. No porque el hombre hiciera lo que le había pedido, aunque fue un gran beneficio, sino porque en ese momento aprendí algo. Aprendí que no se acaba el mundo por pedir algo. Puedo pedir lo que necesito, e incluso podría conseguir lo que pido.

Me parece ridículo que, siendo una mujer adulta, gastara tanta energía preguntándome si podía pedirle algo a un desconocido al que seguramente no volvería a ver, pero este tipo de pequeños experimentos, repetidos a lo largo del tiempo, cambian nuestra visión de si tenemos voz y cómo es nuestra voz. La capacidad de decidir qué experimentos hacemos también aumenta nuestra tolerancia al riesgo y nuestra disposición a esperar recompensas a largo plazo.[2]

Expresé un punto de vista e hice una solicitud. Aprendí que no voy a morirme por preguntar y que, de hecho, preguntar puede llevar a un resultado que satisfaga mejor mis necesidades. Desaprendo lo que aprendí sobre negar mis necesidades para no imponérselas a los demás. Desaprendo el instinto de aguantar y aprendo a comunicar lo que necesito o quiero. Aprendo que mis necesidades son válidas y que utilizar mi voz tiene un efecto.

Limita la duración de los experimentos

Como era de esperar, poder devolver las compras en internet de forma gratuita aumenta la probabilidad de que las personas se decidan a comprar. Un estudio mostró que las devoluciones gratuitas aumentaron el gasto de los clientes en un 357 por ciento, mientras que tener que pagar el envío de devolución redujo el gasto con el minorista.[3] Saber que podemos devolver compras sin coste económico facilita que decidamos hacer la compra.[4]

Asimismo, experimentar con la voz reduce las posibilidades de que pensemos que es un riesgo intentar algo. Si el comportamiento no funciona, no te quedarás atrapado en él para siempre.

El truco consiste en probar un comportamiento o una actitud durante el tiempo suficiente para obtener datos reales, pero no tanto como para que el miedo al compromiso aumente lo que crees que está en juego. Podemos hacer casi cualquier cosa durante unos días, aunque esos días se nos hagan muy largos. Elige un periodo de tiempo no superior a treinta días para tu experimento. Por ejemplo, en las reuniones de las próximas tres semanas contaré lo que pienso. O en las próximas tres semanas voy a establecer un límite claro con mi suegra respecto de sus comentarios sobre mi peso. O en las próximas tres reuniones con mi jefe responderé a sus preguntas con sinceridad. Poner un límite de tiempo al experimento reduce los riesgos porque sabes que no durará para siempre. Al mismo tiempo, puedes recopilar información y después adaptarla en función de lo que aprendas.

Siéntete cómodo con la incomodidad

Experimentar puede resultar incómodo, y es comprensible, porque estás probando algo nuevo. Cuando cambias tu comportamiento, los demás pueden reaccionar con intensidad mientras descubren cómo reaccionar ante un tú diferente. Es posible que otros no noten la diferencia o no reaccionen. Al fin y al cabo, solemos prestarnos más atención y juzgarnos con más dureza a nosotros mismos que los demás.[5] Todas estas reacciones son datos, información que nos permite descubrir lo que estamos aprendiendo y cómo influye en nuestras decisiones sobre lo que será nuestra voz en el futuro. Por incómodo que pueda resultarnos un nuevo comportamiento, debes saber que la incomodidad es parte de la experimentación y que los experimentos tienen un límite de tiempo.

Así pues, ¿qué pequeño experimento vas a poner a prueba? ¿Con quién? ¿Sobre qué? ¿Vas a decirle al camarero que se ha confundido y que te gustaría que te trajera lo que has pedido? ¿Vas a contarle a tu compañero de trabajo que te ha afectado mucho que no te invitaran a la reunión? ¿Vas a comunicar que no quieres ir a un evento el jueves por la noche porque te desorganiza demasiado la vida?

Determinar qué es para ti un pequeño experimento dependerá de en qué medida hayas desarrollado tus músculos vocales, pero empieza por una situación con un riesgo calculado que puedas asumir. Algo me dice que, como yo en el taxi, descubrirás que puedes conseguir lo que deseas. Y estarás un paso más cerca de que te conozcan, de conseguir lo que necesitas y de darle forma al mundo para que sea un mundo en el que quieras vivir.

Invita a diferentes voces

La vida no es un deporte individual. Nuestra vida está demasiado entrelazada con la de los demás y con nuestro entorno para que no nos afectemos unos a otros. Así pues, al margen de si invitamos a que nos hagan comentarios o no, nos llegarán opiniones, juicios y reacciones. ¿Qué voces escucharemos? ¿Qué voces dejaremos que nos influyan? Este componente de encontrar tu voz tiene que ver con la retroalimentación.

EQUILIBRA LOS COMENTARIOS

A mi mejor amiga le gusta decirme: «Sé tú misma».

A estas alturas es un mantra que tengo que tatuarme en la frente, o al menos estamparlo en una taza.

Aun así, cada vez que lo dice, pienso: «Pero no puedo ser siempre yo misma». Soy responsable de mi familia, las personas a las que dirijo y la comunidad que me rodea.

Pero necesito oír ese mantra, porque es una perspectiva que olvido enseguida. Como muchos de nosotros, suelo pensar en los demás antes que en mí misma. Mi amiga conoce mis valores predeterminados y puede compensar mi tendencia a pensar en todos menos en mí para que no caiga siempre en las mismas trampas. Sabe a lo que aspiro y me señala esa dirección, incluso cuando me distraigo.

Siempre habrá detractores, machistas y personas con sus propios planes. Saben darse a conocer, incluso aunque prefiriéramos que no lo hicieran. Por desgracia, no siempre tenemos la opción de bloquearlos, de modo que debemos decidir qué peso les damos y asegurarnos de que esas voces no sean las únicas en nuestra vida.

¿Tienes voces en las que confías para que te ayuden a capear las olas de opiniones no solicitadas? ¿Qué voces que admiras y en las que confías van a contrarrestar los comentarios negativos? Ocúpate de incluir a personas que de verdad quieran lo mejor para ti, que estén en tu equipo y que te señalen lo que más te beneficia, y escúchalas. Necesitamos a personas que nos conozcan lo suficiente para ayudarnos a detectar patrones, que nos hagan preguntas esclarecedoras y nos recuerden quiénes somos.

¿A quién escuchas en este momento? ¿A qué voces podrías invitar para que el viaje fuera más sostenible? No dejes los comentarios al azar. Elige las voces que te alimentarán y te apoyarán.

Ten una caja de resonancia

Gabe estaba atrapado en la rutina. Llevaba siete años en el mismo trabajo, lo que representaba varias vidas en el mundo de las empresas emergentes, donde se cambia de trabajo como mínimo cada pocos años. Era un hombre blanco con buenos contactos en el sector tecnológico, así que no dudaba que podría encontrar otro trabajo. El problema era saber lo que de verdad quería hacer. Sus superiores le decían que buscara un ascenso. Su pareja quería que esperara hasta la oferta pública de acciones para ver si cobraban algo y pagaban la casa. Su hermano quería que dejara de trabajar y se fueran juntos a viajar por el mundo. Gabe se quedaba despierto por la noche dando vueltas a las opciones, y ninguna de ellas le parecía la mejor para él, aunque hicieran felices a otras personas.

Dar vueltas y vueltas para no llegar a ninguna parte es una pérdida de tiempo y de energía. Aun así, el 73 por ciento de los adultos de entre veinticinco y treinta y cinco años piensan demasiado las cosas, y también el 52 por ciento de las personas de entre cuarenta y cinco y cincuenta y cinco años.[6] Dar demasiadas vueltas genera pensamientos más negativos y nos impide actuar. Insistir en las deficiencias, los errores y los problemas aumenta el riesgo de tener problemas de salud mental e interfiere en la resolución de problemas.[7] Además de invitar a diferentes voces, invitar a personas a ser cajas de resonancia puede ayudarnos a distinguir nuestra voz de las de los que rivalizan por influir en nuestra vida.

—Pero, Gabe, ¿tú qué quieres? —le preguntó su compañero mientras daban su paseo diario.

—Quiero que todos me dejen en paz para que pueda descubrir lo que quiero. Quiero suficiente energía y espacio para pensar —contestó Gabe, exasperado.

—Parece que sabes lo que quieres. Hazlo.

Vernos a nosotros mismos con precisión sin la ayuda de otras personas es imposible. Analizar lo que nos preocupa con otras personas puede ayudarnos a aclararnos con más rapidez, en parte porque poner los sentimientos en palabras reduce la actividad de la parte emocionalmente reactiva de nuestro cerebro.[8]

Pero ten en cuenta que invitas a una persona a que te sujete un espejo y te ayude a escuchar lo que dices, no a que te aconseje en función de lo que ella piensa. El origen del término «caja de resonancia» procede del dispositivo (a menudo una tabla) que se coloca en un escenario, podio o púlpito para amplificar la voz del orador.[9] Una caja de resonancia es una persona con la que puedes probar ideas, no alguien que va a empeorar las cosas aportando más negatividad. Aunque los estudios muestran que el apoyo social suele reducir el estrés y el agotamiento, todos sabemos que no todo el apoyo social es igual. Hablar de forma excesivamente negativa sobre un problema con otra persona en realidad conduce a niveles más elevados de estrés y agotamiento.[10]

Mientras experimentas con tu voz, prueba ideas y enfoques con personas en las que confías. La intención no es dejar que otros tomen las decisiones por ti, sino evitar dar vueltas a la teoría y pasar a la acción.

DECIDE QUÉ VOCES SON IMPRESCINDIBLES

Cuando mi marido y yo planificábamos nuestra boda, hicimos una lista de las personas que debían estar con nosotros cuando hiciéramos los votos. Eran las personas con las que estábamos dispuestos a organizarnos para que estuvieran allí. Sabíamos que entre la familia y la comunidad habría demasiadas opiniones y presiones. Si no hacíamos una lista de las personas imprescindibles, tardaríamos una eternidad en gestionar las expectativas de todos.

Después de ponernos de acuerdo en la lista y encontrar una fecha en la que todos los que estaban en esa lista podrían asistir, descubrí que ese día una querida compañera de trabajo no podría venir. Me sentí un poco decepcionada, porque me habría encantado que viniera, pero no estaba en la lista. Y no íbamos a perder todo el esfuerzo de organización para dar cabida a una persona que no estaba en la lista.

Nos dicen que debemos ser considerados con los demás y estar abiertos a recibir comentarios, pero escuchar no significa que tengamos que seguir su consejo y dejar que su opinión guíe nuestra vida. Algunas voces tienen que convertirse en ruido. Al final, como receptores de retroalimentación, podemos decidir qué queremos asumir. Podemos decidir cuánto peso y poder tienen las opiniones de los demás sobre nosotros. Podemos escuchar y decidir que sus comentarios irán a la pila de los descartes, o al menos a la pila de «no tiene tanto peso en mi vida».

Lo conseguimos teniendo claro qué voces consideramos imprescindibles. Puedes adquirir esta claridad respondiendo a las siguientes preguntas:

«¿De quién son las necesidades que tengo que resolver?».

«¿Quiénes son las tres personas o grupos de personas principales a las que debo considerar y con las que debo comunicarme sobre este tema?». (Asegúrate de incluirte como una de las partes interesadas).

«¿Qué decepción puedo asumir?».

También puedes utilizar la herramienta de los tres grupos del capítulo 5 para clasificar las partes interesadas. Las voces de las personas que deciden contigo son imprescindibles. Las voces de las personas que están en el grupo de consulta son voces a las que invitas, pero puedes decidir no escucharlas. Las personas del grupo de información no tienen por qué añadir ruido a tu cálculo.

Qué opinión es imprescindible dependerá del tema y el contexto en el que estés, pero ser consciente de que no tienes que encontrar una solución para todos ayuda a combatir nuestra tendencia a intentar asumir la tarea imposible de que todos se queden contentos. Si no están en la lista, no tendrán poder sobre ti.

INVITA A TU REFLEXIÓN

Encontrar tu voz consiste en fortalecer tu sentido de ti mismo. ¿Qué crees? ¿Cómo vives más en consonancia con tus valores? ¿Cómo te mueves por el mundo y tienes el impacto que deseas en tu familia, organizaciones y comunidad? Aunque las perspectivas de los demás son valiosas, en última instancia es la nuestra la que determina nuestra voz. Reflexionar sobre nuestras elecciones nos coloca en el asiento del conductor y nos recuerda que somos parte interesada, clave en nuestra vida. Tenemos capacidad y autonomía para evaluar lo que hemos aprendido, lo que valoramos y lo que no nos ha gustado de los experimentos que hemos llevado a cabo.

Podemos crear nuestro circuito de retroalimentación deliberada respondiendo a las siguientes preguntas después de cada experimento:

«¿Qué he aprendido?».
«¿Qué quiero volver a intentar?».
«¿Qué haría de otra manera?».

RECALIBRA CON FRECUENCIA

No somos seres humanos estáticos. Todos estamos en constante evolución. La evolución constante significa que no podemos dejar de evaluar si nuestra voz está apagándose o silenciándose, si hemos caído en viejos hábitos y si dejamos que otras personas nos influyan más de lo que pretendemos. Cuando nos enfrentamos a transiciones importantes en la vida, podría implicar hacer balance a diario. Cuando funcionamos como de costumbre, podría bastar con una revisión trimestral de ti mismo o de tu caja de resonancia.

A muchos de nosotros nos preocupa que nos perciban como incoherentes o que crean que no cumplimos nuestra palabra si cambiamos, pero encontrar tu voz no es un proceso lineal ni se consigue de una vez para siempre. Encontrar tu voz es un ejercicio continuo.

La vida pasa.

Las personas cambian.

Las prioridades cambian.

Las situaciones diferentes ayudan a esclarecer cuál es nuestra voz, qué valoramos de verdad y quiénes somos. Mediante empujones, tirones, codazos y tensiones descubrimos los contornos de nuestra voz. Encontrar tu voz significa descubrir qué versión de ti quieres presentar ante las circunstancias a las que te enfrentas hoy, mañana y en el futuro.

En este capítulo hemos abordado cuatro componentes no lineales para encontrar tu voz. Hemos creado una consciencia básica sobre la dinámica en juego y sobre por qué perder la voz podría incluso ser un problema. A medida que pongas en cuestión tus elecciones, experimentes con nuevos enfoques e invites a otros y a ti mismo a una reflexión deliberada, tu voz se volverá más fuerte y clara, para ti y para los que te rodean. Cuanto más tiempo dediques a tu voz, más te familiarizarás con ella. Saber quién eres y qué piensas te alinea contigo mismo. Si tienes un sentido cada vez mayor de tu voz, ¿cómo la utilizas para tener el impacto que deseas?

TE TOCA A TI

Consciencia

- ¿Crees que tienes voz? ¿Por qué o por qué no?
- ¿Qué has observado al leer la parte del capítulo dedicada a la consciencia?

Cuestiona

- Mientras escuchas hablar a una persona (puede ser en las noticias, en una reunión o en una conversación entre amigos), pregúntate: «¿Estoy de acuerdo? ¿Qué pienso sobre este tema y sobre cómo están manejándose las cosas?». Observa en qué estás de acuerdo o no con la opinión mayoritaria.

Experimenta

- ¿Qué quieres intentar?
- ¿Durante cuánto tiempo llevarás a cabo el experimento?

Invita

- ¿A qué tipo de voces quieres invitar?
- ¿Quién podría ser una caja de resonancia para ti?

7

Utiliza tu voz

Leila, que era nueva en el equipo, sabía que tenía que causar buena impresión.

Pero las reuniones semanales (el principal momento para relacionarse con el equipo) eran una mierda.

Treinta y cinco personas en una llamada en diferentes zonas horarias (con algunas personas en videollamada, otras en audio, otras en salas de conferencias con sonido irregular y otras en casa con niños corriendo por detrás) significaba que se pasaban la mitad de la reunión repitiendo lo mismo.

La directora técnica de la empresa, Sharath (la jefa de Leila), no veía el problema. Decía: «Contar con todos en la reunión nos ayuda a ponernos de acuerdo». Era cierto. Nadie podía decir que no sabía qué hacer. Pero también era cierto que a las personas con menos experiencia, como Leila, les intimidaba hablar delante de treinta y cuatro compañeros.

Reunión tras reunión, Leila no conseguía articular palabra. El ritmo del equipo no dejaba espacio para que una novata como ella se sumara a la conversación. Cuando tenía claro lo que quería decir, ya habían pasado a otro tema. Si insistía en decir algo, era inevitable que otra persona hablara al mismo tiempo.

Al ser la única persona del equipo sin experiencia técnica, Leila quería asegurarse de que vieran que aun así tenía cosas que aportar. Observaba a los demás diciendo lo que pensaban, al parecer sin esfuerzo, y echaba de menos los tiempos en que no dudaba ni analizaba demasiado cada uno de sus movimientos.

En las pocas ocasiones en que alguien le preguntaba qué pensaba, Leila se quedaba paralizada. Era su momento. Tenía que decir algo. Algo profundo. Algo alucinante. Algo que mostrara por qué formaba parte de esa mesa. Pero se quedaba atascada. Murmuraba tímidamente y con la mente en blanco: «Parece que ya lo habéis dicho todo». Una vez más fallaba el tiro. Y castigarse después durante horas tampoco ayudaba.

En su primera evaluación de rendimiento, su jefa le comentó que tenía que decir lo que pensaba y mostrarse más para que los demás vieran lo que aportaba al equipo. Le dolió cuando alguien le preguntó si estaba allí solo para tomar notas. No era así. El proyecto funcionaba gracias a ella, pero, tras toda una vida recibiendo críticas y palos, tenía muy arraigado el instinto de ceder ante los que tenían el poder. Odiaba hablar por encima de los demás y tener que pelear para intervenir, y le molestaban muchísimo las reuniones en las que había que repetir lo mismo cuatro veces para que te escucharan, porque todos estaban distraídos y frustrados por la reunión en sí.

Esforzarnos por encontrar nuestra voz es solo el principio. También debemos entender, de forma práctica, cómo hablar.

En este capítulo te ofrezco tres palancas para conseguirlo. Utilizando la sustancia, la relación y el proceso como códigos, podemos descubrir cómo utilizar nuestra voz de forma que sume para los grupos y sea auténtica para nosotros mismos.

Tres palancas para la voz

En la década de 1980, mis colegas del Harvard Negotiation Project señalaron que toda negociación es la confluencia de tres elementos diferentes: sustancia, relación y proceso. Negociamos simultáneamente la sustancia (qué), la relación (quién) y el proceso (cómo). No prestar atención a alguno de estos elementos implica perder un factor clave que puede determinar el resultado de la negociación. Los elementos han proporcionado durante mucho tiempo un marco para que los mediadores puedan mantener conversaciones difíciles atendiendo a la relación y gestionando el proceso de una manera diferente a la de la mayoría de las personas.

Lo que he descubierto encontrando mi voz y ayudando a otras personas a utilizar la suya es que estos elementos también sirven como palancas para la voz. La sustancia, el proceso y la relación pueden servir como modelo mental para utilizar nuestra voz, sobre todo cuando ponemos en cuestión lo que podemos aportar. En definitiva, si no te consideras un experto en el tema de la conversación (sustancia), tienes otras dos formas de impactar en ella. Las palancas ofrecen un atajo mental para pensar dónde y cómo unirte a la conversación, y básicamente son capaces de darle forma. A continuación detallaré la relación entre las tres palancas y ofreceré formas prácticas de utilizar cada una de ellas para apoyar tu voz.

Sustancia

Sustancia es el tema del que hablamos.

Tanto si hablamos de lo que vamos a cenar como si comentamos las previsiones de ingresos para el trimestre o las especificaciones técnicas de un proyecto, la sustancia es lo que normalmente consideramos el tema de la conversación. Las razones más habituales para no decir lo que pensamos incluyen no ser un experto en el tema, sentirnos poco cualificados y no querer crear conflictos.

La tía de Derrick llevaba años diciéndole que contratara un seguro de vida. «Cubrirá a tu familia si te sucede lo peor. El dinero que inviertas crecerá libre de impuestos». Aunque lo que le decía su tía tenía sentido, mirar columnas de números y valores proyectados hacía que a Derrick se le nublara la vista. Hablar de acumulación de valor en efectivo, dividendos no garantizados y legados sin testamento hacía que la cabeza le diera vueltas. Quería ser responsable de su familia, pero no entendía la ventaja de pagar una gran cantidad de dinero por adelantado, y menos teniendo en cuenta que sus ingresos no eran los mismos cada año. Nunca se le había dado bien discutir con su tía, que tenía una respuesta o un gráfico para cualquiera de sus preguntas. No se decidía a contratar una póliza que no acababa de entender.

Aunque es lógico que tratemos con ligereza temas de los que no entendemos, descartar o negar nuestra perspectiva solo por eso implica que nos perdemos lo que cada uno aporta en lo que respecta a la sustancia. Todos tenemos perspectivas y conocimientos que aportar, aunque no nos consideremos expertos en la materia. Si tienes dudas sobre si estás legitimado para hablar sobre la sustancia, puedes centrarte en lo que podrías aportar haciéndote las dos preguntas que siguen y respondiéndote a ti mismo.

¿Qué aspectos de la sustancia están en mi ámbito?

Aunque Derrick no sea un experto en los entresijos de las pólizas de seguros de vida ni en planificación económica, sí lo es en los objetivos económicos a corto y largo plazo de su familia y en su nivel de comodidad con diferentes instituciones. Mientras que el ámbito de su tía es presentar opciones y aconsejar con buenas intenciones, el ámbito de Derrick es identificar lo que de verdad les importa a él y a su familia. Aunque sienta que no puede debatir con su tía sobre las ventajas del seguro de vida, él es el experto en sus reacciones, sus recursos, su nivel de comodidad y, en última instancia, sus decisiones sobre cómo utilizar su dinero.

El ámbito de Leila, como gerente de proyectos, es el alcance, la planificación, el coste, los recursos y los plazos del proyecto. Su trabajo

consiste en identificar los riesgos que pueden afectar al proyecto y tomar medidas para reducirlos. Aunque la directora de tecnología no quiera ni oír hablar de los riesgos y los descarte diciendo: «Consigue que
funcione», el trabajo de Leila es comunicar los riesgos. Eso no significa que no vaya a recibir críticas por señalarlos, pero saber que identificar riesgos es su ámbito puede recordarle que tiene un lugar legítimo
en la mesa y una razón para participar en la conversación. Conocer nuestro ámbito nos ayuda a contrarrestar nuestras posibles dudas respecto
a si podemos aportar algo a la conversación, en especial cuando nos enfrentamos a personalidades fuertes y a personas que parecen muy seguras de su experiencia.

Si no queda claro cuál es tu ámbito en la descripción del trabajo o
en las conversaciones sobre tu función, debes mantener estas conversaciones para tener una base más sólida desde la que hablar. Puedes empezar enumerando cuáles crees que son tus funciones y verificando la
descripción con las personas que toman las decisiones. La claridad te
permite dejar de preguntarte y de dar vueltas, y a los demás les permite responder a preguntas que quizá no sabían que existían.

Tanto en el trabajo como en casa, nadie es más experto en nosotros
y nuestras necesidades y preferencias que nosotros mismos. Ser dueños
de nuestras preferencias y necesidades en nuestro ámbito, además de
cualquier punto fuerte que aportemos, nos ayuda a recordar que podemos representar alguna sustancia. Somos expertos en nosotros mismos
y lo que necesitamos.

¿QUÉ PERSPECTIVA APORTO?

Muchos de nosotros suponemos que si somos nuevos o llevamos menos
tiempo en el equipo es posible que tengamos menos que ofrecer. Y sin
duda los comportamientos de los demás con nosotros pueden reforzar
esas suposiciones. Pero según sean nuestra experiencia vital, etapa de

la vida, ubicación geográfica, antigüedad en la organización o identidad, cada uno de nosotros aporta una perspectiva diferente a los temas y al mundo. Las personas que llevan años en un proyecto o sistema tienen puntos débiles. Cuanto más tiempo lleves en un sistema laboral o familiar y más te hayas acostumbrado a una determinada forma de hacer las cosas, menos capaz serás de ver qué es problemático y cómo podrías mejorarlas. Necesitamos sangre fresca y una mirada nueva para ver las cosas con claridad.

Un cambio clave que podemos hacer es pasar de suponer que tenemos menos que ofrecer a observar que podemos ofrecer algo diferente. Podemos adueñarnos de nuestra visión de las cosas explicitando la perspectiva desde la que hablamos y utilizando frases como las siguientes:

«Desde mi punto de vista...».
«Mirándolo desde la perspectiva de un inmigrante...».
«Como nativo digital...».
«Como parte del equipo de atención al cliente...».
«Como llego a este proyecto con una mirada nueva...».
«Como persona que ha estado casada y se ha divorciado...».

Lo ideal sería que no necesitáramos un calificativo para decir lo que pensamos, pero en la medida en que nos preguntamos cómo participar o si lo que tenemos que decir añade valor, explicitar la perspectiva desde la que hablamos puede recordar a los demás (y a ti mismo) lo que aportas. Identificar un punto de vista concreto nos quita la presión y nos permite hablar con más objetividad sobre el tema desde nuestra perspectiva. Nos permite reconocer la realidad de que cada uno de nosotros ve las cosas de forma diferente y de que las diferentes perspectivas son válidas, valiosas y legítimas. Y nos permite comunicarnos sobre impactos y percepciones que otras personas con otras perspectivas quizá no hayan considerado.

Relación

Si la sustancia es el «qué», la relación es el «quién»: quién está involucrado, cómo siente cada persona que la tratan, el nivel de confianza y cómo las personas se influyen entre sí.

Chinyere y Jason estaban sobrepasados. Hacer malabarismos con dos carreras profesionales mientras criaban a sus hijos y cuidaban de sus padres ancianos era demasiado. Cuando surgió la oportunidad de trasladarse al otro extremo del país para que Jason asumiera un puesto ejecutivo y pudiera estar más cerca de la familia, la aprovecharon. Pero pronto surgieron las complicaciones. Como personas de alto rendimiento y expertas en gestión de proyectos, Jason y Chinyere dieron por sentado que si alguien podía gestionar esos cambios eran ellos; sin embargo, a medida que transcurrían las semanas parecían más una pareja de desconocidos que los compañeros de vida que se habían propuesto ser.

Los niños iban a la fiesta de cumpleaños de su amigo de clase bien vestidos, por supuesto. Había comida en la nevera y sus evaluaciones en el trabajo eran positivas. Al trabajar de noche, pudieron resolver la logística del traslado, pero después de un día especialmente tenso intentando coordinar a los cuidadores en medio de reuniones de inversionistas, al ver el último mensaje de Jason sobre por qué el perro estaba vomitando, Chinyere respondió: «Pareces un socio comercial, no mi compañero de vida. Sí, tenemos que solucionar la logística y descubrir por qué el perro vuelve a estar enfermo, pero me preocupa que incluso habiéndonos mudado, cuando los niños crezcan no exista un nosotros».

Cuando Chinyere llegó a casa, agotada pero dispuesta a pelear, Jason la abrazó. «Lo solucionaremos —le dijo—. Nos aseguraremos de que exista un nosotros».

A veces la relación es el quid de la cuestión. La relación es si nos sentimos conectados con las personas que nos importan o alienados por ellas, si nos sentimos respetados y aceptados, y si nuestros límites nos parecen saludables. La relación es fundamental para tener capital social, definido como los beneficios que obtenemos gracias a las personas a las que conocemos,[1] que contribuyen a mejorar el rendimiento general.[2] La relación es lo que está implicado cuando una persona apaga la cámara durante una videollamada para que no vean lo enfadada que está o cómo va a reaccionar el departamento de ingeniería al último cambio. La relación son todas las dinámicas personales, que constituyen el punto débil para la mayoría de los jefes y la razón principal por la que las personas sueñan despiertas con tener una familia o amigos diferentes.

En otras palabras, la relación es el motivo por el que el 65 por ciento de las nuevas empresas fracasan debido a un conflicto entre cofundadores,[3] y aproximadamente la mitad de los matrimonios en todo el mundo acaban en divorcio o separación.[4] Y es lógico, porque nos centramos en pagar las facturas, calcular los impuestos, asegurarnos de que haya comida en la mesa e intentar mantener a los niños y las mascotas con vida y sin problemas, de modo que atender las emociones, el ego y las necesidades de otra persona suele ser lo último que queremos hacer. Como Chinyere y Jason, cuando nos centramos en la sustancia, solemos fallar en la relación. Pero eso también significa que la relación es una poderosa palanca para la voz.

En cualquier aspecto de nuestra vida, atender a la relación anticipando, entendiendo y resolviendo cómo se sienten las personas involucradas evita una complejidad adicional y contribuye a crear la dignidad que deseamos. Podemos sumar nuestra voz haciendo las siguientes preguntas, en voz alta o para nosotros mismos: ¿quién se queda fuera?, ¿cómo se sienten los demás?, ¿quién está comprometido?, ¿quién se ha desvinculado?, ¿qué genera o reduce la confianza?, ¿quién ha guardado silencio?, ¿quién podría sentirse silenciado? Atender a las reacciones y tendencias de las personas en toda dinámica nos permite sacar a la luz los problemas, expresar quejas y resolverlos antes.

Prestar atención a la relación también te permite utilizar tu voz para romper con los prejuicios y cultivar la cultura emocional de tu familia, comunidad o empresa.

ROMPE CON LOS PREJUICIOS

Utilizar tu voz no tiene por qué implicar poder dar respuesta a un problema técnico o conocer la cura del cáncer. Ser capaz de utilizar tu voz para atender a la dinámica de la relación te permite dar forma al mundo que te rodea. Los demás a menudo malinterpretan nuestros sentimientos. Centrarte en la relación te permite mitigar las interpretaciones sesgadas de las emociones en el trabajo, donde se juzga a las mujeres y a las personas de color con más dureza por expresar emociones que a los hombres blancos.[5]

—No debes ser tan agresiva. Si no trabajas en equipo, no podrás estar en las llamadas con los clientes.

A Zuri le hirvió la sangre mientras escuchaba a su compañero, de más edad que ella, ofreciéndole, según él, un consejo constructivo.

Apretó los dientes, contuvo la respiración y miró alrededor. Sabía que, como joven negra en una empresa de capital privado, cualquier cosa que dijera en ese momento se utilizaría en su contra.

—Creo que no es justo —intervino una voz—. Zuri corrigió la incorrecta presentación de los datos en la reunión. Si no lo hubiera hecho, habríamos tenido problemas con el cliente más adelante.

Zuri suspiró. Al menos alguien había visto que el comentario de su compañero estaba fuera de lugar y había dicho algo al respecto. Estaba harta de que consideraran que cuando los trabajadores blancos se enfadaban era porque sentían pasión por su trabajo, mientras que los trabajadores de color eran «radicales» o incapaces de trabajar en equipo.[6] Y ella ni siquiera se había enfadado. Se había limitado a corregir los datos.

Malinterpretar a las personas, añadiendo los prejuicios y el racismo interiorizado, significa que las percepciones se descontrolan y crean dificultades adicionales, sobre todo en momentos de estrés.[7] Nuestra capacidad para detectar prejuicios y racismo y nuestra voluntad de romperlos de inmediato es una larga y a menudo repetitiva batalla para eliminar la inequidad y la discriminación.

Y los prejuicios no solo aparecen en el trabajo. Se filtran cuando menos lo esperamos.

Jesse había esperado con impaciencia durante toda la semana el evento de minigolf para exalumnos. Allí estarían personas a las que no había visto en años, algunas con sus nuevas parejas. Cogió una cerveza del puesto de comida y se dirigió al campo.

Mientras esperaba su turno, Jesse dio un sorbo de cerveza y oyó a alguien a quien no conocía comentar:

—Prefiero las irlandesas a las mexicanas.

Jesse lo miró fijamente. ¿De verdad había dicho algo así? ¿Y qué tenían que ver las irlandesas o las mexicanas con el minigolf?

—¿Qué has dicho? —preguntó sin pensárselo.

—No te alteres. Solo estaba hablando de la cerveza —replicó la otra persona.

—Si solo hablas de cerveza, di que prefieres la Guinness a la Modelo. No es necesario involucrar a personas y culturas.

Los prejuicios y los ataques contra grupos étnicos aparecen en todas partes. Escuchar cómo pueden interpretarse las cosas y estar dispuestos a cuestionarlas es una forma de utilizar nuestra voz para crear un mundo más amable y respetuoso.

Cultiva la cultura emocional

Alma temía hablar con su hermano Liam. Ambos habían sido campeones de debates en la escuela. Sus padres los habían educado para que dijeran lo que pensaban y, como tantos hermanos que rivalizan, ambos querían demostrar que eran los más inteligentes y entusiastas.

Pero cada vez que su hermano decía que los pobres eran vagos y que el Gobierno tiraba el dinero intentando mantenerlos con vida, se ponía furiosa. Apretaba los dientes y se preparaba para la batalla. Consultaba nuevas investigaciones y estadísticas. Leía estudios de longevidad y su impacto social. Mientras tanto, lamentaba que toda conversación con Liam fuera infructuosa.

La siguiente vez que Alma estaba en casa y Liam empezó a discutir, ella se hartó y lo detuvo. Miró a su hermano a los ojos y le dijo:

—Mira, por mucho que me guste un buen debate, en realidad solo quiero ser tu hermana. No es necesario que seamos amigos, pero ¿podemos ser civilizados? No quiero terminar cada conversación sintiéndome golpeada. No quiero estar siempre en guardia contigo.

Para su sorpresa, por primera vez desde que era capaz de recordar, Liam se quedó en silencio.

—Lo intentaré —contestó por fin—. Seguramente será lo mejor para todos.

Muchas personas huyen de las emociones, pero la inteligencia emocional ha pasado a ser la fuerza impulsora de los negocios en el siglo XXI y lo que distingue a los mejores en todos los campos.[8] También sabemos que las personas que se sienten seguras y cómodas expresando sus sentimientos suelen ser más productivas, innovadoras y creativas.[9] Las relaciones, centrándonos en las emociones, nos sirven como una forma de utilizar la voz. Es importante que observes y expreses tus emociones y las de los demás, porque las emociones son información. Si no prestamos atención a las emociones, nos perdemos datos. Además, las emociones que las personas pueden compartir y que sienten la necesidad de reprimir definen la cultura emocional de las empresas y las familias.[10] No cultivar activamente estas expectativas influye en la satisfacción, el agotamiento, el trabajo en equipo y el rendimiento de todos los implicados.

Isabel apenas recordaba un momento de su carrera profesional, de varias décadas, en el que la situación hubiera sido más estresante. Las ventas bajaban, la empresa gastaba dinero más rápido de lo previsto y sus competidores ya estaban despidiendo a empleados. Como una de las pocas directoras ejecutivas hispanas de una empresa multinacional, sentía la presión adicional de dirigir bien, no fuera que por su gestión las juntas directivas decidieran no contratar a personas como ella para puestos ejecutivos en el futuro.

Isabel sabía por experiencia que no decir nada a los empleados solo serviría para empeorar la situación, así que en la siguiente reunión respiró hondo y dijo: «Sabemos que hoy en día la situación es muy inestable. Seremos lo más sinceros posible respecto a cómo estamos y qué vamos a hacer. Y a pesar de todo, mantendremos los valores de la comunicación por encima de la eficiencia, y la humanidad por encima de la utilidad».

Isabel no podía controlar la economía, pero podía administrar su influencia diciendo cómo pensaba superar las dificultades. Explicitar la relación que aspiras a construir puede dar forma a la cultura emocional de una familia, un equipo y una comunidad. Como personas, inevitablemente tendremos nuestras opiniones y reacciones. Normalizar que tenemos y podemos expresar emociones fuertes envía el mensaje de que podemos ver las cosas de manera diferente, sortear la incertidumbre y seguir siendo humanos, juntos.

Proceso

Si la sustancia es el «qué» y la relación es el «quién», el proceso es el «cómo».

El proceso tiene que ver con cómo afrontamos el trabajo, el amor y la vida. El proceso es si la reunión tiene un orden del día; si se comunica y qué se comunica antes, durante y después de una reunión; si la comunicación se produce en tiempo real o de forma asincrónica, qué medio utilizamos y quién la inicia y decide. El proceso es lo que gestionan los mediadores, a los que contratan específicamente para ello, de modo que los participantes puedan centrarse en la sustancia y la relación. Cómo se hacen las cosas tiene un gran impacto en cómo se sienten las personas y en lo que se hace. El proceso es la palanca subestimada para la voz.

Para Leila y la empresa en la que trabajaba, tener a treinta y cinco personas en una llamada utilizando diferentes medios contribuía a silenciarlas porque hacía más difícil hablar. Es menos probable decir lo que se piensa en grupos grandes que en pequeños porque se percibe una mayor amenaza social. Nos preocupa la dinámica social y lo que pensarán otras personas, y nos dedicamos a evaluarnos a nosotros mismos en comparación con los demás.[11] Eso incentiva que las personas observen en lugar de participar y que busquen seguridad en el silencio en lugar de decir lo que piensan. Desde fuera parece obvio que una llamada con tanta gente no puede ser productiva, pero demasiadas empresas acaban organizando este tipo de llamadas.

Pero el proceso no es solo para el lugar de trabajo.

Mis seres queridos y yo intentamos solucionar la logística del fin de semana (sustancia) infinidad de veces. Nos enviamos mensajes con errores tipográficos intentando comunicarnos entre nosotros (proceso). La respuesta rara vez es seguir adelante, sino reconocer que todos estamos agotados (relación) y sugerir que lo consultemos con la almohada y retomemos la conversación por la mañana (proceso) o, si es urgente, levantar el teléfono para hablar directamente (proceso).

El proceso es la palanca que nos permite planificar el trabajo y la vida de maneras que apoyen mejor nuestra voz y las de los que nos rodean. El proceso nos permite reducir los prejuicios y al mismo tiempo minimizar el esfuerzo cognitivo y emocional de denunciar las cosas. El proceso es la estructura que puede hacer que a cada uno de nosotros le resulte más fácil o más difícil decir lo que piensa. El resultado es que el proceso ofrece una oportunidad clave para apoyar la voz. A continuación abordaré cinco formas en las que puedes utilizar el proceso para apoyar tu voz y la de los que te rodean.

Planifica deliberadamente

La mejor despedida de soltera de fin de semana a la que he asistido incluía tiempo de descanso obligatorio.

La organizadora sabía que a la novia y a todas las demás nos vendría bien una siesta o un par de horas de inactividad entre la caminata de la mañana y una cena elegante, así que la incluyó en los planes. Fue la mejor siesta que he dormido en mi vida. Todas estuvimos de acuerdo en que la intencionalidad de ese plan nos permitió estar en las mejores condiciones para celebrar.

El proceso consiste en planificar cómo hacemos las cosas para que nos alimente a cada uno de nosotros y nos permita mostrarnos como las versiones de nosotros mismos que queremos ser.

Es difícil moverse por el mundo cuando estás agotado. En lugar de hacer las cosas como suelen hacerse o hacer lo que crees que deberías hacer, piensa en lo que os apoya a cada uno de vosotros en la reunión, en una colaboración y, sí, incluso en un fin de semana de despedida de soltera.

Con demasiada frecuencia se deja al azar el desarrollo de las conversaciones y las interacciones. Reunimos a personas en una sala e improvisamos dando por sentado que haber reunido a las personas adecuadas lleva a soluciones. Las reuniones y encuentros no planificados deliberadamente priorizan a las personas que piensan con rapidez y las preferencias de las personas con más poder. La forma de estructurar las conversaciones afecta de un modo fundamental a qué voces se amplifican o silencian.

Cualquiera debería poder observar y comentar la infraestructura de una interacción. En el caso de Leila, es probable que, en el plano ejecutivo, Sharath no hubiera planificado deliberadamente la reunión y que se alegrara de que otra persona pensara en cómo conseguir que el tiempo fuera productivo. Si Leila no quiere comentar nada sobre la sustancia o la relación, puede preguntar si todos tienen acceso a las mismas notas o señalar que el grupo lleva dos horas sin tomarse un descanso y sugerir una pausa para mejorar la implicación.

Mejor aún, puede mantener una conversación a solas con Sharath para hacerle propuestas concretas sobre cómo el equipo podría trabajar mejor en conjunto. Podría ser algo así: «Sharath, las reuniones de treinta y cinco personas no son tan productivas como podrían serlo. Las personas hacen varias cosas a la vez y no se centran. Tener a tanta gente en una llamada también es un recurso pesado para la empresa y no favorece la conversación productiva que sé que quieres que mantengamos. Te propongo que reduzcamos la cantidad de personas de la llamada, nos aseguremos de que todos los asistentes tengan un propósito y una función claros, y yo administraré la comunicación de los temas que abordemos para garantizar que la información fluya a todo el equipo aunque liberemos a personas de las reuniones. ¿Qué te parece?».

El proceso de planificación es una forma concreta de que cada uno de nosotros utilice la voz para crear las condiciones que apoyen mejor tanto la nuestra como las de los demás.

NO DEJES LAS REUNIONES AL AZAR

Las preguntas sobre el proceso pueden parecer muy básicas. Sin embargo, son las que pasamos por alto una y otra vez, en especial cuando saltamos de una reunión o tarea a otra. Tanto para una reunión como para una cita o un encuentro comunitario, tomarnos antes tiempo para responder a cada una de estas preguntas nos permite decidir de forma consciente qué apoyará las voces de las personas en lugar de dejarlas al azar.

Al planificar el tiempo en común, considera estas preguntas:

- ¿Qué hay que preparar para aprovechar al máximo el tiempo y la energía?

- ¿Cuál es el orden del día o el objetivo del tiempo en común?
- ¿Cuánto es realista que dure? ¿Cuál es el momento óptimo del día?
- ¿Quién toma las decisiones? (Si son varias personas, ¿quién decide en caso de desacuerdo?)
- ¿Qué medio (teléfono, correo electrónico, vídeo, en persona, en directo, asíncrono) apoya mejor el propósito u objetivo?
- ¿Qué descansos se han previsto?
- ¿Cuáles son los siguientes pasos?

SUGIERE CAMBIOS EN EL PROCESO QUE APOYEN TU VOZ

En el capítulo 5 hemos hablado de que elegir medios que no aprovechen los puntos fuertes de las personas las coloca en desventaja en la relación y las inclina hacia el silencio. La otra cara de esta idea también es cierta: sugerir medios y procesos que aprovechen sus puntos fuertes es una forma de apoyar su voz en la medida de lo posible.

Muchos prefieren la comunicación en persona y en tiempo real. Y es cierto que tanto la investigación como la práctica muestran que la conversación en tiempo real reduce la probabilidad de confusión y puede ser más productiva. A pesar de los avances tecnológicos, los adultos y los niños todavía procesan información y aprenden de manera más eficaz a través de interacciones en vivo que de comunicaciones en vídeo. Los adultos en especial muestran menor fluidez emocional en la comunicación en vídeo que en la comunicación en vivo.[12]

Pero cada uno tiene un nivel diferente de comodidad al hablar frente a escribir, en tiempo real frente a la comunicación asincrónica. Las zonas horarias, la geografía, las circunstancias de la vida y nuestro esquema neurológico individual pueden hacer que las conversaciones en persona o en tiempo real sean costosas.

Así pues, al organizar una conversación o una reunión, ten en cuenta el medio. ¿Qué tipos de procesos aprovechan tus puntos fuertes y te facilitan utilizar tu voz?

Yo pienso mejor cuando tecleo. Dividir el texto en puntos me ayuda a organizar mis pensamientos. Pienso mejor cuando tengo tiempo para dar vueltas a los temas en lugar de pensar en el acto, así que suelo pedir preguntas e información por adelantado para tener tiempo de metabolizar la información y ofrecer mis mejores ideas. Aunque identificar preguntas y comunicarlas por adelantado puede requerir algo más de esfuerzo y de planificación, te permite captar más información de la que ofrecen las voces dominantes por sí solas. Como trabajo a distancia, me paso casi toda la vida en videollamadas, aunque suelo sugerir llamadas telefónicas en lugar de videollamadas cuando no necesitamos mirar un documento, porque así puedo salir mientras hablamos. El aire fresco, el cambio de escenario y el aumento del flujo sanguíneo me ayudan a centrarme.

¿Sabes qué medios, prácticas y ritmos apoyan mejor las voces de los que te rodean? Si no es así, hazles saber que te interesan sus preferencias para la próxima vez que os reunáis.

Explicita las normas implícitas

¿Se pueden compartir pensamientos por chat o mejor hacerlo de forma oral? ¿Tienes que levantar la mano virtual o física antes de hablar en una reunión? ¿Deberían hacerse preguntas en cualquier momento o esperar al final de la presentación? Casi todo el mundo quiere seguir las reglas, pero para ello es preciso saber cuáles son. Explicitar lo implícito ayuda a entender las expectativas respecto a la voz.

Charlene había aprendido a esperar hasta que la llamaran, porque si hablaba cuando no le correspondía, su último jefe le lanzaba una mirada que se le había quedado grabada a fuego en el cerebro. No quería ser brusca ni interrumpir. En su nuevo trabajo dio por sentado que el jefe invitaría a hacer preguntas y comentarios después de presentar el último plan, así que esperó su turno. Pero el jefe no dijo nada. Supuso que si alguien tenía algo que decir lo diría.

Su comunicación con la comunidad de propietarios también era frustrante. Cuando hubo que hacer obras de electricidad en la zona común, reunió y compartió propuestas de electricistas y pidió opiniones antes de que la junta contratara a alguno. Le preocupaba no contar con la aprobación de todos y que después los propietarios le montaran un follón. Hasta que un vecino le dijo que si no recibía respuesta de nadie significaba que todos estaban de acuerdo con lo que decidiera, no dejó de perseguir a sus vecinos y se decidió a contratar a un electricista.

Sin claridad no nos queda más remedio que intentar adivinar las reglas y seguir las normas a las que estamos acostumbrados. Explicitar las normas es una forma de utilizar el proceso para protegerse contra los patrones predeterminados que silencian desproporcionadamente a las personas que tienen menos poder en el sistema y para reducir las fricciones y la frustración.

CUENTA CON PREGUNTAS ESTÁNDAR

Sabemos por capítulos anteriores que es difícil oponerse a la autoridad. Al expresar oposición te arriesgas, sobre todo con alguien que tiene más poder que tú. Pero también sabemos que necesitamos perspectivas diferentes que nos ayuden a evitar errores caros y a ver el mundo con más claridad. El proceso puede ayudar a crear un espacio para la oposición (y reducir los riesgos personales de oponerse) invitando a opiniones disidentes. Tener preguntas estandarizadas que todos esperan invita y despersonaliza la oposición. Las preguntas complementarias te permiten evaluar un problema y resolver el sesgo de positividad.

Las preguntas complementarias incluyen:

- ¿Qué funciona? ¿Qué no funciona? (¿Y por qué?).
- ¿Cuáles son los pros de la idea? ¿Cuáles son los contras?
- ¿Cuáles son los aspectos positivos? ¿Cuáles son los negativos?

Por ejemplo, si no estás de acuerdo con tu jefe, puede que no sea aceptable decirle directamente que se equivoca. Puedes apoyarte en preguntas estandarizadas para mostrar en qué no estás de acuerdo y discutir por qué. Asimismo, en las relaciones personales, tener preguntas que ambos esperáis y a las que sabéis responder mantiene las opiniones centradas en evaluar el tema en cuestión, no en las preferencias ni en el carácter de uno de los dos.

Coger el tren en lugar del coche para ir a un sitio. Pintura de color azul grisáceo en lugar de azul aciano para la pared. Si eliminar un puesto en una empresa.

Todas estas situaciones, procesadas a través de un conjunto de preguntas estandarizadas, despersonalizan el análisis e invitan a la conversación. Sea cual sea el lenguaje concreto que se ajuste a tu contexto y cultura, el objetivo es contar con una serie de preguntas que consigan sacar tanto lo positivo como lo negativo, lo que funciona y lo que no. Las preguntas estandarizadas ayudan a sacar a la superficie la oposición, porque la incorporan a las preguntas a las que se somete el grupo en lugar de imponer la carga de plantear un problema a un solo individuo.

OCÚPATE DE QUE EL PROCESO SEA JUSTO

Para Danielle, la Navidad era la época más mágica del año. Tenía recuerdos muy bonitos de decorar la casa y el árbol con su familia. Su madre preparaba la mejor sidra de manzana especiada mientras sonaban villancicos y brillaban luces multicolores. La Navidad en la casa de su infancia era digna de salir en televisión, aunque mejor, porque era real.

Cuando su relación con Adam se formalizó, Danielle supo que tendría que hacer concesiones, pero no quería perderse la Navidad en casa de sus padres. Adam estuvo de acuerdo en que celebrarían el día de Acción de Gracias con su familia y la Navidad con la de ella. Al fin y al cabo, en su familia el día de Acción de Gracias era una tradición más importante que la Navidad.

Pero cuando llegó la Navidad, Adam insistió en que la pasaran con sus padres. «Mis padres son mayores que los tuyos. Nos quedan menos Navidades con ellos», argumentó. Además, sus sobrinas querían que el tío Adam les leyera *Un cuento de Navidad* la mañana del 25 de diciembre, como había hecho cada año.

«Podemos pasar la mañana de Navidad con las niñas y después ir en coche a tu casa a cenar», le propuso.

Danielle se enfureció. Pasar la mitad del día 25 metidos en el coche no era Navidad. Lo que le gustaba era despertarse en la casa de su infancia con el olor de las tostadas francesas de jengibre y el café fuerte de su abuela. Además, Adam le había prometido que celebrarían la Navidad con su familia a cambio del día de Acción de Gracias.

Adam se negaba a ceder. Pasaron semanas dando vueltas al tema.

Al final, un día antes, Adam aceptó. «Iremos a casa de tus padres a tiempo para la cena de Nochebuena», le dijo.

Danielle pasaría las fiestas en casa de sus padres, pero no estaba contenta con lo sucedido. ¿Por qué Adam la había hecho pasar por esa agonía? ¿Por qué había incumplido su palabra? ¿Por qué le había arruinado las fiestas con su tozudez?

Danielle permaneció callada durante el viaje. Se esforzaba por pasar de la amargura y la rabia a la alegría navideña. «Al final has conseguido lo que querías —se dijo a sí misma—. ¿Por qué sigues enfadada?».

Cómo tomamos las decisiones y pasamos por la vida es importante. La justicia procesal es más la equidad del proceso que el resultado. Es más probable que aceptemos los resultados si también creemos que el proceso es justo.[13] En el caso de Danielle, aunque el resultado era el que quería desde el principio, la falta de equidad en la forma en que habían llegado a la decisión erosionaba la confianza y la relación.

Las decisiones del proceso pueden apoyar el silencio o la voz. Toma las decisiones del proceso que apoyen mejor tu voz y presta atención a qué procesos apoyan la voz de las personas a las que afectas.

No existe una única manera de utilizar tu voz. Cada una de nuestras voces se percibirá y sonará diferente de las de los demás. La pregunta es: ¿dónde y cuándo quieres utilizar tu voz?

Cuando no consigo los resultados que quiero, dudo si estoy utilizando mi voz de manera eficaz. En esos momentos me recuerdo a mí misma (y te recuerdo a ti) que, por mucho que lo deseemos, la voz no es algo que se consigue de una vez y para siempre. Utilizar nuestra voz para influir en los demás y en el mundo que nos rodea es un proceso continuo. La sustancia, la relación y el proceso nos brindan palancas que podemos accionar cuando nos preguntemos cómo utilizar nuestra voz.

Como hemos aprendido el silencio, en muchos de nosotros los músculos de la voz están poco desarrollados. Cada vez que elegimos el silencio, reforzamos los hábitos reflejos que hemos generado para el silencio y perdemos la oportunidad de desarrollar el músculo de nuestra voz. Cada vez que elegimos la voz es una oportunidad para desarrollar los músculos que nos ayudan a expresar opiniones distintas, escuchar las diferencias y desafiar la injusticia. No tenemos garantías de que saldremos ilesos cuando utilicemos la voz, pero con ejercicio, descanso y alimentación, nuestros músculos de la voz se fortalecen.

Hoy en día me resulta mucho más fácil pedir a los taxistas que cambien la temperatura del coche. He renegociado límites con compañeros para no verme obligada a mantener la misma conversación una y otra vez. He aprendido que «no» puede ser una frase completa, porque el «no» es lo que me permite cuidarme. Utilizar mi voz no ha estado exento de obstáculos y mensajes urgentes a amigos que me recuerdan que no soy ridícula por defender lo que me importa.

Sin embargo, cada vez que digo lo que pienso, desaprendo conscientemente el silencio y aprendo a utilizar mi voz.

TE TOCA A TI

Identifica una situación en la que quieras utilizar tu voz. Por ejemplo, un proyecto grupal en el trabajo, una dinámica complicada entre miembros de tu familia o un tema social que te importe.

¿Qué opinas sobre la **sustancia**?

- ¿Qué aspectos de la sustancia son de tu ámbito?
- ¿Qué perspectiva aportas?

¿Cómo puedes atender a la **relación**?

- ¿Qué personas o grupos se ven afectados por esta situación?
- ¿Qué prejuicios podrían estar en juego?
- ¿Qué emociones sientes?
- ¿Cómo pueden sentirse otras personas?

¿Qué **proceso** apoyará mejor tu voz (y la de los demás)?

- ¿Cómo puedes planificar deliberadamente el proceso?

- ¿Qué decisiones del proceso apoyan mejor tu voz?

- ¿Qué normas implícitas debes explicitar?

- ¿Qué preguntas estandarizadas puedes hacer?

- ¿Qué debes hacer para que el proceso sea justo?

8

Cómo decir lo que piensas

En los primeros días de nuestra vida juntos, mi marido y yo mantuvimos una conversación que desde entonces llamo con cariño el Toiletgate. Fue un fin de semana típico en el que intentábamos ocuparnos de las cosas que no podemos llevar a cabo entre semana.

Al hacer balance de las tareas que nos quedaban pendientes, le comenté:

—Hoy deberíamos limpiar el baño sin falta.

—Pero si ya lo he limpiado —me contestó.

Estoy segura de que fruncí el ceño pensando en cómo estaba el baño. No quería ser pesada, pero para mí no estaba limpio.

—¿Y cómo es que hay manchas amarillas en la parte de fuera del váter? —pregunté, desconcertada.

—¿Para qué vas a limpiar el váter por fuera? Esa parte no se utiliza —me contestó con total naturalidad.

Me quedé estupefacta. Nunca se me había ocurrido no limpiar el váter por fuera. Había visto a mi madre limpiar la base y la taza, y yo misma había limpiado toda la vida el váter por dentro y por fuera. En la parte de fuera se acumulaba polvo y suciedad, sobre todo cuando la orina salpicaba o cuando el que lo utilizaba, y no voy a decir a quién me refiero, no apuntaba bien en plena noche.

Pero entendía por qué mi marido creía que la parte de fuera del váter no se utiliza. El objetivo de la base es sujetar la taza, que es donde nos sentamos. La mayoría de nosotros podemos pasarnos la vida sin tocar la base del váter.

Pero mi mente se adelantaba: si un día tenemos un niño gateando en la etapa en la que exploran el mundo y se llevan cosas a la boca, no puede estar expuesto a una base de váter cubierta de polvo y con manchas amarillas. Aunque quería contárselo a mi marido, me quedé sin palabras, incapaz de separar mi desconcierto de mi confusión y preocupación.

Desde hace mucho tiempo, tanto en el trabajo como en casa me piden que diga lo que pienso, pero sabemos que decir lo que pensamos no es tan fácil como accionar un interruptor o recitar un guion. Soy consciente, como hemos visto en el capítulo anterior, de que puedo apoyarme en la sustancia, la relación y el proceso para utilizar mi voz. Estas palancas me ayudan a planificar un camino para utilizar mi voz y me sirven como asideros. Pero hay ocasiones, como la del Toiletgate, en que abro la boca y no sale nada.

Quiero decir lo que creo que es correcto cuando hablo tanto de inequidad como de higiene. Quiero aportar mi perspectiva a lo que está sucediendo. Quiero comentar sobre la sustancia y no apoyarme solo en la relación o en el proceso. (¿Sabías que el asiento del váter está cubierto de unas cuarenta y cinco bacterias por centímetro cuadrado,[1] y que cada descarga de la cisterna produce miles de gotas de aerosol con bacterias y virus que pueden contaminar superficies hasta a casi dos metros de distancia?[2] Bien, aquí acaba la conversación sobre el váter, pero tenía razón en preocuparme).

En situaciones en las que te quedas boquiabierto, sin palabras o estupefacto, ¿qué dices y cómo llegas a un lugar donde puedas conseguir que salgan de tu boca palabras y significados?

En este capítulo te ofrezco cuatro anclas basadas en los obstáculos que he observado en mi vida cuando he dicho lo que pensaba y en los años que he pasado formando a otras personas al respecto.

Para poder decir lo que pensamos en momentos en los que no sabemos qué decir, debemos 1) empezar con por qué, 2) conectar los puntos, 3) dejar clara la pregunta y 4) aceptar la resistencia. Las cuatro anclas proporcionan un modelo con el que prepararte para decir lo que piensas y saber qué debes cubrir cuando abres la boca con el fin de que sea más probable que te escuchen y te entiendan. Como el ancla que se utiliza para evitar que el barco se aleje arrastrado por el viento o la corriente, cada una de estas anclas nos ayuda a mantener el rumbo en lo que queremos comunicar, aunque nos distraigan o cambien el tono, el tema o el contexto de la conversación.

Empieza preguntando por qué

El escritor Simon Sinek popularizó la idea de empezar con el porqué como principio fundamental. Para contar con el apoyo de tu equipo, motivar a los demás y conseguir casi cualquier cosa debes empezar con el porqué. Sinek menciona investigaciones que muestran que empezar con el porqué suscita la participación del cerebro, ya que remite no solo al neocórtex, sino también al sistema límbico.[3] El porqué proporciona un contexto emocional para la toma de decisiones.

Lo mismo sucede con entender por qué queremos utilizar nuestra voz. «Lo que hay para mí», concepto conocido desde hace mucho tiempo por el acrónimo inglés WIIFM (*What's in it for me*), captura la idea de que tiene que haber algo para que cada uno de nosotros preste atención. Tantas cosas claman por nuestra atención que necesitamos algún gancho para saber por qué deberíamos escuchar a una persona. ¿La sugerencia ayudará a que tengan mejor opinión de nosotros? ¿Nos permitirá colaborar de manera más eficaz? ¿Reducirá el dolor en adelante? Es más probable que las personas escuchen y respondan favorablemente si entienden por qué la idea que les cuentas es importante para ellas (o debería serlo).

Pero saber por qué no es solo para las personas a las que intentas llegar. Saber por qué decimos lo que pensamos es clave para todos nosotros. ¿Por qué asumiríamos los cálculos, los riesgos y las posibles consecuencias de decir lo que pensamos si no hubiera algo (un porqué) que nos importara más que el riesgo y la incomodidad?

Necesitamos algo a lo que anclarnos, que nos recuerde por qué nos decidimos a asumir los riesgos. ¿Qué es más importante para ti que la incomodidad, lo que hace que la energía y la inversión valgan la pena? Al margen de si expresas o no el porqué más importante (o qué porqué expresas), remitirte a una razón más importante te clarifica por qué prestar tu voz a ese contexto y esa situación. El porqué responde a la pregunta: «¿Vale la pena decir lo que pienso?».

Según el psicólogo Robert Kegan y la profesora de Harvard Lisa Lahey, para cambiar es necesario que algo te importe más que el comportamiento anterior.[4] Si vas a perder peso, debes tener una razón convincente. Tiene que preocuparte más tu salud o poder correr con tus nietos que seguir con los patrones que te han llevado a tu peso actual. Si el silencio es el viejo comportamiento, el hábito conocido, ¿qué es más importante para cada uno de nosotros y hace que valga la pena decir lo que pensamos?

La dignidad humana.

La justicia.

El sentimiento de pertenencia.

La oportunidad de conseguir un ascenso.

Saber que lo intentamos.

El amor, a uno mismo o a otras personas.

Nicola llevaba años soportando dolores neuropáticos. Algunos días, el dolor le bajaba por la espalda, como si la estuvieran apuñalando. Otros días le dolían tanto las manos que no podía sujetar la taza de café. Nicola tenía días buenos en que el dolor parecía manejable, pero de repente una sensación de ardor le recorría las piernas como un reguero de pólvora. En esos momentos lo único que podía hacer era agarrar la almohada, hacerse un ovillo y esperar a que el dolor pasara.

Había ido a diferentes médicos, pero ninguno tenía respuestas. Probó con hielo, calor, cremas, dietas, pastillas e incluso acupuntura, pero nada funcionó.

Aparte del dolor físico, lo más desgarrador para Nicola era lo poco que los que la rodeaban empatizaban con lo que le pasaba. Al principio sus familiares y amigos la miraban con preocupación, y después con lástima. Empezaron a preguntarle si se inventaba el dolor. «No parece que tengas nada y no sangras. ¿De verdad no puedes sujetar una taza?». Cuando hizo una mueca en la mesa, su marido le lanzó una mirada que venía a decir que no debería ser tan dramática.

En los peores días, Nicola no podía levantarse de la cama. Tenía dos hijos, uno de seis años y otro de ocho, muy activos. ¿Quién iba a cuidar de ellos?

La suegra de Nicola, Isis, se ofreció a echar una mano. Con Nicola de baja médica no remunerada, su marido era el que mantenía a la familia. Y a Isis no le gustaba ver a la familia pasando tantas estrecheces.

Tener a Isis en casa era un salvavidas. En general era estupenda con los niños y se ocupaba de las comidas, de limpiar y de llevar y traer a los niños de la escuela.

Pero a Nicola le dolían los comentarios que oía a través de las paredes.

«Tu mujer es una inútil. En mi época, si estábamos enfermas, seguíamos adelante».

«Se puso enferma al hacerse vegana. Lo que le pasa es que no come suficientes proteínas».

«¿Por qué no te casaste con una mujer más fuerte? Te advertimos que te daría problemas».

Al principio Nicola intentó pasar por alto los comentarios hirientes. Al fin y al cabo, Isis estaba ayudándolos. Se dijo a sí misma que podía comportarse como una adulta y lo dejó correr. No tenía que caerle bien a su suegra. Ni siquiera le sorprendía que su marido no dijera nada. Llevaban suficiente tiempo casados para saber que era poco probable que la defendiera. Su marido nunca había sido capaz de replicar a su madre, y sin duda no iba a resolver cuatro décadas de trauma infantil antes de la cena.

Pero cuanto más lo pensaba Nicola, más creía que debía decir algo. Si su marido no lo hacía, tendría que hacerlo ella. Aunque apenas podía levantarse de la cama, merecía que la trataran como a un ser humano, y más en su casa. Si ella oía los desprecios de su suegra, sus hijos también podrían oírlos. ¿Qué pensarían de su madre? La dignidad, el respeto y cómo quería que sus hijos trataran a los demás eran motivos suficientes para que Nicola dijera lo que pensaba.

Como en el caso de Nicola, es útil identificar el porqué más importante antes de decir lo que piensas o actuar. Puede que sepas intuitivamente cuál es, pero nombrar tu porqué (y decidir si compartirlo con la otra persona) te ayuda a orientarte, incluso cuando tienes serias dudas.

Conecta los puntos

En función de nuestras experiencias, nuestra situación y nuestro punto de vista, cada uno de nosotros accede a información diferente y procesa los datos de manera distinta, pero hasta momentos como el del Toiletgate no recordamos en qué medida cada uno piensa de forma diferente.

Khajeer, originario de Omán, llevaba años trabajando en el sector de la importación y la exportación. Al contratarlo, sus jefes australianos le habían prometido que si dedicaba horas y demostraba su valía lo harían socio de la empresa. Constantemente le decían cosas como: «Khajeer, no podríamos hacer todo esto sin ti». Pero los años pasaban y sus jefes no lo habían hecho socio. Khajeer se preguntaba si eso sucedería algún día.

Cada vez que preguntaba cuándo lo harían socio había una razón para retrasarlo: problemas de salud de un familiar, un cliente exigente o algo que requería prioridad. Khajeer quería creer en las personas con las que trabajaba, pero cada día le resultaba más difícil confiar en que las cosas cambiaran.

Como quería confiar en la buena voluntad de los socios, Khajeer decidió conectar los puntos y les dijo: «Llevo nueve años trabajando aquí. Me dijisteis que a los seis años me haríais socio. Sé que están pasando muchas cosas, pero también sé que siempre pasa algo. Cada vez que decís que pronto me haréis socio y después no lo hacéis, confío menos en que cumpliréis vuestra palabra. Me da la sensación de que mis opciones son aceptar las cosas como son o marcharme. En este país, si eres inmigrante, como yo, y no tienes papeles, te pueden echar. Me pasa lo mismo en esta empresa. Si no soy socio oficialmente (incluso aunque lo fuera), podéis echarme. No puedo seguir asumiendo ese riesgo».

La mayoría de las veces, las personas reaccionan de forma similar a la mía cuando mi marido me explicó por qué no era necesario limpiar todo el váter, algo así como «Oh, nunca lo había pensado de esta manera». Conectar los puntos puede ser una oportunidad para que las personas, como los jefes de Khajeer, entiendan el impacto de sus decisiones y su conducta. Es una oportunidad para que entiendan las consecuencias no deseadas de sus actos. A la mayoría de las personas bien intencionadas no les gusta que no las consideren las personas bien intencionadas que todos creemos ser.

Conectar los puntos es una oportunidad para ayudar a otras personas a ver lo que de otro modo no verían y contarles las conexiones lógicas que ves desde tu perspectiva. Es una forma de mostrarle a otra persona que hay diferentes maneras de pensar sobre la situación y permitirle entender lo que quieres decir.

Deja clara la pregunta

Cabría esperar que, después de conectar los puntos, las personas pudieran seguir el hilo conductor y supieran qué hacer de manera diferente en el futuro, pero la experiencia me ha mostrado que dejar la pregunta al azar lleva a la falta de comunicación y a la frustración. Como sucede con el amigo que ofrece soluciones cuando la otra persona solo quiere que la escuche, o con el jefe que no dirige bien a los miembros del equipo en un proyecto porque no quiere darles órdenes para todo, es muy difícil intuir lo que otros nos piden. Dejar claro lo que pedimos permite que los demás decidan con conocimiento de causa si aceptan o rechazan nuestras solicitudes.

En el Toiletgate debería haber explicitado mi pregunta: «¿Podemos llegar al acuerdo de que en adelante limpiar el váter significará limpiarlo tanto por dentro como por fuera?». Tener que explicitarlo puede parecer humillante u obvio, pero no haber explicitado la norma es lo que nos lleva a los Toiletgates.

Y no soy la única que puede beneficiarse de la claridad.

Catalina no sabía lo que hacer. El grupo comunitario que había fundado estaba fragmentándose. En lugar de trabajar juntos, los miembros se peleaban entre sí. Nadie se ponía de acuerdo sobre qué temas abordar y cómo hacer correr la voz en la comunidad.

Sus amigos le sugirieron que hablara con Gerrit, que era un organizador comunitario experimentado y bien considerado que había sorteado muchas de las desagradables dinámicas a las que se enfrentaba ella.

Después de semanas intentando comunicarse con él, por fin le contestó al teléfono y pudo contarle su situación.

—¿Qué harías? —le preguntó.

Para su consternación, Gerrit le contestó:

—Confía en ti misma. Sabrás qué hacer.

¿En serio? ¿Eso era todo? Había postergado la decisión con la esperanza de que Gerrit le comentara algo útil y le ofreciera estrategias tácticas sobre lo que hacer. Aunque le agradecía su empatía, sintió que había vuelto al punto de partida.

Gerrit se dio cuenta de que se había quedado en silencio.

—¿Qué sucede?

—En realidad, estaba pidiéndote un consejo.

—¿Las mujeres no queréis solo que os escuchen?

—Bueno, sí. A veces. Pero hoy quiero y necesito consejos tácticos. ¿Qué harías si estuvieras en mi lugar? Has dirigido organizaciones. Has tenido que dejar que la gente se marchara. Has analizado los riesgos. No te pido que me digas qué hacer, sino que me cuentes qué harías.

El desajuste entre lo que queremos de los demás y lo que los demás creen que queremos de ellos es muy frecuente. Ser claros respecto a lo que buscamos de la otra persona nos permite darle un papel claro que desempeñar. Aunque pedir lo que queremos puede ser difícil, la claridad ayuda a que los esfuerzos bien intencionados no fallen el blanco.

Así pues, antes de hacer la siguiente pregunta, considera estas: ¿quieres que alguien te escuche?, ¿que te diga lo que piensa?, ¿que te deje desahogarte pero no que te solucione el problema?, ¿que te ofrezca soluciones al problema? Ser explícito sobre lo que buscas de la otra persona le permite tomar una decisión informada sobre si puede desempeñar ese papel. La mayoría de las veces las personas quieren ser útiles pero no saben cómo mostrarse en ese momento. Darles un papel concreto las ayuda a saber qué te será útil.

Acepta la resistencia

Empezar con el porqué, conectar los puntos y hacer preguntas claras ayuda a gestionar la resistencia que inevitablemente encontramos cuando utilizamos nuestra voz. Por más que digas lo que piensas, otros pueden reaccionar (y reaccionarán) a su manera.

Sin embargo, sus reacciones no tienen por qué negar tu voz. En lugar de ver la resistencia de los demás como una razón para guardar silencio, debes saber que la resistencia es una parte normal del proceso y aceptarla.

Vitali era miembro del equipo de informes y análisis de una empresa de inversión. Como sabía que el director de datos y otros compañeros tenían mucha más experiencia que él, Vitali dudaba si contar su visión de cómo la empresa podría optimizar sus procesos, pero también le habían dicho que para ascender en la empresa tendría que diferenciarse de todas las demás abejas obreras.

Así que en la siguiente reunión del equipo, cuando los directores preguntaron si alguien tenía algo que añadir, Vitali hizo su sugerencia.

—Si utilizamos esta plataforma para pasar de los datos sin procesar a la visualización en minutos, sería una gran mejora para nuestros clientes.

De inmediato llegaron críticas de varias personas.

—No va a funcionar.

—No es tan fácil.

—¿Qué pasa con la seguridad de los datos?

Vitali se quedó desencajado. ¿Qué había pasado con el «Estamos abiertos a todas las sugerencias para mejorar los procesos»? ¿O con que recompensarían las ideas novedosas? Al parecer eran mentiras de la empresa. Vitali volvió a su mesa desanimado.

Muy a menudo nos enfadamos por las críticas. Las opiniones sobre nosotros o nuestro trabajo pueden parecernos muy personales y tremendamente desmotivadoras. Nos sentimos amenazados cuando nos encontramos con resistencia en lugar de receptividad, pero la resistencia es una parte natural y útil cuando expresamos ideas y nos relacionamos con los demás.

Las críticas son una forma de compromiso, aunque no sea como preferiríamos que se relacionaran con nosotros. La resistencia contiene información que puede ser útil para llegar a un mejor resultado. En concreto, plantear problemas es una de las formas de generar ideas en un equipo. Dado que en la actualidad el 80 por ciento de nuestro trabajo se lleva a cabo en el contexto de equipos o grupos de personas, es especialmente importante decir lo que pensamos y presentar problemas al grupo.[5] Por desalentador que resulte que te señalen un punto débil de tu idea o cuestionen tu juicio, esa resistencia crea la oportunidad de que otras personas se involucren más y propongan diferentes soluciones para mantener viva la idea.

A medida que avanzaba el día, cuanto más pensaba Vitali en la conversación, más motivado se sentía. En la siguiente reunión con su jefe le preguntó: «Si pudiéramos solucionar el problema de la seguridad de los datos, ¿a la empresa le interesaría?». Por supuesto. El resultado final sería estupendo, pero de momento nadie sabía cómo llegar ahí.

Saber que la resistencia es una parte natural de la voz nos ayuda a que no nos afecte tanto. En lugar de quedarnos atrapados en la frustración al sentirnos criticados o rechazados, podemos aceptar la resistencia admitiendo que, por frustrante que resulte, es parte del proceso.

Vale la pena señalar que tener un sólido plan alternativo es el factor que permite que nos resulte mucho más fácil capear la resistencia. BATNA (siglas de *best alternative to a negotiated agreement*, la «mejor alternativa a un acuerdo negociado») es el término que suele utilizarse para definir lo que harás si la otra persona no acepta algo que para ti funciona. Un error frecuente en las negociaciones es dar por sentado que no tienes alternativas, lo cual no es cierto. Es posible que nuestras alternativas no sean maravillosas, pero recordar que tienes una BATNA y trabajar activamente para mejorar la que parece la mejor de esas alternativas te ofrece ventajas, incluso si al final no eliges la alternativa.

Nicola, que sufre dolores neuropáticos, podría sentir que aceptar la ayuda de Isis (junto con la generosa dosis de opiniones de su suegra) es su única opción. Al fin y al cabo, ahora en su familia solo entra un sueldo y sería complicado buscar ayuda remunerada. Pero si Nicola puede recurrir a otro familiar o a amigos que le echen una mano, se sentirá mucho menos en deuda con su suegra.

Si Isis puede cambiar su actitud después de escuchar la perspectiva de Nicola y entender lo que le pide, podría ser un buen resultado para ella seguir ayudando en el día a día, pero si Isis no puede o no quiere dejar de hacer comentarios hirientes, Nicola tiene otras formas de cubrir el cuidado diario de los niños y las tareas domésticas con menos dolor emocional y relacional.

Decir lo que pensamos siempre tiene lugar a la sombra de nuestras alternativas: cuanto más fuerte sea nuestra BATNA, menos tendremos que preocuparnos por la voluntad de la otra persona de escuchar o acatar nuestras indicaciones. Al fin y al cabo, sabes que podrás hacer algo incluso si tu suegra te abandona.

Utilizar tu voz puede parecerse a dar dos pasos hacia delante, uno hacia atrás, otro hacia un lado y vuelta a empezar, pero entender que la resistencia es parte del proceso, que contiene información valiosa que podría esclarecer tus siguientes pasos, que tienes alternativa y puedes mejorarla te ayuda a no perder el equilibrio.

A muchos de nosotros nos gustaría que decir lo que pensamos y utilizar nuestra voz fuera algo que se consigue de una vez y para siempre. Sin duda la vida sería mucho menos agotadora si este fuera el caso. Por desgracia, rara vez es así. La voz es un proceso colectivo e interactivo, no un evento único entre dos personas que están cada una en su burbuja.[6]

Empezar por el porqué, conectar los puntos, hacer preguntas claras y aceptar la resistencia te proporciona cuatro anclas a las que recurrir y en las que confiar cuando te enfrentas a opiniones y críticas (y a la vida en general). Utilizar estas cuatro anclas con el fin de prepararte para cuando quieras decir lo que piensas te ayudará a poder ser más productivo. Tener estas anclas en mente durante una conversación te permitirá contar con una idea firme a la que agarrarte cuando quieras abordar la sustancia. Espero que con estas anclas digas lo que piensas para que todos podamos beneficiarnos de tus ideas, tus conocimientos y tu inspiración.

Decir lo que pensamos no es un acto en solitario. Por eso en el siguiente capítulo veremos cómo dejar de silenciarnos unos a otros y apoyar las voces de los demás para que ninguno de nosotros tenga que hacerlo solo.

TE TOCA A TI

¿Cuál de estas cuatro anclas sueles utilizar de forma intuitiva?

¿Cuál de estas anclas podrías incorporar a tu caja de herramientas la próxima vez que quieras decir lo que piensas?

¿En qué situación quieres decir lo que piensas?

1. Empieza preguntando por qué

   ¿Por qué quieres decir lo que piensas?

   «Por seguridad».

2. Conecta los puntos

   ¿Cuál es tu proceso de pensamiento?

   «Desde mi punto de vista... Me preocupa que...».

3. Deja clara la pregunta

   ¿Qué pides a la(s) otra(s) persona(s)?

   «Quiero que tomemos una decisión juntos».

4. Acepta la resistencia

   Recuerda que la resistencia es normal. Haz preguntas para entender por qué dudan, se oponen o qué les preocupa.

   «¿Qué preocupaciones...?».

9

Deja de silenciar a los demás

Al volver a la furgoneta, Scarlett estaba furiosa. Cuando todos los demás hubieron subido y cerraron las puertas, respiró hondo y les dijo a sus amigos:

—Tenéis suerte de que la gente que estaba en el restaurante sea más educada que vosotros. Todo el mundo os ha oído burlaros de los sureños, de la caza y de los paletos. De ellos y de mí.

Scarlett es una mujer blanca que se crio en la zona rural de Virginia Occidental y más tarde se instaló en Nueva York para perseguir sus sueños.

—Los estereotipos van en ambos sentidos —siguió diciéndoles—. Habéis sido muy maleducados. Tenéis suerte de que se hayan apiadado de vosotros.

En la furgoneta reinó el silencio durante un largo rato hasta que su amigo Rick tomó la palabra.

—Lo siento mucho. Sé lo mal que lo paso cuando la gente hace suposiciones sobre mí solo porque soy mulato. Tienes razón. Debería haberlo pensado.

—La próxima vez, piénsalo —contestó Scarlett—, porque cuando los conviertes en estereotipos, eres tan malo como los que te convierten a ti en un estereotipo. Ten un poco de respeto.

Silenciamos a los demás. Yo lo hago y tú también.

Lo cierto es que la mayoría de las veces que silenciamos a personas lo hacemos sin querer. Normalmente nos consideramos empáticos y comprensivos. Queremos que los que nos rodean se sientan vistos, conocidos y escuchados. Queremos crear culturas en las que su humanidad (y la nuestra) brille. Queremos que progresen, pero a menudo no causamos el efecto que pretendemos.

Este capítulo trata de cómo hacer realidad nuestras buenas intenciones. Aprenderás a ser consciente de cómo te muestras para reducir los daños colaterales.

Podemos dejar de silenciar a los demás escuchando las diferencias, aclarando ideas preconcebidas, centrándonos en los intereses de los demás (en lugar de en los nuestros), normalizando las diferencias y haciendo que las reglas sean discutibles. Adoptar todos los comportamientos de este capítulo hará que te resulte más fácil mostrarte como la persona empática y comprensiva que quieres ser, y que los que te rodean elijan la voz en lugar del silencio.

Escucha sobre todo las diferencias

A Amara, que nació en República Dominicana, le costaba recordar un momento en el que hubiera estado de acuerdo con su jefa, Maggie, criada y afincada en un rico barrio residencial blanco. Cada vez que Amara hacía una pregunta, Maggie le contestaba: «No quiero decirte lo que debes hacer, pero cuando yo estaba en tu puesto...».

Pasaron los meses y cada sugerencia que hacía Amara recibía la misma respuesta. Aunque le habían prometido que tendría autonomía en su trabajo, esperaban que fuera una mini-Maggie que hiciera lo mismo que ella y exactamente de la misma manera.

El problema era que la manera de hacer las cosas de Maggie no funcionaba. Gran parte del trabajo de Amara consistía en recaudar fondos, pero las estrategias que aprobaba Maggie no animaban a hacer donaciones. Amara sintió que debía decir algo.

—Maggie, todavía no hemos alcanzado nuestro objetivo en la recaudación de fondos. Necesitamos un enfoque diferente.

Amara se sintió esperanzada al ver que Maggie no le contestaba de inmediato, pero enseguida le dijo:

—Amara, valoro tu entusiasmo por intentar algo nuevo, pero si no consigues resultados es porque no sigues el plan.

Amara se sintió derrotada. Unos días después recibió un correo electrónico de recursos humanos. Maggie decía que Amara estaba creando un ambiente de trabajo tóxico y que debía esforzarse por colaborar. Amara se sentía estancada. La estrategia de Maggie no funcionaba, pero no le permitían intentar algo diferente. Sin duda estaba condenada tanto si decía lo que pensaba como si se callaba.

¿Qué hacer?

La mayoría de nosotros sabemos lo que es decir algo, que no escuchen el mensaje y que nos digan que estamos equivocados o fuera de lugar. Que no nos escuchen nos aboca al silencio.

También somos culpables de no escuchar a los demás, sobre todo cuando no estamos de acuerdo con lo que dicen o no se comunican con nosotros como nos gusta.

En lugar de escuchar, completamos sus frases por ellos.

Suponemos, refutamos, desconectamos y proyectamos.

Silenciamos, incluso cuando fingimos escuchar. El resultado es que perdemos la información y la perspectiva que nos ofrecen para resolver problemas y con ello negamos la dignidad de los demás.

«Escuchar» es un consejo tan frecuente que casi no lo oímos. El 96 por ciento de las personas se autocalifican como buenos oyentes.[1] Pero momentos después de haber escuchado una presentación de diez minutos, la mitad de los adultos no pueden describir su contenido. Cuarenta y ocho horas después, el 75 por ciento de los oyentes no recuerda el tema de la presentación.[2]

Los jefes como Maggie suelen pasar por alto o rechazar lo que les dicen si se sienten amenazados, tienen creencias negativas implícitas y prejuicios sobre las personas con puestos inferiores, sobrevaloran su propia capacidad o todo lo anterior.[3] Cuando respondemos a opiniones que nos ofrecen resistencia o nos refutan, por el motivo que sea, los demás llegan a la conclusión, con razón, de que no vale la pena correr el riesgo de decir lo que piensan.[4] Pero ignorar o rechazar lo que dicen los demás no favorece. Es necesario escuchar para resolver problemas, trabajar juntos y coexistir sin molestarnos constantemente unos a otros.[5] Silenciar a los demás se interpone en el camino de lo que la mayoría de nosotros queremos.

Las investigaciones también dejan claro que es más probable que las personas expresen sus preocupaciones y se sientan seguras psicológicamente cuando consideran que sus superiores son accesibles, receptivos, empoderadores e inclusivos.[6] ¿Puede Maggie mantener su opinión y esforzarse por entender cómo se ven las cosas desde la perspectiva de Amara? Al fin y al cabo, las alertas no siempre llegan con letreros de neón parpadeantes y alarmas ensordecedoras. Si Maggie sigue cerrada a las observaciones de Amara sobre lo que no funciona, el equipo no alcanzará su objetivo en la recaudación de fondos. Si escucha lo que dice Amara, el equipo podría cambiar de estrategia y al menos tener una oportunidad.

Si no creamos espacios en los que las personas confíen en que sus aportaciones se valoran, las empujaremos al silencio en lugar de a la voz. Ser capaz de escuchar, en especial las diferencias, es el primer paso para crear y mantener un espacio en el que la voz sea bien recibida. Las alertas suelen presentarse en conversaciones incómodas en las que nos dicen lo que no queremos escuchar. Nuestras respuestas en ese momento determinan si recibimos (o perdemos) esa información.

Así pues, ¿en qué consiste escuchar y oír las diferencias?

Escuchar significa esforzarse por entender lo que la otra persona intenta comunicar, que puede reflejarse o no en las palabras a las que recurre en un principio. Mientras escuchas, pregúntate: «¿Qué es lo más importante que intenta transmitirme? ¿Qué está diciendo o preguntando realmente?».

Comprueba tu motivación y tu objetivo en ese momento. ¿Estás escuchando solo para confirmar tu visión del mundo o escuchas la intención y el sentido de lo que la otra persona intenta expresar? Escuchar, no para rebatir o defenderte, sino para entender y que la otra persona se sienta escuchada es lo que apoya la voz.

La preocupación de Amara de no alcanzar los objetivos del departamento con los recursos actuales debe abordarse con preguntas y curiosidad. ¿Qué sucede si Maggie silencia a Amara? Amara recibe ese correo electrónico, se calla para no seguir creando un ambiente «tóxico», no alcanza sus objetivos y se quema porque no tenía los recursos para hacer su trabajo. La empresa sigue perdiendo.

Para cultivar la voz en lugar del silencio, Maggie le pediría a Amara que le contara su preocupación en lugar de decirle que haga su trabajo. Si Maggie la escuchara, reconocería que, desde la perspectiva de Amara, repetir planes pasados no funciona. Maggie se esforzaría por entender por qué Amara lo ve de manera diferente a ella. Podría preguntarle: «¿Qué crees que ha cambiado desde el año pasado? ¿Qué necesitas de mí?». Esforzarse por entender las preocupaciones de Amara no significa que Maggie tenga que estar de acuerdo con ellas, pero silenciar a Amara no hace que el problema desaparezca. El silencio solo agrava el problema y a menudo empeora las cosas.

Elimina las ideas preconcebidas

Además de escuchar lo que las personas tienen que decirnos, podemos apoyar la voz eliminando nuestras ideas preconcebidas sobre ellas.

Si los amigos de Scarlett fueran sinceros, admitirían que se habían burlado de los lugareños que estaban en el restaurante porque se sentían muy incómodos a miles de kilómetros de los oasis urbanos en los que viven. Los amigos de Scarlett eran conscientes de que sus vaqueros de marca y sus zapatillas blancas destacaban entre la ropa de camuflaje de los clientes. No se sintieron cómodos cuando todas las miradas se dirigieron a ellos al entrar, aunque eran ellos los que entraban en el territorio de otras personas. Dieron por sentado que estaban burlándose de ellos por ser pijos de la costa, aunque no intercambiaron una palabra con nadie aparte de con el camarero, que había sido muy respetuoso y amable con ellos.

Para los amigos de Scarlett era más fácil criticar a personas a las que no conocían (y que daban por sentado que no votaban como ellos) que sentir curiosidad por saber cómo era la vida en un lugar muy diferente del suyo.

—Mira, crecí en un doble ancho —siguió diciendo Scarlett en la furgoneta—. Mis vecinos nunca habían salido del estado y mucho menos del país, pero eran personas amables que siempre echaban una mano.

Tras una larga pausa, Rick le preguntó:

—¿Qué es un doble ancho?

—Un doble ancho es una casa móvil. Un tráiler —contestó Scarlett—. Para mí era simplemente mi casa. Era lo que mis padres podían permitirse. Y se aseguraron de que a mis hermanos y a mí no nos faltara nada.

Se hizo el silencio en la furgoneta mientras los amigos de Scarlett la veían a ella (y las comunidades por las que pasaban) bajo una nueva luz. Seguía siendo la Scarlett a la que conocían y querían. La Scarlett que pedía una botella entera cuando iban a las discotecas y que podía sacarlos de cualquier situación complicada. La misma Scarlett que debatía las ventajas de las acciones en paquetes de compensación y no se tragaba la mierda de nadie, una habilidad de supervivencia que había aprendido al ser la primera de su familia que había ido a la universidad.

Scarlett había dejado claro lo que pensaba. Sus amigos se dieron cuenta de que el hecho de que una persona fuera de campo no la convertía en atrasada. Mientras pasaban por granjas de caballos y pastizales, ella siguió contándoles que la caza era una forma de que los padres y los hijos se relacionaran y pasaran tiempo de calidad realizando una actividad juntos, del mismo modo que la familia de Rick hacía rompecabezas en la mesa del comedor. La conversación les recordó a los amigos de Scarlett que todos eran personas. Los tipos que comían patatas salteadas con cebolla y cubiertas de queso solo eran padres que intentaban sacar adelante a sus hijos.

Todos hacemos suposiciones sobre las personas basándonos en lo que creemos saber de ellas. Tenemos ideas preconcebidas basadas en el color de su piel, la escuela a la que fueron o el dinero que creemos que tienen.

Apoyar la voz de las personas empieza por verlas como individuos únicos, no como estereotipos, prejuicios e impresiones sobre sus identidades. Descubre quiénes son y apoya su voz eliminando, en lugar de reforzando, las ideas preconcebidas que otros puedan tener de ellas.

Céntrate en sus intereses y su voluntad

Erik, que llevaba dos años en un estudio de arquitectura, ahora era uno de los veteranos. Había visto a gente llegar y marcharse. Había visto los dobles raseros a los que se enfrentaban los compañeros que no eran como los jefes blancos y quería cambiarlos. Cuando el último empleado de color presentó su renuncia, Erik prometió que no permitiría que volviera a suceder. En adelante no guardaría silencio ante la injusticia.

Cuando un nuevo empleado entró en el equipo, Erik observó que asumía más trabajo que cualquier otra persona. Intervino. Le preocupaba que, como los anteriores, el nuevo empleado se enfrentara a los obstáculos de la inequidad del sistema. Preocupado por si trataban al nuevo miembro del equipo de manera justa, Erik escribió a la jefa del equipo pidiéndole que le redujera la cantidad de trabajo porque estaba recibiendo más tareas y deberes de los que le correspondían.

Erik estaba orgulloso de haber hecho sonar la alarma.

Clara, la jefa del equipo, se quedó confundida. Se reunía con el nuevo empleado todas las semanas y había controlado la cantidad de trabajo que le asignaba para evitar la situación que preocupaba a Erik. Había creado deliberadamente una relación abierta y de confianza con el nuevo miembro del equipo. El día anterior él le había dicho que se sentía cómodo con la cantidad de trabajo y que le entusiasmaba tener una gama de experiencias diferentes. Así que, ¿de dónde venía la información de Erik?

Clara agradeció a Erik su interés y le prometió analizar la situación.

Cuando se dirigió al nuevo empleado y le dijo que algún compañero estaba preocupado por la cantidad de trabajo que le asignaban, el nuevo empleado se quedó tan confundido como ella. «Ayer hablamos de la cantidad de trabajo —dijo—. Estuve de acuerdo en que me iba bien y agradecí dedicarme a diferentes proyectos. ¿Por qué volvemos a hablar de este tema?».

Cuando nos esforzamos en utilizar nuestra voz para defender cosas en las que creemos, es probable que nos equivoquemos. Una forma clave de apoyar las voces de los demás es centrarnos en sus necesidades, sus deseos, sus metas y sus perspectivas, no en las nuestras.

Erik podría haberle preguntado al nuevo empleado qué pensaba sobre la cantidad de trabajo antes de dirigirse a la jefa del equipo. «Veo que tu calendario está lleno. Para mí, ese programa sería demasiado. ¿Cómo llevas la cantidad de trabajo?». O si le hubiera dicho: «Sé que es difícil ser nuevo y quiero hacer lo posible por ayudarte. Quisiera plantearle el tema a Clara para que no tengas que hacerlo tú. ¿Te parece bien?», el nuevo empleado podría haber redirigido sus buenas intenciones.

Antes de actuar en nombre de una persona o una causa, asegúrate de que tu información es correcta. Lo que a nosotros nos molesta puede estar bien (o que no valga la pena plantearlo) para otra persona en una situación diferente. No des por sentado que sabes qué sería más conveniente para la otra persona. Pregúntale qué le ayudaría a avanzar. ¿Esta persona quiere que intervengas? ¿Cómo puedes apoyarla mejor? Hablar en su nombre sin habérselo consultado probablemente le genere más dificultades, a pesar de tus buenas intenciones.

Cada uno progresa en circunstancias diferentes. ¿Qué necesitan las personas que te rodean? ¿Qué condiciones apoyan mejor las voces de los que te rodean? ¿En qué punto del proceso de cultivar y utilizar su voz se encuentran? ¿Necesitan tu atención? ¿Necesitan un empujón que les confirme que lo que tienen que decir vale la pena? En caso de duda, transmíteles tu intención de apoyarlos. Puedes preguntarles cuál es la mejor manera de ayudarlos o contarles lo que quieres hacer para que tengan la oportunidad de decirte si quieren que apoyes su voz.

En resumen, apoyar a una persona significa dejar que sus necesidades y preferencias impulsen tu intervención, no actuar en función de tus necesidades y preferencias.

CÓMO OCUPARTE DE TI MISMO

¿Has escuchado la frase «Ocúpate de ti mismo», pero no sabes lo que significa? Ocuparte de ti mismo significa desarrollar consciencia de cómo tus experiencias vitales determinan tus sesgos, prejuicios, sobreentendidos y acciones, y descubrir cómo quieres que esas experiencias determinen tu vida en el futuro.

Para la mayoría de nosotros, ocuparnos de nosotros mismos incluye ser conscientes de los diferentes tipos de traumas físicos o emocionales que hemos experimentado y encontrar formas de sanarnos para no infligir el mismo dolor a las personas que nos rodean. Nuestra labor implica educarnos sobre las cosas que no estaban incluidas en el plan de estudios de las escuelas a las que asistimos ni en las conversaciones en nuestras mesas. Incluye procesar nuestras reacciones defensivas y nuestros enfados por nuestra cuenta, no con las personas a las que afectan nuestras acciones. Significa asumir la incomodidad de saber que hemos sido cómplices y luchar contra las formas en las que hemos contribuido. Ocuparnos de nosotros mismos significa salir del torbellino de la culpabilidad y la vergüenza para emprender acciones constructivas que se centren en las necesidades de las personas a las que tradicionalmente hemos marginado. A veces significa ocuparte de la labor que te corresponde y dejar que los demás hagan la suya.

Si no nos ocupamos de nosotros mismos es difícil que nos centremos en los intereses de otra persona. Al ocuparnos de nosotros mismos podemos identificar si una reacción intensa tiene que ver con nosotros, con otra persona o con la situación. Es importante hacerlo con personas en situaciones similares. No lo hagas con tu equipo, ni con subordinados directos, ni con personas que ocupan puestos inferiores. Habla con un amigo, un coach o tu jefe. Hacer que las personas a las que afectan tus acciones asistan a tu procesamiento centra aún más tus necesidades y silencia su voz.

Normaliza diferentes estilos de comunicación

Mi amiga y yo podíamos decidir salir a tomar un café de repente. Aprovechábamos la libertad de no tener planes y ser responsables solo de nosotras mismas. Improvisábamos viajes juntas porque podíamos.

Hoy en día las cosas han cambiado mucho. Me envía mensajes de audio que graba mientras da de mamar. Yo le mando un mensaje de texto desde la cola de la caja del supermercado.

Con frecuencia pasamos semanas sin hablar. Hemos acordado que no vamos a sentirnos culpables ni tenemos la obligación de responder. Entendemos que ambas tenemos muchas responsabilidades que atender. Los mensajes de audio no son mi modo de comunicación preferido, y los mensajes de texto no son el suyo, pero las dos queremos seguir en contacto.

A menudo existe un estándar de comunicación, una forma de comunicarnos que es la más apreciada.

En persona.

Sin «Esto…».

Clara, nítida y al grano.

Mirando a la persona a los ojos.

Respondiendo en el momento.

Mostrando suficiente emoción para parecer auténtico, pero no tanta como para incomodar.

Estas normas, y muchas más, asumen una orientación corporativa blanca, un elevado nivel educativo y la neurotipicidad. Significan que las personas para las que estos no son los valores predeterminados deben contorsionarse para encajar en un molde si quieren que las escuchen. Aquellos para los que el inglés es su segunda lengua tienen otra capa de la que preocuparse además de aprender las palabras. Y a las voces de las personas que se comunican mejor escribiendo o tecleando no se les da tanto valor como a las de los que hablan con fluidez.

La voz es confusa. La vida está llena de «esto…». ¿Podemos normalizar diferentes modos y medios de expresión?

Sé que la pregunta es complicada, porque resulta mucho más fácil escuchar a una persona cuando se comunica de nuestra manera preferida y en nuestro momento preferido, y aún mejor si expresa las opiniones que queremos escuchar. Pero escuchar solo a personas que se adaptan a nuestro modo preferido de recibir información implica sesgar los datos que seleccionamos. Creamos barreras adicionales de entrada y participación basadas en las normas de comunicación de las personas que ya tienen poder.

Si alguien se decide a expresar una perspectiva y se esfuerza en ello, nuestra responsabilidad es escuchar lo que dice, sean cuales sean su pronunciación, su enunciación y las palabras que ha elegido. Asegurarnos de que entendemos lo que está comunicando. Ser comprensivos en el caso de que la idea no salga del todo formada y perfecta, y trabajar con ella para entender lo que le importa, tanto que se ha arriesgado a intentar comunicar lo que piensa.

Por mucho que coloquemos en el hablante la responsabilidad de expresarse con claridad y comunicarse de manera eficaz, también debemos desafiar nuestras ideas de la comunicación eficaz. Si solo somos capaces de escuchar a las personas que se parecen a nosotros y hablan como nosotros, silenciamos a las que se comunican de cualquier otra manera.

Si tenemos que esperar hasta que todos podamos cumplir con el estándar de estar descansados, bien alimentados y supuestamente lúcidos antes de utilizar nuestra voz, descartamos voces que no tienen la ventaja sistémica de estar en esa situación. Solo escucharemos las voces de las personas que tienen el poder y el privilegio de hablar.

Reduce los riesgos eliminando el supuesto de que nuestra expresión debe ser perfecta según un estándar antes de utilizar nuestra voz.

¿Cómo hacerlo?

Reconoce tus valores predeterminados. ¿Cuáles son tus estilos y medios de comunicación preferidos? ¿Qué estilos y medios te dificultan metabolizar la información? Como en el caso de mi amiga, entiende qué medios podrían facilitar que la otra persona se comunique. No todos tenemos que utilizar los mismos modos, pero sí debemos descubrir cómo escucharnos.

Explicita las normas en la relación. Tanto en un equipo como en una relación personal, decir «Me encantaría escuchar lo que piensas, aunque no lo tengas del todo claro y no te parezca tan coherente como te gustaría» o decir «Las emociones son bienvenidas. Somos humanos, no robots» reduce los riesgos e invita a participar.

Apoya la forma en que una persona se comunica. Puedes invitar a que escuchen a una persona que no se comunica de la manera que prefieren sus oyentes diciendo: «Le he pedido a Kiara que hablara hoy porque tiene la visión más matizada sobre este tema que he escuchado nunca». Ofrece tu razonamiento de por qué has invitado a esa persona y utiliza tu capital social para conseguir que otros la escuchen.

Explicita las normas y los sobreentendidos

En un capítulo de la sexta temporada del programa de televisión *Queer Eye*, Terri, una profesora de baile honky-tonk conocida por sus pantalones cortos, y Ashley, su hija adulta y responsable, tienen una relación tensa. En un momento en que Ashley ha contado cómo se siente, Terri se cierra y ni siquiera puede mirarla. Ashley cree que su madre no la escucha y se siente aún más aislada. Karamo Brown, el experto en relaciones del programa, analiza la relación. Los espectadores se enteran de que cuando Ashley habla, Terri se siente juzgada y avergonzada, y por eso no puede responder en ese momento, pero promete que siempre vuelve a casa y piensa en lo que Ashley ha dicho durante días.

Al final, Terri y Ashley acuerdan una palabra clave que las ayuda a conseguir lo que necesitan y afirma la relación. Cuando Terri se sienta abrumada y necesite más tiempo para procesar, dirá «¡Karamo!». Y lo mismo dirá Ashley cuando sienta que su madre no la escucha y necesite más conexión. Entender que se comunican de manera diferente, junto con la norma clara de lo que hacer si se sienten estancadas, las ayuda a avanzar juntas.

Entender y renegociar las normas de la comunicación nos permite utilizar mejor nuestra voz. Las normas tácitas silencian a los que no saben cuáles son las normas o los obliga a descubrirlas mediante ensayo y error. Las normas claras y discutibles nos ayudan a saber dónde, cuándo y cómo la voz es bien recibida.

Tanto en una relación como en el trabajo o la comunidad, casi todos queremos seguir las reglas. Para ello debemos saber cuáles son las reglas y cómo cambian a medida que cada uno de nosotros evoluciona en su proceso de romper el silencio y valorar la voz. Las normas dominantes parecen obvias para las personas con identidades dominantes, pero a menudo resultan opacas para las personas con identidades subordinadas. Podemos mantenernos más sincronizados y ayudarnos unos a otros en este viaje explicitando las normas que a menudo son tácitas. Cuando las normas son discutibles, podemos eliminar las conjeturas y sus posibles consecuencias.

En el trabajo, explicitar estas normas significa articular lo que supones que es normal u obvio. Si quieres comentar algo, ¿debes esperar a que te inviten a hablar o puedes decir lo que piensas cuando lo creas oportuno? Si alguien dice algo, ¿es su idea definitiva o solo una idea? Si hay un problema, ¿das por sentado que lo plantearán de forma proactiva?

Establecer estas normas al principio de un proyecto en equipo o en una relación no lleva más de treinta segundos, pero puede ahorrar horas de quebraderos de cabeza y semanas de frustración.

Por extraño que parezca, mantener estas conversaciones también ayuda a nuestras relaciones personales al minimizar la falta de comunicación y aclarar cómo apoyarnos. Si tenemos algo que discutir, ¿enviamos un mensaje de texto al respecto o esperamos a nuestra siguiente reunión familiar? Si no estoy segura de si podré viajar con mis amigas, ¿es mejor decirlo ahora o cancelarlo en el último momento? Frases sencillas como «Ha sido una semana muy larga. ¿Me prometes que no te enfadarás si me quedo dormido mientras vemos la película?» y «Te quiero. No suelo decirlo, pero no quiero que dudes de que me importas» pueden evitar malentendidos dolorosos.

Explicitar las normas también implica reconocer cuándo han evolucionado.

A Leanna le encantaba viajar con sus amigas, aunque habría preferido que sus planes no fueran siempre tan rígidos. Leanna siempre había estado dispuesta a ir en busca de aventuras, pero a Celeste le gustaban los planes y la previsibilidad. Celeste era la que organizaba los planes en hojas de cálculo con colores (amarillo para el transporte, verde para las actividades al aire libre, violeta para las comidas, naranja para preferencias personales y rojo para contactos urgentes) y pagaba las cuentas del grupo. Por molestas que fueran las reglas de Celeste, todas sabían que los viajes dependían de ella.

Después de los primeros viajes juntas, Celeste las tenía a todas enseñadas. Si el equipaje que facturabas pesaba más de lo permitido, nunca superarías la vergüenza. Si te presentabas a la hora acordada, se consideraba tarde. Si llegabas tarde, tenías que invitar a todas a cenar. Si ibas a algún sitio sin decírselo a nadie, era capaz de llamar a la policía.

Mientras Leanna hacía las maletas para el viaje de este año sentía que la tensión empezaba a acumulársele en los hombros. Quería a sus amigas. Se dijo que el tiempo que pasaba con ellas valía la pena, aunque habría preferido que Celeste no impusiera tantas normas. Oía el mantra de Celeste en su cabeza: salir con tiempo suficiente para llegar al aeropuerto, con tiempo suficiente por si hay tráfico y con tiempo suficiente para cualquier imprevisto. Leanna puso el despertador a las 3.45 de la madrugada.

En el aeropuerto, Leanna y sus amigas se miraron. Aunque estaban muy contentas de verse, no entendían lo que estaba pasando. ¿Dónde estaba Celeste? Le habían enviado un mensaje. Ella nunca llegaba tarde. ¿La había atropellado un autobús de camino?

Unos minutos después, Celeste llegó arrastrando sus maletas.

—¿Quién eres? —le soltó Leanna.

—¿Qué pasa? ¿Así me saludáis? —preguntó Celeste con una sonrisa.

Leanna no se lo podía creer. ¿Las reglas por las que habían discutido durante tantos años habían cambiado sin decir una palabra? Aunque le gustaba mucho que Celeste se hubiera relajado, si hubiera sabido que presentarse a la hora pactada ya no se consideraba llegar tarde, habría dormido un poco más y se habría peinado.

—¿No puede una cambiar? —bromeó Celeste.

—Claro que sí, pero háznoslo saber para que las demás no estemos esperándote.

Las personas pueden cambiar y las normas pueden evolucionar, así que dejar claras las normas ayuda a todo el mundo.

MANERAS TÁCTICAS DE APOYAR LA VOZ

Aunque he decidido centrar este capítulo en varias de las principales formas de dejar de silenciar a las personas sin querer, hay muchas otras maneras de silenciar a los que nos rodean. A continuación tienes una lista no exhaustiva de acciones que ayudan a apoyar la voz. Utilízala para ver qué haces con frecuencia y qué podrías incorporar.

- *Atribuir ideas correctamente*. ¿A quién se le ha ocurrido la idea? Atribuye el mérito a quien corresponda. (Más información a este respecto en el capítulo 10).
- *No hables por encima de otras personas*. Deja que terminen antes de decir lo que piensas. Si interrumpes a alguien, discúlpate e invítalo a terminar.
- *Crea oportunidades*. ¿En qué momento puede tomar la iniciativa otra persona (no tú)? Delega autoridad y deja claro que la invitas a hacer las cosas a su manera.

- *Apoya públicamente sus ideas.* Amplifica la voz de otra persona ofreciéndole tu apoyo en público. Animar en privado está bien, pero el apoyo en público coloca tu capital social detrás de su voz.
- *Ofrece una plataforma.* ¿Existen espacios claros en los que las personas puedan contar lo que piensan? Si tienes una plataforma, ¿pueden participar en ella para que tus oyentes o seguidores las escuchen?

¿Cuáles de estas acciones son naturales para ti? Más importante aún, ¿cuáles de ellas dirían las personas que te rodean que haces activa y frecuentemente? ¿Cuáles debes incorporar a tu práctica diaria hasta convertirlas en un hábito?

Apártate

Roberto era el fundador de una exitosa organización comunitaria que se dedicaba a erradicar la inseguridad alimentaria. Todos lo respetaban mucho. Su capacidad de humanizar el esfuerzo y aprovechar las redes era incomparable.

También él se daba cuenta de que cuando estaba en la sala, los demás lo respetaban. Incluso cuando decía que no tenía una opinión clara, que solo estaba allí para apoyarlos y que aceptaría las decisiones que se tomaran, todo el mundo lo miraba. Cuando Roberto aparecía en una reunión del equipo, las bromas y las conversaciones se detenían. Se hacía el silencio en la sala. «Me da la impresión de que estabais hablando de temas muy interesantes. No quiero interrumpir», decía Roberto.

Por más que intentara hacerse invisible, el solo hecho de que estuviera en la sala silenciaba a los demás. Cuando Roberto observó este patrón, dejó de ir a las reuniones del equipo. No asistir era la mejor manera de apoyar las voces de las personas que él y la organización necesitaban escuchar.

¿Dónde debemos no estar presentes para apoyar y dar paso a otras voces? ¿Dónde nuestra presencia (o la sombra de nuestra influencia) oscurece la labor de los demás?

A veces, la mejor manera de apoyar la voz de otra persona es apartarse.

Nuestras intenciones son buenas en la medida en que lo es el impacto que tienen.

Ahora que somos más conscientes de cómo silenciamos a los demás sin querer y sabemos qué hacer para evitarlo, podemos optar por hacerlo mejor. Podemos influir en las decisiones de otras personas de elegir el silencio o la voz escuchando, eliminando ideas preconcebidas, centrándonos en sus intereses y su voluntad, normalizando diferentes estilos de comunicación, explicitando las normas y apartándonos.

Aunque nuestras acciones individuales y nuestros esfuerzos interpersonales tienen un profundo impacto en si se silencia a las personas, la voz también exige un cambio sistémico. El cambio es más potente cuando nos ocupamos de nosotros mismos (tema que he tratado en la mayor parte de este libro) y lo combinamos con cambios sistémicos. En el siguiente capítulo abordaremos formas de romper el silencio sistémico para que los sistemas que nos rodean apoyen mejor la voz.

TE TOCA A TI

Reflexiona

¿Cuáles de estas estrategias para apoyar la voz podrías intentar implementar? ¿Dónde, cuándo y con quién?

¿Qué ideas preconcebidas tienes sobre determinadas personas o grupos?

¿Qué normas y sobreentendidos podrías explicitar?

Experimenta

Escucha las diferencias:

- La próxima vez que mantengas una conversación con una persona que exprese una perspectiva diferente de la tuya, adopta explícitamente la postura de experimentación.

- Dependiendo de tu relación con ella, podrías incluso ser transparente y decir: «Estoy esforzándome por escuchar a pesar de las diferencias, así que voy a intentar escucharte y entenderte, aunque ahora no veo las cosas como tú».

Mientras escuchas, busca respuestas a estas preguntas:

- «¿Qué intenta decirme?».

- «¿Qué quiere que haga?».

- «¿Por qué cree que es una buena medida?».

Bonificación: desarrolla tu capacidad de escuchar diferentes voces leyendo libros, escuchando pódcast o consumiendo medios de personas con estilos de comunicación, políticas y perspectivas diferentes de los tuyos.

En una situación en la que sientas la necesidad de intervenir, pregúntate:

- «¿Se trata de mí o de ellos?».

- «¿Sé (por ellos) qué es lo que más los apoyaría?».

- «¿Cómo puedo solidarizarme con la causa?».

10

Cambia el sistema

En marzo de 2020, cuando las escuelas cerraron por el primer confinamiento del COVID, me encontré deambulando por el barrio con un niño pequeño a cuestas, intentando que quemara la energía para que no se subiera por las paredes. No era la única. Al parecer todas las madres del barrio daban esos paseos. No porque no tuviéramos una carrera profesional impresionante. No porque no tuviéramos cónyuges que nos apoyaran. No porque no nos hubieran educado para creer que podíamos ser lo que quisiéramos.

Sino porque, dadas las circunstancias, nos parecía lógico ser nosotras las que cuidáramos a los niños durante el día y trabajáramos como pudiéramos por la noche. Era lógico que mi pareja, la persona con trabajo asalariado y de la que dependía el seguro médico de la familia, trabajara durante las horas laborables para que no perdiera su empleo. Por supuesto, a mí, el miembro de la familia más acostumbrado a realizar varias tareas a la vez, y por lo tanto más capaz de cambiar de contexto y hacer malabarismos, me parecía lógico asumirlo yo.

Escribo esto plenamente consciente del privilegio que es tener un trabajo flexible y una familia con dos progenitores, pues me permitía cuidar de nuestro hijo durante el día, pero las circunstancias que en ese momento llevaron a que la responsabilidad de ocuparse de los hijos la asumieran más mujeres que hombres no fueron accidentales.

Mientras me compadecía con otras madres por haber perdido décadas de avances en materia de equidad de género en unos pocos días, también nos dimos cuenta de algo importante. La solución no estaba solo en nuestras familias. Nuestra vida estaba determinada por los factores que nos rodeaban.

Todo sistema, tanto las familias como las organizaciones y los grupos sociales, ensalza deliberadamente determinadas voces y silencia otras. Para que haya mayor equidad de género en mi familia y en mi relación es necesario contar con atención médica universal, guarderías, permisos laborales y muchas cosas más. Para que cada uno de nosotros podamos encontrar, perfeccionar y utilizar nuestra voz es preciso que los sistemas que nos rodean no nos silencien. Y para que cada uno de nosotros aprenda a no silenciar a los demás es imprescindible que los sistemas que nos rodean apoyen la voz, no el silencio.

Tener un sitio en la mesa.

Estar en las salas adecuadas.

Que te valoren por lo que aportas.

Tener poder e influencia.

Nada de esto sucede por accidente. Es el resultado de los sistemas que creamos y perpetuamos.

Escribir este capítulo me resulta abrumador, porque cambiar los sistemas puede ser abrumador. ¿Cómo vamos a cambiar sistemas que llevan siglos funcionando? ¿Cómo vamos a cambiar el sistema cuando otras personas con más poder tienen incentivos para mantener el *statu quo*? Al fin y al cabo, los multimillonarios del mundo no necesitan que el sistema cambie. Para ellos parece que el sistema funciona bien.

Cambiar el sistema es lento y complicado. Podemos sentir que tenemos las cartas en contra, pero esos sistemas, por atemporales y arraigados que parezcan, no siempre han estado ahí. Tanto el capitalismo como el patriarcado y el racismo sistémico son sistemas que han creado personas y que podemos cambiar.

En este capítulo describiré los dos mayores culpables del silencio sistémico: las políticas y las prácticas. Analizaré cinco cosas concretas que podemos hacer en nuestra vida cotidiana para romper el silencio sistémico. Y te ofreceré preguntas sobre los sistemas que pueden afectarte y de los que puedes beneficiarte para que prestes tu voz al cambio sistémico que desees.

¿Y qué es un sistema?

Un sistema es una serie de políticas y prácticas que dan forma a los que viven en él. Por más que lo intentemos, ninguno de nosotros vive aislado de los demás. El pensamiento sistémico reconoce que todas las piezas de una familia, organización o sociedad se afectan entre sí.[1]

La teoría de los sistemas familiares, elaborada por el psiquiatra Murray Bowen a finales de la década de 1940, afirma que las personas no pueden entenderse aisladas. La relación que tienen (o no tienen) nuestros padres y la relación que tenemos (o no tenemos) con nuestros padres y hermanos afectan a nuestra forma de interactuar con los demás.[2] Aunque cortemos los vínculos con nuestra familia de origen, trasladamos el bagaje de nuestro sistema familiar a los nuevos sistemas familiares en los que ingresamos. Ya se trate de una familia laboral, una familia elegida o la familia con la que nos hemos casado, si nos relacionamos con otras personas, formamos parte de un sistema de relaciones.

Por más que queramos desaprender el silencio interpersonal, no podemos negar el impacto que los sistemas tienen en nosotros. Los sistemas refuerzan nuestra tendencia a la voz o al silencio. Romper el silencio requiere entender los patrones de silencio en los sistemas de los que formamos parte y descubrir cómo cambiarlos para apoyar mejor la voz.

¿Qué impacto tiene una política?

Kate estaba encantada de haber encontrado trabajo. Llevaba catorce meses en paro. Los cheques de la prestación habían dejado de llegar hacía tiempo. Había agotado el crédito de sus tarjetas y tener un ingreso estable era el alivio que había estado buscando. Después de 3.478 solicitudes de empleo, innumerables llamadas, veintitrés entrevistas de trabajo y cuatro rondas finales, por fin tenía trabajo.

Así que cuando le mandaron un acuerdo de confidencialidad junto con el contrato de trabajo estándar, Kate lo firmó sin pensárselo dos veces. ¿Quién era ella para negociar? Estaba convencida de que encajaría bien en la empresa. En ese sector los acuerdos de confidencialidad eran la norma. Necesitaba volver a tener un sueldo.

A los pocos meses de haber empezado a trabajar, Kate acudió a recursos humanos porque le preocupaba cómo se asignaba el trabajo. Le parecía que estaba recibiendo la peor parte en cuanto a asignaciones y horas de guardia. Era la que llevaba menos tiempo en la empresa, claro, pero los criterios parecían diferentes para ella que para los demás miembros del equipo.

Después se enteró de que la empresa creía que no encajaba. Iban a despedirla. Al fin y al cabo, podían echarla sin indemnización.

Sus amigos le dijeron que demandara a la empresa por despido improcedente. No podían despedirla sin razón. Debería exponer cómo la habían tratado. Hacerlo viral.

Kate leyó la documentación. Allí estaba: su firma en el acuerdo obligatorio de arbitraje y confidencialidad. De hecho, Kate había aceptado que «no haría, publicaría ni comunicaría ningún comentario o declaración difamatoria o despectiva sobre la empresa ni sobre cualquiera de sus empleados, directores, accionistas o miembros». Kate se vino abajo.

En todo sistema existen reglas que supuestamente lo rigen. A esas reglas las llamaremos «políticas». Y después está cómo se desarrollan las reglas, a lo cual llamaremos «prácticas». La regla es que los niños no deben responder; esa es la política. Pero no pasa nada si tu hermano menor lo hace porque es el favorito; esa es la práctica. Tanto las políticas como las prácticas de un sistema refuerzan su funcionamiento y pueden cambiarlo.

Políticas como las cláusulas de confidencialidad y de no descrédito están pensadas para silenciar. Las diferencias de poder entre empleadores y empleados, en especial en la situación de Kate, son grandes. Es poco probable que los empleados negocien los términos por miedo a perder la oferta. Si quieres el trabajo, tienes que firmar estos papeles. La empresa tiene el poder.

Si cambias la política, cambias la dinámica del poder. Si cambias la política, puedes cambiar el sistema.

¿Por qué existen los contratos de confidencialidad? En un principio su objetivo era proteger los secretos comerciales para que no pasaran de una empresa a otra de la competencia. Se convirtieron en estándares porque benefician a la empresa que los redacta. Pero los contratos de confidencialidad también silencian a los empleados y los confinan en ese trabajo.[3] Los contratos de confidencialidad que intercambian acuerdos económicos por silencio implican que las prácticas que han desencadenado las quejas a menudo no se atiendan. Aunque la posibilidad de exigir estos acuerdos es objeto de acalorados debates legales, la existencia del contrato en sí tiene un efecto paralizador. Que una persona cuestione en qué medida pueden exigirle que lo firme le supone un enorme coste personal. Es lógico que acepte un pago o simplemente se vaya e intente seguir adelante con su vida. Cambiar la política significa que la carga del silencio impuesto no recaiga sobre ningún individuo en particular.

La confidencialidad tiene sentido para los secretos comerciales, pero si tratas bien a las personas, no debería ser necesaria en cuanto al trato. Si no tienes nada que esconder, ¿por qué vas a exigir silencio?

Los contratos de confidencialidad son solo un ejemplo de política que hace que las personas tiendan al silencio. Ten en cuenta los siguientes:

- Exigir a los solicitantes de empleo un título universitario.
- Vincular la compensación a los años de experiencia previa en lugar de a la capacidad.
- No ofrecer permisos familiares remunerados.

Cada política tiene el efecto de eliminar o silenciar a una parte de la población.

Cuando la empresa de Karina debatía sobre si ofrecer permiso parental entre sus prestaciones, un compañero bromeó: «No deberíamos contratar a mujeres en edad de tener hijos». El humor siempre contiene un elemento de verdad dolorosa. Karina apartó de su mente esta idea.

Para dejar las cosas claras, es ilegal discriminar a los candidatos por su situación vital. En segundo lugar, esas protecciones existen en las políticas porque los permisos familiares son caros. Por más que a Karina no le gustara nada que su compañero bromeara al respecto, entendía de dónde venía esa broma. Ofrecer permiso familiar remunerado cuando el país o el estado no lo proporciona es un compromiso importante para una empresa. Si solo atendemos a los resultados económicos, ofrecer permisos familiares remunerados no tiene sentido. Puede no ser económicamente viable para las empresas pequeñas. Pero si nos preocupa que los padres puedan realizar un trabajo significativo y creemos que la maternidad no debería implicar que no se pueda contribuir a la sociedad fuera del hogar, deberíamos ofrecer una política de permisos, aunque a corto plazo implique reducir las ganancias. En un mundo perfecto, el Gobierno ofrecería permisos familiares remunerados, pero cuando no es así, las decisiones políticas que tomamos como empresarios tienen el impacto neto de silenciar a un grupo de personas obligándolas a tomar una decisión imposible (e innecesaria) entre el trabajo y la familia.

Las políticas pueden excluir (y por lo tanto silenciar) a grupos de personas.

En muchos casos, las políticas hacen lo que quienes están en el poder pretenden que hagan: proteger la empresa y mantener el poder de los que ya lo ostentan. Pero si no es esa la intención de la política, o si está teniendo un impacto que no pretendemos, ¿cómo podríamos unirnos para cambiarla?

Cuando analizamos las políticas de una empresa o incluso de nuestra casa, podemos hacer una auditoría de políticas de silencio sistémico. Observa a quién protegen las políticas y qué voces escuchan y silencian. Pregúntate por qué existen las políticas y cómo podrías conseguir el mismo resultado (por ejemplo, proteger los secretos comerciales) sin afectar a la dignidad de los demás. Al examinar las políticas de tu sistema, pregúntate:

¿Qué pretende realmente la política?

¿Cómo silencia esta política a las personas?

Si queremos apoyar la voz, ¿cómo podríamos cambiar la política?

¿Las políticas tienen el impacto que pretendes y apoyan la cultura que quieres crear en tu familia, tu equipo, tu empresa o tu país? Si no es así, cambia la política. Si no eres tú el que decide la política y el que toma las decisiones, ¿quién lo es? ¿Cómo puedes influir en esa persona o grupo de personas para que reconsideren la política? ¿Qué política serviría mejor a las necesidades del grupo? El hecho de que la política exista no significa que deba seguir existiendo.

¿Qué impacto tiene una práctica?

Calvin miró el sitio web durante días antes de atreverse a presentarse en un grupo de corredores de su ciudad. Como en los años previos a su divorcio había adquirido un «cuerpo de padre», temía ser demasiado lento, no aguantar el ritmo y quedarse atrás, pero ese grupo de corredores prometía ser diferente. En cada página del sitio web estaba escrito en tipografía de color naranja brillante el lema: «Nadie corre solo».

La primera vez, Calvin no corrió solo. Estuvo con un grupo de corredores alegres que lo acogieron. De vuelta a casa, suspiró aliviado porque ese grupo era diferente.

Pero con el tiempo se dio cuenta de que corría solo. Empezaba con un grupo, pero los demás corredores aceleraban y lo dejaban atrás sin darse cuenta siquiera. Cuando se lo comentó a los organizadores del grupo, le dijeron que no era posible. Solo tenía que ir con un grupo que llevara otro ritmo. Pero semana tras semana lo dejaban solo. Al final Calvin abandonó. Para correr solo no era necesario que se levantara temprano y cruzara la ciudad.

Lo que ponemos en práctica, en un grupo de corredores, en la familia, con los compañeros de trabajo o incluso en la sociedad, puede incentivar el sentimiento de pertenencia, preservar la dignidad y avanzar hacia la justicia. Estas prácticas compartidas pueden convertirse en valores compartidos que ayudan a que un sistema funcione de manera cohesiva, sobre todo a medida que se expande. O estos valores y prácticas pueden convertirse en promesas vacías.

Las políticas son buenas en la medida en que lo es su práctica.

Podemos incentivar la voz dentro de los sistemas explicitando las reglas implícitas, creando vías claras para que las personas hablen e insistiendo en que es fundamental romper el silencio.

EXPLICITA LAS REGLAS IMPLÍCITAS

A Kate no se le había ocurrido negociar los términos del contrato de trabajo.

En ese momento se alegraba mucho de tener una carta de oferta en la mano. No estaba claro si alguno de los términos era negociable y, como no conocía las reglas, no quería arriesgarse a perder la oferta.

Desde siempre las mujeres han negociado menos que los hombres, salvo si se les explicita que pueden negociar.[4] En un estudio con alumnos que cursaban un máster en administración de empresas, los investigadores observaron que aproximadamente la mitad de los hombres negociaban sus ofertas de trabajo, mientras que solo el 12 por ciento de las mujeres negociaban las suyas.[5]

Y con razón. Los estudios muestran que el coste social de negociar es insignificante para los hombres, pero significativo para las mujeres.[6] Cuando las mujeres negocian, es más probable que las consideren difíciles, que no quieran trabajar con ellas y que las rechacen.[7]

Dado que las mujeres pueden perder más de un millón de dólares a lo largo de su vida por no negociar su sueldo, es importante explicitar que no hay problema en negociar.[8]

La ambigüedad de la regla silencia a quienes no la conocen. La mayoría de nosotros queremos seguir las reglas, pero no siempre sabemos cuáles son. Como analizamos en el capítulo 3, cuando las reglas no son claras, es más probable que se produzca el silencio, porque corresponde al individuo tantear el terreno y asumir el coste de equivocarse. Colocar en el individuo la responsabilidad de negociar con eficacia lo silencia.

Explicitar las reglas implícitas nos obliga a evaluar las reglas para ver si vivimos como pretendemos. Arroja luz sobre los lugares en los que nuestra intención no está conectada con nuestras políticas y nuestras prácticas. Si la intención es contratar buenos talentos, nivelar el campo de juego y crear acuerdos de empleo sostenibles, dejar claro qué es y qué no es negociable es una forma de que todos ahorren energía. Mejor aún, publica rangos salariales significativos para reducir la asimetría de la información.

Así pues, ¿por qué no se explicitan las reglas con más frecuencia? Porque desmitificar las reglas elimina la ventaja estructural que antes se otorgaba a las personas que las conocían. Porque decir que estás abierto a la negociación implica que la empresa podría acabar pagando más. Porque explicitar las reglas nos obliga a valorar nuestras políticas y nuestras prácticas. Porque las reglas explícitas marcan el territorio, y las personas pueden quejarse cuando ven que las prácticas no se ajustan a las reglas.

Si la información es poder, compartir información es una forma de redistribuir el poder que tiene por resultado una mayor voz. En cualquier sistema, la cantidad de tiempo, energía y esfuerzo que se dedica a descifrar cuáles son realmente las reglas silencia sistemáticamente a los que aún no las conocen.

CREA VÍAS CLARAS PARA DECIR LO QUE SE PIENSA

Hace poco trabajé con una organización que en muy poco tiempo había pasado de ser un equipo de doce personas a contar con más de ciento cincuenta empleados en todo el mundo. Los fundadores de la organización habían tenido éxito en parte gracias a su cultura de la retroalimentación. Me contrataron para que los ayudara a mantener ese nivel de retroalimentación.

En el pasado bastaba con cruzar el pasillo hasta el despacho de un jefe y hablar con él. Ahora, si un empleado quiere comentar algo, ¿qué se supone que debe hacer? En una empresa grande, ¿cuál es la vía para hacer comentarios sin que el mensaje se pierda?

La falta de claridad sobre adónde ir y qué hacer es otro obstáculo que nos silencia cuando más necesitamos utilizar nuestra voz. Bastante difícil es ya (sobre todo en momentos de crisis o traumáticos) pensar en decir algo para tener además que descubrir dónde, cómo y con quién compartir nuestros pensamientos.

Un buen ejemplo de cómo dejar claras las vías es la aplicación NotMe.[9] La plataforma ofrece un software integral de denuncia de irregularidades, investigación y gestión de casos para organizaciones. Proporciona la opción de que las personas informen de lo que les preocupa de forma anónima y mantiene la posibilidad de conversar para entender mejor el problema. Lo más importante es que el diseño del software reduce la barrera para denunciar malas conductas al ofrecer frases que describen el comportamiento que se está denunciando. Denunciar el acoso nunca es fácil, pero hacer clic en «bromas inapropiadas» o «expresiones de interés sexual» y categorizar el comportamiento como físico, verbal o económico con solo pulsar una opción es mucho más sencillo que buscar las palabras para decirlo. Y si algún tema preocupa, la herramienta proporciona una vía clara para comunicar esas preocupaciones y garantizar que el problema se investigue de forma sistemática.

La aplicación NotMe es un gran ejemplo de cómo las vías claras con normas transparentes y frases sugeridas apoyan la voz, del mismo modo que deslizar el dedo hacia la izquierda para rechazar a una persona en una aplicación de citas es mucho más fácil que decirle a la cara que nunca saldrías con ella.

Ser claros respecto a cómo compartir las cosas que importan elimina las conjeturas de las relaciones que más valoramos.

Mila estaba preocupada por su padre, que había buscado el amor durante la mayor parte de la vida adulta de Mila. En su opinión, estaba demasiado desesperado. Le preocupaba que su inquebrantable deseo de tener una relación le nublara el juicio.

Entonces apareció Hannah. Hannah estaba muy lejos de lo que Mila habría querido para su padre, pero él brillaba cuando estaba con ella. Por más que a Mila le alegrara que su padre fuera feliz, creía que era imposible que a Hannah le interesara. Ella estaba fuera de su alcance.

Las sospechas de Mila se intensificaron cuando Hannah menospreció a su padre hablando con alguien por teléfono creyendo que estaba sola en casa. Mila quiso decir algo, pero nunca tenía la oportunidad de hablar en privado con su padre. Hannah no se separaba de él.

Por desgracia, los temores de Mila se confirmaron. Hannah desapareció, no sin antes vaciar la cuenta de ahorros de su padre y comprarse un coche nuevo. Cuando Mila le comentó por fin que sabía que Hannah no era buena para él, su padre le preguntó:

—¿Por qué no me lo dijiste?

—Estabas muy feliz —contestó Mila—. Y nunca nos dejaba solos. No sabía si me creerías.

Y solo entonces vio clara la vía. Su padre le dijo:

—Si tienes que decirme algo, mándame un mensaje. Prefiero saberlo.

La vida está llena de pensamientos difíciles de compartir y de conversaciones complicadas, en especial con las personas cercanas a nosotros. Saber dónde, cuándo y cómo iniciar una conversación difícil reduce las barreras para mantenerla.

DESAPRENDER EL SILENCIO COMO COMPETENCIA

Tanisha estaba atónita. Después de meses de terapia con su marido, Eliot, él contó una historia que explicaba muchas cosas. «Solía esconder mis deberes y tirarlos —dijo—. No necesitaba ni quería que mis padres los vieran porque siempre tenían algo malo que decir».

Esta anécdota bastaba para explicar la creciente tensión en su relación. Tanisha quería comentar y solucionar las cosas cuanto antes, mientras que Eliot solo quería esconder lo que hacía para evitar ese mismo resultado.

Al salir del despacho de su terapeuta, Tanisha decidió decir algo.

—No me lo habías contado. No estoy enfadada ni nada por el estilo, pero me sorprende que no me hayas comentado algo tan importante hasta ahora.

Eliot se volvió hacia la mujer con la que llevaba diez años casado y le dijo:

—No quería ser una carga. Supuse que no querías ni necesitabas saberlo.

—Pero ahora que lo sé, entiendo de dónde vienes. Veo cómo nos afectamos el uno al otro y cómo podríamos cambiar nuestra manera de interactuar para apoyarnos mejor —dijo Tanisha—. ¿Estarías dispuesto a contarme cómo te sientes y qué piensas?

Si valoramos la intimidad de la relación y la dignidad de que nos conozcan, romper el silencio no es solo un viaje para nosotros mismos, sino que debe ser un valor y una norma que compartimos con nuestra familia, nuestros amigos y nuestros compañeros.

Si las organizaciones se toman en serio crear espacios en los que la innovación, la colaboración, la diversidad, la equidad, la inclusión y el sentimiento de pertenencia sean realidades, desaprender el silencio debe ser una competencia de liderazgo. En concreto, desaprender las formas en que silenciamos a los que nos rodean.

Proporcionar apoyo emocional como forma de gestionar las crisis ya no puede relegarse a las tareas de limpieza de la oficina que las mujeres (en especial las de color) se ofrecen a hacer o se les asignan solo por su identidad.

Crear seguridad psicológica en un equipo y escuchar las diferencias no son habilidades sociales opcionales. Son las habilidades interpersonales centradas en el ser humano que deberían diferenciar a las personas a las que ascendemos. Designar estas habilidades como competencias básicas y utilizarlas como base para los ascensos envía el mensaje de que las valoramos.

Estas habilidades son requisitos previos para el ascenso. Lo que se recompensa se repite.

Lo que también significa que, al margen de los conocimientos técnicos de Jared en informática o de los ingresos que genere Scott, si no demuestran también su capacidad de escuchar las diferencias, crear seguridad psicológica y apoyar las voces de los demás, no se les recompensará. Crear una cultura de voz en lugar de silencio requiere que los que dirigen el sistema dirijan y se les recompense por estas habilidades.

¿Qué puedo hacer?

Si buscas acciones tangibles que cambien el sistema, esta parte es para ti. Señalaré cinco cosas que podemos hacer y que necesariamente afectan a los sistemas de los que formamos parte, aunque no seamos responsables de sus políticas.

APROVECHA TU PODER

Cuando nos sentimos atrapados por el sistema, es fácil pensar que no tenemos poder. El sistema nos parece Goliat, y nosotros somos David sin piedras que lanzar.

«Solo soy un engranaje en una rueda».

«Soy el hijo mediano, y siempre nos llevamos la peor parte».

«De todos modos, nada de lo que hago o digo importa».

O eso creemos. Y es lo que quieren que creamos los sistemas y las personas que se benefician de ellos. Pero no es verdad. El poder es la capacidad de influir en los demás. Cada uno de nosotros tiene poder.

Los psicólogos sociales John French y Bertram Raven identificaron cinco bases del poder en 1959, y Raven añadió la sexta en 1965.[10]

1. **Legítimo:** poder basado en la jerarquía o el puesto oficial. (Un primer ministro tiene poder porque en la actualidad ocupa el cargo).

2. **De recompensa:** poder para dar o retirar recompensas. (Los clientes pueden escribir en internet reseñas positivas o negativas de restaurantes).

3. **De experto:** poder basado en un conocimiento o habilidad concreto. (Como médico, científico e inmunólogo, el doctor Anthony

Fauci sabe más de enfermedades infecciosas que la mayoría de las personas).

4. **Referente:** poder basado en cuánto gustas a los demás y en si quieren ser como tú. (Las personas influyentes).

5. **Coercitivo:** poder para castigar a otros. Niños gritando durante largos viajes en coche.

6. **De información:** poder basado en la información que tienes. (Personas que estaban en la escena de un crimen).

Los diferentes tipos de poder me recuerdan que todos tenemos poder aunque no nos sintamos poderosos. En una empresa puede parecer que todo el poder está en los puestos superiores. Al fin y al cabo, los altos mandos tienen el poder legítimo de tomar decisiones que afectan a todos. También tienen el poder de dar o retirar recompensas como bonificaciones, subidas de sueldo y ascensos, así como el poder coercitivo de valorar negativamente el rendimiento o comentar que es difícil trabajar contigo.

Ofra, una ayudante en prácticas en la misma empresa, se siente impotente. Sin duda no tiene tanto poder legítimo ni de recompensa como los altos mandos, pero al ser una de las pocas personas que sabe dónde están los centrifugadores adicionales en el laboratorio, tiene poder tanto de experto como de información para que se haga o no un experimento. Como becaria con experiencia en la empresa, Ofra tiene el poder de recompensar o castigar a la empresa al describir sus experiencias en una reseña de Glassdoor y para otros estudiantes del campus que deben decidir si les gustaría trabajar en esa empresa. Como la única persona de color en una empresa que ha establecido objetivos de diversidad, Ofra tiene intrínsecamente el poder coercitivo de conseguir o impedir que se consigan esos objetivos.

No todo el mundo tiene todos los tipos de poder, pero todos tenemos alguno. Pregúntate qué tipos de poder tienes en cada uno de los sistemas de los que formas parte. Si gustas a los demás y estos quieren ser como tú, tienes poder de referente. Si posees una habilidad o una serie de conocimientos concretos, tienes poder de experto. Con las redes sociales y la cultura de la cancelación, casi todos tenemos más poder coercitivo que antes, y por eso a menudo recibes una respuesta más rápida etiquetando a una empresa en las redes sociales que llamando al departamento de atención al cliente.

En cuanto reconocemos nuestro poder, la siguiente pregunta está clara.

¿Cómo utilizar nuestro poder en lugar de centrarnos en el que no tenemos?

Durante años se aconsejó a las familias de prisioneros de guerra que guardaran silencio. Se les indicaba que no dijeran nada sobre la captura de sus seres queridos. El argumento era que si decían algo, los prisioneros podrían acabar maltratados o ejecutados.[11] La idea era que toda cobertura mediática complicaría los esfuerzos por recuperar a sus seres queridos.[12]

Sin embargo, las mujeres de prisioneros de guerra en Vietnam descubrieron que en realidad utilizar los medios de comunicación era más eficaz para recuperar a sus maridos, porque los medios concienciaban sobre las violaciones de derechos humanos que estaban produciéndose.[13] Las mujeres desafiaron la idea de que el poder legítimo (a través de la diplomacia) era el único camino para recuperar a sus seres queridos.

¿Qué poder tienes?

¿Cómo puedes utilizar ese poder para las causas que te importan en tu familia, tu empresa y tu comunidad?

Elige la voz

El silencio genera silencio, pero la voz también puede generar voz. Cuanto más contemos nuestras historias, más podrán alentar e inspirar a otros y normalizar los temas y los problemas de los que hablamos. No todo el mundo tiene el privilegio de poder contarlas sin grandes consecuencias, pero cuando tenemos la capacidad de capear las críticas y las reacciones adversas que puedan surgir, compartir nuestras historias allana el camino para normalizar el tema que nos preocupa.

Pongamos el ejemplo de la salud mental. El estigma, los prejuicios y la discriminación vinculados a las enfermedades mentales han interferido durante mucho tiempo en las personas que buscaban ayuda, tratamiento y recuperación. Cuanta más gente guardaba silencio sobre sus problemas de salud mental, más se estigmatizaban esos problemas. Afortunadamente, un estudio reciente que evalúa los cambios en el estigma de las enfermedades mentales en Estados Unidos a lo largo de veintidós años muestra que ahora hay menos estigma en torno a la depresión que hace veinte años.[14]

Las generaciones más jóvenes se distancian menos de las personas con depresión en situaciones sociales, profesionales y familiares.[15] Los *millennials* se sienten más cómodos que los *baby boomers* hablando de salud mental,[16] lo cual es importante, porque conocer o tener contacto con una persona con una enfermedad mental es una de las mejores maneras de reducir el estigma. En 1996, el 57 por ciento de los estadounidenses no querían que una persona con depresión se casara con un miembro de su familia. En 2018, la cifra se redujo al 40 por ciento, lo que significa que es más fácil hablar de la depresión sin temor a que los demás se distancien de ti.

Desde Lady Gaga hasta Dwayne «The Rock» Johnson, el hecho de que muchas celebridades compartan sus historias sobre problemas de salud mental lleva el debate a la opinión pública. También ha remodelado la percepción de si el éxito y los problemas de salud mental pueden coexistir. *Spoiler*: pueden.

Hemos pasado de no hablar de la salud mental a que forme parte de la conversación general. En muchos contextos, decir «Voy a terapia» o «Estaba hablando con mi terapeuta» es ahora tan frecuente como hablar de lo que has comido. Como cada vez más personas hablan de salud mental, los problemas van normalizándose y se consideran parte de la salud general, no algo sobre lo que guardar silencio.

Desde la salud mental hasta la orientación sexual, pasando por los abortos espontáneos, el racismo y el acoso, el cambio sistémico para normalizar, reducir el estigma y aumentar el acceso a los recursos empieza con conversaciones más abiertas.

Personalmente me ha sorprendido la frecuencia con la que contar tu historia lleva a otra persona a decir: «Yo también». Estas dos palabras pueden visibilizar los problemas, que es el primer paso para abordarlos. El cambio puede empezar diciendo: «Oye, tengo problemas con...», o estando abierto a escucharlo de otra persona.

Romper el silencio significa desafiar las ideas sociales de lo que es aceptable, lo que debe esconderse debajo de la alfombra y lo que decidimos reconocer como real. Pregúntate: «¿A quién protege mi silencio? ¿Son estas las personas y los sistemas que quiero proteger?». Si no es así, inclina la balanza hacia la elección de la voz.

Sea cual sea el tema, contar tu historia solo parece extraño porque no se ha hecho antes. Pero lo «raro» y lo «diferente» son fundamentales para innovar y elegir otro camino. ¿Cómo utilizarás tu voz para fomentar la voz?

FORMA COALICIONES

Como no soy aficionada a los deportes, siempre me ha llamado la atención la lealtad de las personas a su equipo deportivo, aunque al vivir en la bahía de San Francisco los Golden State Warriors se han convertido en mi equipo de baloncesto. A mediados de la década de 2010, el entrenador de los Warriors, Steve Kerr, introdujo una frase que se convirtió en el lema del equipo: «La fuerza en los números».[17] La frase no era solo un eslogan de marketing, sino también una actitud. Cada uno tiene un papel diferente que desempeñar.

Antes de ganar el campeonato de la NBA en 2015, la última victoria de los Warriors se había producido al derrotar a los Washington Bullets 4-0 en la temporada 1974-1975.[18] Tras una sequía de cuarenta años, el equipo llegó al campeonato seis veces entre 2015 y 2022, y ganó cuatro títulos en ocho años con uno de los banquillos más fuertes del mundo.

En lo que se conoció como el «núcleo dinástico», Andre Iguodala aportaba versatilidad. Klay Thompson lanzaba y cambiaba la velocidad. Draymond Green aportaba fuego y competitividad. Stephen Curry anotaba triples sin esfuerzo aparente y dirigía el equipo.

Y no se trata solo de los jugadores de la plantilla. Se sabe que el estadio de los Warriors es el más difícil para los equipos visitantes debido a la fuerza de los aficionados. Los jugadores se crecen gracias a la energía, y la solidaridad impulsa al equipo hacia la victoria.[19]

El cambio sistémico puede empezar con una sola persona, pero ella sola no puede lograrlo. Sabemos que el aislamiento social conduce a resultados adversos que incluyen depresión, falta de sueño, pérdida de la función ejecutiva y deterioro cognitivo.[20] Sabemos que el aislamiento en el lugar de trabajo reduce la creatividad, deteriora el rendimiento, aumenta la rotación de personal y conduce al agotamiento emocional.[21] Por el contrario, las coaliciones (la unión de fuerzas y recursos para un objetivo concreto) pueden catalizar cambios que no serían posibles por separado.[22] Las coaliciones políticas se forman no porque todos tengan los mismos intereses, sino porque la realidad es que podemos hacer más cosas juntos que separados.

Cada vez que somos menos del 15 por ciento del grupo mayoritario dominante se nos descarta fácilmente como raros o cualquier otra cosa.[23] Si somos menos del 15 por ciento del total se nos vigila, se nos aparta de entornos sociales donde se crean la confianza y las relaciones y se nos presiona para que asimilemos las normas del grupo.[24] Crear una coalición reduce el aislamiento social, ofrece la oportunidad de formar parte de un grupo y nos permite superar el umbral del 15 por ciento.

Es frecuente que las personas con identidades subordinadas contacten con otras personas con identidades subordinadas antes de ir a una reunión para asegurarse de que al menos alguien las respalda. En lugar de tener que corregir a una persona cuando inevitablemente pronuncia mal tu nombre, la otra persona puede pronunciar bien tu nombre cuando te nombra. Socializamos ideas antes de proponerlas para saber que contamos con cierto apoyo cuando vamos a exponernos. Consultamos con amigos de nuestro grupo antes de decidir quién debería advertirle a nuestra amiga de que su novio sale con otras mujeres. Por agotadoras que puedan parecer estas prácticas, la coalición informal significa que utilizas las cartas que tienes y que no lo haces solo.

Mira a tu alrededor y piensa quién podría compartir o simpatizar con tus inquietudes. ¿En qué podríais trabajar juntos por un objetivo común? Compartiendo el balón y trabajando juntos, los Warriors desafiaron el modelo habitual según el cual un equipo de baloncesto exitoso dependía de una sola superestrella como Michael Jordan o LeBron James. Los Warriors son más fuertes juntos. Nosotros somos más fuertes juntos.

ATRIBUYE EL TRABAJO A QUIEN CORRESPONDE

Nos encantan las historias de héroes. Queremos creer que una sola persona puede matar dragones, derrotar al mal y vencer. Centrarse en un solo héroe funciona en las películas, pero silencia las aportaciones de muchos otros.

Si eres una persona con identidad subordinada, conocerás la experiencia de que otra persona con identidad dominante se apropie de tu idea, aunque no por ello deja de ser exasperante. Las empleadas del Gobierno de Obama adoptaron una famosa estrategia de amplificación: cuando una mujer plantea un punto clave, otras mujeres lo repiten y la mencionan. Esta práctica obligó a los hombres de la sala a reconocer la aportación y les impidió atribuirse la idea.[25]

Los medios tienen la costumbre de destacar al individuo y eliminar al equipo. Cuando *Forbes* presentó a los multimillonarios más jóvenes del mundo en 2022, la foto de portada mostraba a tres hombres blancos, lo que sugería que los multimillonarios más jóvenes, o los más valiosos, eran todos hombres blancos. Sin embargo, en realidad doce personas habían alcanzado este estatus, cuatro de ellas asiáticas y dos mujeres.[26] Asimismo, cuando en el Reino Unido *The Globe and Mail* alabó a una empresa de capital de riesgo codirigida por Boris Wertz y Angela Tran, la foto que acompañaba al artículo solo mostraba a Wertz.[27] Aunque estos casos pueden parecer inofensivos, la elección de a quién presentar muestra un sesgo hacia los hombres blancos y refuerza un falso estereotipo de quién tiene éxito.

Este patrón excluyente silencia el trabajo real (y los triunfos) de las mujeres y las personas de color. Y no ocurre solo en el mundo laboral. En la década de 1980, la socióloga Arlene Kaplan Daniels acuñó la expresión «trabajo invisible» para describir formas de trabajo no remunerado, como las tareas domésticas y el trabajo voluntario, que son fundamentales para que la sociedad funcione, pero que están devaluados cultural y económicamente.[28]

Mientras deambulaba por el barrio con mi hijo durante el confinamiento, a menudo me sentía invisible, porque pasaba gran parte de mi tiempo realizando este trabajo invisible. Y no soy la única. A nivel mundial, las mujeres realizan tres de cada cuatro horas de trabajo no remunerado.[29] El trabajo silencioso compensa la falta de servicios sociales y sostiene las economías. Se calcula que el trabajo doméstico y de cuidados no remunerado corresponde a entre el 10 y el 39 por ciento del PIB y contribuye más a la economía que los sectores manufacturero, comercial o de transporte.[30]

Si guardamos silencio sobre el trabajo que hacemos (en una oficina o en nuestra casa), sigue siendo invisible. Al nombrarlo, lo hacemos visible.

Mi amiga, que dejó su trabajo en una empresa farmacéutica para ser ama de casa, se pregunta si está aportando lo suficiente a su familia porque no lleva un sueldo a casa. En un momento de frustración, cuantificamos el valor económico del trabajo que hacemos. Si ella no cuidara de sus dos hijos, tendrían que contratar a una niñera o pagar una guardería, lo que supondría unos 1.800 dólares al mes por niño. Solo en eso ya genera 3.600 dólares mensuales, o 43.200 anuales. Si no hiciera la compra, tendrían que pagar un servicio de entrega. Si no limpiara la casa, tendrían que contratar a una persona que hiciera la limpieza. Si no se ocupara del jardín, tendrían que contratar a un jardinero. Si hacemos la suma, descubrimos que su trabajo genera 80.000 dólares al año, más de lo que gana su marido.

Atribuir el mérito a quien corresponde supone reconocer las diferentes aportaciones. No podremos apreciar y valorar el trabajo invisible mientras no desaprendamos nuestra negativa a reconocer su existencia. Mientras no desaprendamos nuestro silencio al respecto. No podemos valorar lo que no reconocemos.

DIRIGE TU DINERO

En Navidades siempre aparecen carteles en los escaparates animando a comprar en las tiendas de tu localidad. En lugar de pedir una taza por internet, compra una hecha por un artesano de tu ciudad. En lugar de ampliar las ganancias de una gran empresa, apoya el trabajo y el sustento de tus vecinos.

La verdad es que me cuesta aceptar esta idea, porque hacer pedidos con un solo clic con envío gratuito que me deja lo que he comprado en la puerta (o lo envía gratis a todo el país) es tremendamente atractivo. Y comprar en una gran cadena significa gastar menos dinero del que gastaría en la tienda de la esquina, que debe pagar el alquiler, pagar sueldos dignos y aun así obtener ganancias. Y no soy la única. Como mis vecinos se enfrentan a las mismas decisiones, la mayoría de las tiendas familiares que hacían que nuestro barrio fuera tan único han quedado sustituidas por grandes superficies. Es el dilema al que nos enfrentamos cada vez que hacemos una compra.

Todos tenemos el poder de apoyar o silenciar productos, proyectos y a personas con nuestra forma de gastar el dinero. El mercado puede parecer un sistema impersonal alejado de nosotros. A menos que seamos Elon Musk o Jeff Bezos, ¿alguna de nuestras decisiones económicas tendrá impacto?

No podemos hablar de sistemas sin reconocer el papel del poder económico. Nos guste o no, el dinero habla. Cada uno de nosotros, a su manera, determina qué se coloca en los estantes de los supermercados, qué películas se hacen y qué voces se escuchan.

Durante años, los ejecutivos de Hollywood aseguraron que los actores no blancos no podían protagonizar una película. Argumentaban que si el protagonista no era blanco, las películas no se vendían. En lugar de presentar repartos diversos, Hollywood optó por los personajes blancos y siguió haciendo películas con protagonistas masculinos blancos que los críticos de cine solían considerar mediocres en el mejor de los casos.

Pero la investigación muestra lo contrario. Las películas con repartos no blancos pueden ser económicamente lucrativas. De hecho, las películas con repartos racialmente diversos son más rentables que las que cuentan con elencos exclusivamente blancos.[31]

Pantera Negra recaudó más de 1.400 millones de dólares en todo el mundo, lo que la convierte en una de las películas más taquilleras de todos los tiempos.[32] *Locamente millonarios* recaudó más de 238 millones de dólares con un presupuesto de 30 millones, lo que la convierte en la comedia romántica más taquillera de la década.[33]

Estas películas han sido posibles porque tú y yo nos presentamos en la taquilla para apoyar y expresar nuestra hambre de películas que cuenten nuestras historias. Quizá algún día la lista de películas de Hollywood con protagonistas no blancos no sea tan breve.

Contar una historia diferente parece arriesgado porque no se ha hecho, pero atenerse a la misma fórmula sigue silenciando a las personas a las que se ha subestimado y desfavorecido sistemáticamente. El patrón de subestimar no se aplica solo en las películas, sino también en cualquier iniciativa.

En 2021 solo el 2,4 por ciento de los 330.000 millones de dólares de capital de riesgo invertidos en nuevas empresas en Estados Unidos fue a parar a empresas fundadas únicamente por mujeres; el 15,6 por ciento del capital fue a equipos con fundadores tanto femeninos como masculinos.[34] Las empresas emergentes con al menos un fundador negro recibieron el 1,2 por ciento del total de dólares de riesgo invertidos en Estados Unidos en 2022.[35] Si eres un capitalista de riesgo, está claro a quién es más probable que financies. Estos resultados no se producen porque las ideas de las mujeres y de las personas de color sean peores, sino porque quienes financian no han estado dispuestos a invertir en lo que podría ser.

Si eres inversor, ¿en quién vas a invertir?

Si buscas un proveedor, ¿a quién vas a contratar?

Si eres consumidor, ¿a quién le vas a comprar?

El dinero es influencia. Tengo que recordarme a mí misma que utilizar mi dinero es mucho más que saber cuánto queda en mi cuenta bancaria a final de mes, porque mi forma de utilizar y gastar el dinero influye en qué proyectos, personas, voces y comunidades tienen éxito. Nuestro poder adquisitivo, ya sea grande o pequeño, tiene la capacidad de apoyar o silenciar el sustento y los sueños de otras personas.

Es fácil señalar con el dedo los sistemas y decir que no funcionan. Al fin y al cabo, la mayoría de los sistemas están despersonalizados, así que nadie es el único responsable. Los sistemas normalmente quieren que olvidemos que tenemos poder, porque aprovechar nuestro poder significa que podemos hacer cambios. Nuestras decisiones de seguir o desafiar las políticas y prácticas que conforman los sistemas pueden cambiar el curso de la historia. El efecto de elegir nuestra voz, formar coaliciones, atribuir el trabajo a quien corresponde y dirigir nuestro dinero es básicamente dar forma y remodelar los sistemas que nos rodean, y silenciar o apoyar a las personas.

Desaprender el silencio exige cambios en la mentalidad, las habilidades y los sistemas. Tanto en la familia como en la comunidad, el cambio sistémico empieza cuando una persona está dispuesta a pasar a la acción.

Sé tú esa persona.

TE TOCA A TI

Reflexiona

- ¿De qué sistemas formas parte?

- ¿Cuál es tu papel en esos sistemas?

- ¿De qué eliges hablar y de qué no hablar en un sistema?

- ¿Qué tipo de poder tienes que podrías estar subestimando?

- ¿Cómo impacta tu silencio o tu voz en el sistema en el que estás?

Recuerda: los sistemas son nuestra interconexión. Cambiar tu aportación cambia el sistema.

Experimenta

- ¿Qué patrón o política quieres cambiar?

- ¿A quién puedes invitar a unirse a tu esfuerzo?

- ¿Sobre qué guardas silencio y podrías elegir la voz?

Conclusión

Como durante mucho tiempo he guardado silencio y me han silenciado, sé que romper el silencio no es fácil. Puede ser tremendamente incómodo, a menudo plantea cosas que deben analizarse con terapia (lo digo en serio) y requiere que deconstruyamos y reconstruyamos cómo nos presentamos en la vida cotidiana.

Pero romper el silencio es también la forma de encontrar y utilizar nuestra voz para crear las familias, las comunidades y el mundo que queremos. Un mundo en el que tú y las personas que te rodean (y las que vendrán después de ti) puedan progresar.

Espero que este libro haya mostrado a aquellos de vosotros que, como yo, os habéis pasado la vida calculando con cuidado vuestras palabras y acciones que no estáis solos. No sois ridículos. No exageráis ni sois demasiado sensibles.

No erais vosotros.

En el futuro, espero que los momentos y lugares en los que elijas el silencio sean los que te beneficien, no los cómodos y convenientes para los que te rodean.

Espero que estés más empoderado y equipado para utilizar tu voz. Espero que con cada experimento que pongas a prueba tu voz sea más fuerte y poderosa.

Espero que vivas con más libertad y que puedas ser la persona que quieres ser, la persona que solo tú puedes ser. Porque detrás del

silencio que aprendiste hay una voz fuerte y poderosa que es singular-
mente tuya.

Y te necesitamos.

Hablemos y luchemos por lo que es bueno, correcto y verdadero.

Reconstruyamos un mundo en el que todo ser humano, al margen
de su familia y las circunstancias en las que nació, tenga la oportunidad de que lo vean, lo conozcan y lo escuchen tal como es y como la
persona en la que está convirtiéndose.

En el que no prevalezca la voz más fuerte, más orgullosa y más privilegiada, sino que haya (y se pueda crear) espacio para la diferencia.

En el que el sentimiento de pertenencia, la dignidad y la justicia
sean realidades no solo para unos pocos privilegiados, sino para todos
y cada uno de los seres humanos.

En el que pasemos menos tiempo de trabajo fingiendo, andando de
puntillas y buscando soluciones.

En el que, al crear espacio y celebrar la voz, podamos dar rienda
suelta al talento y recibir las recompensas que la colaboración y la innovación llevan mucho tiempo prometiendo.

En el que podamos desaprender y reaprender en comunidad las lecciones fundamentales que dan forma a cómo nos presentamos en el
mundo.

En el que nuestras familias, por nacimiento o por elección, puedan
conocernos y querernos porque ya no sea necesario corregirnos y cen-
surarnos.

En el que haya espacio para que seamos nosotros mismos y nos acepten, nos respeten e incluso nos celebren.

Esta es la oportunidad de desaprender a silenciar a los demás.

Y la oportunidad de romper nuestro silencio.

Estoy impaciente por escuchar tu voz.

Hoja de ruta para romper tu silencio

3. Cuando el silencio tiene sentido
   Tres preguntas con las que lidiamos
   ¿Cuáles son los costes de elegir la voz?
      Enfrentarse a lo desconocido
      Manejar las reglas de otra persona
      Perder el control
   ¿Cuáles son los beneficios de guardar silencio?
      El silencio permite sobrevivir
      El silencio protege la energía
      El silencio es autocuidado
   El silencio no es un salvoconducto
      El silencio es estratégico
   Dados los costes y los beneficios de la voz y el silencio, ¿qué es
      lo mejor para mí?
      Nuestros sesgos
         El sesgo del presente
         El sesgo del yo
      Nuestra percepción
   ¿La diferencia? La decisión de actuar

4. Cómo nos silenciamos a nosotros mismos
   ¿Ellos o tú? Seguramente ambos
   Asumimos que nuestra voz no importa
      Nos centramos demasiado en las expectativas de los demás
      Cedemos a la presión del grupo
      Valoramos más la monotonía que la singularidad
   Nos autocensuramos
   Mitigamos nuestro discurso
   No hemos hablado

5. Cómo silenciamos a los demás
   Subestimamos las dificultades

Decimos que queremos opiniones cuando en realidad no las
    queremos
    Tres grupos
Controlamos el relato
Respuestas reactivas
Nos centramos en nosotros mismos
    Momento del día
    Medios de comunicación
    Estilos de procesamiento
Cambiamos el tema para hablar de nosotros
No los creemos
Tenemos una mentalidad rígida
Creamos culturas del silencio
Todos silenciamos a otras personas, pero no es necesario

ACCIÓN

6. Encuentra tu voz
    Cultiva la consciencia
        Tu voz es digna y merece que la escuchen
        Intentarán dar forma a tu voz
        Juzgar (tu voz y quién eres) es normal
    Cuestiona tu voz
        Pon en cuestión lo que piensas
        Date permiso
    Experimenta utilizando la voz
        Haz pequeños experimentos
        Limita la duración de los experimentos
        Siéntete cómodo con la incomodidad
    Invita a diferentes voces
        Equilibra los comentarios
        Ten una caja de resonancia

Decide qué voces son imprescindibles
Invita a tu reflexión
Recalibra con frecuencia

7. Utiliza tu voz
Tres palancas para la voz
Sustancia
¿Qué aspectos de la sustancia están en mi ámbito?
¿Qué perspectiva aporto?
Relación
Rompe con los prejuicios
Cultiva la cultura emocional
Proceso
Planifica deliberadamente
No dejes las reuniones al azar
Sugiere cambios en el proceso que apoyen tu voz
Explicita las normas implícitas
Cuenta con preguntas estándar
Ocúpate de que el proceso sea justo

8. Cómo decir lo que piensas
Empieza preguntando por qué
Conecta los puntos
Deja clara la pregunta
Acepta la resistencia

9. Deja de silenciar a los demás
Escucha sobre todo las diferencias
Elimina las ideas preconcebidas
Céntrate en sus intereses y su voluntad
Cómo ocuparte de ti mismo
Normaliza diferentes estilos de comunicación

Agradecimientos

Escribir un libro implica a muchas personas. Sin Meghan Stevenson y su equipo este libro no existiría. Fuiste la primera que dijo que esta idea era como oro en el fondo de las vías del tren. Gracias por saber cómo estructurar mis ideas para que el mundo editorial viera su valor e hiciera posible este nuevo capítulo. Brindo por tu éxito.

A mi agente, Rachel Ekstrom Courage. Cuando nos conocimos, dijiste que defenderías este proyecto más que yo misma. Recuerdo que pensé que era imposible, pero así ha sido. Gracias por luchar por mí, centrarte en mis necesidades y guiarme por esta montaña rusa con firmeza y amabilidad.

Es un regalo trabajar con personas que son increíbles en su profesión. Mi editora, Meg Leder, es sin duda una de ellas. Gracias por amar tanto este proyecto que has sido la editora más exigente cuando más lo necesitaba, y una sensata y cálida coach en todo momento. Incluso fuiste constructiva y eficaz en la peor de mis pesadillas provocadas por el estrés. El libro es más ágil, claro y cohesivo gracias a las agudas correcciones de Anna Argenio. Tengo más esperanza en el impacto global de romper el silencio gracias a tu feroz e inquebrantable defensa.

Al equipo de Penguin Life, gracias por soñar conmigo y porque trabajar con vosotros ha sido un sueño. Gracias, Isabelle Alexander y Annika Karody, por todo el trabajo que puede pasar inadvertido, pero que es fundamental y valoro mucho. Lydia Hirt y Shelby Meizlik me ayudaron a soñar más de lo que jamás imaginé con que desaprender el silencio podría sanarnos y hacernos a todos más completos. Patrick Nolan vio y creyó en el potencial a largo plazo de este libro para cambiar vidas y construir un mundo mejor en el que nos gustaría vivir. Llorar con todos vosotros en nuestra primera llamada por Zoom fue una señal de que había encontrado al equipo adecuado. Alison Rich, Stephanie Bowen, Rachael Perriello Henry y Zehra Kayi, vosotras me orientasteis cuando estaba perdida e iluminasteis el camino cuando estaba oscuro. Gracias por empujarme a los mundos en los que necesitaba entrar. Sabila Khan, tu entusiasmo contagioso y tu convicción de que este era el libro que necesitabas hace veinte años me animaron a superar las partes más difíciles del proceso. Gracias por difundir el mensaje en más idiomas de los que jamás habría imaginado. Brian Tart, Kate Stark, Lindsay Prevette, Molly Fessenden, Julia Falkner, Tricia Conley, Katie Hurley, Madeline Rohlin, Daniel Lagin, Jane Cavolina, Dorothy Janick y Tracy Gardstein: me habéis enseñado lo increíbles que pueden ser las cosas cuando te atreves a confiar en tu instinto.

Steve Troha y el equipo de Folio Literary me apoyaron como autora primeriza. Kelly Yun se lanzó de cabeza para asegurarse de que todo estuviera bien investigado y fundamentado. Todavía me siento avergonzada, aunque infinitamente agradecida, de que encontrarais las bacterias por centímetro cuadrado en el episodio del Toiletgate. Siri Chilazi me ofreció generosas recomendaciones, apoyo inquebrantable y una solidaridad inigualable. Jennifer Kem empleó su incomparable habilidad para crear estrategias para ayudarme a visualizar, siempre empezando por lo que de verdad quiero en la vida. Sarah Paikai, me mostraste no solo lo que puede conseguir la competencia, sino también lo transformador que puede ser un asesor motivacional eficaz. Gracias a ambas por apoyarme.

Mis colegas de Triad Consulting Group, Sheila Heen y Doug Stone me sacaron de la cinta transportadora de la abogacía e hicieron posible un camino diferente. Desde las chocolatinas con almendras

Hershey hasta las camisetas «Linsanity» de los Knicks, ambos me habéis enseñado mucho sobre la empatía, la humildad, la enseñanza y el aprendizaje. Debbie Goldstein dirigió para que pudiera escribir este libro y desafía a las personas a decir que sí con calidez y compasión. Julie Okada vio y defendió lo que he traído al mundo mucho antes de lo que me habría atrevido a imaginar.

Jessie McShane me enseñó que celebrar es una de las grandes alegrías (y necesidades) de la vida. Lily Lin nos organizó y me ayudó a aprender a decir que no (estoy en un año sabático). Brenda Gutierrez nos impulsó sabiamente a hacerlo mejor. Anh Tran fue real desde el principio y bendice el mundo con su genio. Sarah Brooks utilizó su voz y fue una aliada constante. Heather Sulejman ha estado en las trincheras y Caroline Adler nos mostró lo que podría ser.

Gracias, Alonzo Emery, por las llamadas a mantener la cordura; estoy orgullosa de lo lejos que hemos llegado como una generación ya no tan joven de profesionales que buscamos una vida mejor. Angelique Skoulas, gracias por entender cuánto espacio ocupan las diferentes partes de la vida y creerme cuando más importaba. Stevenson Carlebach, Michele Gravelle, Ann Garrido, Peter Hiddema, Stephan Sonnenberg, Stacy Lennon, Emily Epstein, Bob Bordone y Michael Moffitt: sois parte de la mediadora y educadora que soy en la actualidad.

Jamie Woolf y Heidi Rosenfelder me ofrecieron genio creativo, atención y recomendaciones. Susanna Cooper, Michal Kurlaender, Claudia Escobar, Deborah Travis y el equipo de Wheelhouse me conectaron con algunos de los trabajos, causas y comunidades más significativos. A todos los clientes que tuvisteis estas ideas, incluso cuando necesitasteis un momento, porque la frase por sí sola os dejó boquiabiertos. Este libro no habría sido posible si no me hubierais confiado los problemas más difíciles y delicados durante años.

En un mundo en el que los libros sobre liderazgo escritos por mujeres de color aún no ocupan los primeros lugares en las búsquedas de Google, Ruchika Tulshayan y Deepa Purushothaman han liderado el camino y modelado una mentalidad de abundancia. Gracias por conectarme con algunas de mis hermanas más queridas en la causa. Puede que hayamos sido las primeras, pocas o las únicas, pero ya no será así. Pooja Lakshmin, Luvvie Ajayi Jones, Elaine Welteroth, Ijeoma Oluo, Kelly Richmond Pope, Aiko Bethea, Kim Crowder y Elizabeth Leiba: me inspiran vuestras palabras y vuestra forma de presentaros. Gracias, Kathy Khang, por alzar la voz y, con tu amabilidad, recordarme que hay espacio para cada una de nuestras voces (y que son necesarias).

Kwame Christian me dijo que tenía todo lo que necesitaba para hacer todo esto y que significaba mucho. Amal Masri, gracias por abrazarme, entender el puaj y ser mi mesa de cocina.

Rosie Yeung, Alice Chan, Jessica Chen, Tara Robertson, Phil Xiao, Paul Ladipo, Francine Parham y Sybil Stewart. Vuestra presencia en LI y en mi vida ha sido transformadora. Agradeceros es poco sabiendo que estamos dando forma al mundo para honrar nuestra dignidad individual y colectiva.

Escribir es una cuestión no solo de oficio, sino también de corazón. Gracias, Regina Chow Trammel, por ayudarme a sanar, y a Angela Park por ser una firme defensora. Ambas sois las personas que quiero ser cuando sea mayor. Alice Chen, Cassindy Chao, Belinda Luu y mis Feisty Sisters, vosotras me ofrecéis el incalculable regalo de no tener que dar explicaciones y poder centrarme en cómo apoyarnos mutuamente.

Minna Dubin controló la ira de mi madre e impulsó todas las sesiones de escritura en Cafenated Coffee. Jackie Knapp me recordó que jugara. Cathy Swinford me mantuvo cuerda y es un ejemplo de que el arduo trabajo de excavación y entrega a Dios siempre vale la pena. No habría podido trabajar fuera de casa si no hubiera contado con personas de confianza para cuidar de mis hijos; Mayra Dana y Emilia O'Toole crearon un ambiente enriquecedor y nos ayudaron a cuidar de nuestros hijos con un amor incomparable. Dhanya Lakshmi, Lisa Hook, Nicole Hosemann, Anne Mayoral, Alison Kosinski y Summer Chang: cuidar a niños durante una pandemia no es algo que le deseamos a nadie, pero si tuviéramos que hacerlo, sin duda preferiría hacerlo con vosotras.

A mi equipo Benetton. Desde escalar montañas durante tormentas de granizo hasta aparecer para darnos una sorpresa en Target, gracias por mostrarme el poder de la solidaridad racial y transcultural, hacer las preguntas difíciles y ayudarme a vivir con una perspectiva eterna. La doctora Jennifer J. Stuart es una animadora y una defensora feroz cuyas agudas preguntas y conmovedoras observaciones siempre han llegado al corazón. Es cierto que detrás de toda mujer cuerda hay otra mujer que envía mensajes de texto a medianoche. Audrie Wright, tú eres esa persona. Heather y Ben Kulp, vuestra infinita paciencia, vuestro humor irónico y vuestra fiel amistad me estabilizan. Elizabeth Eshleman, me has enseñado a cantar, llorar y abrazar la vida. Ge, gracias por ayudarme a aprender a decir que tengo hambre y a confiar en mí más de lo que nunca había confiado en mí misma. Gracias, BWB, por los móviles, la oración, la curación culinaria y por recordarme que me ocupe de mí misma.

Mamá y papá, gracias por rezar por mí y por ser inflexibles en que tuviera una carrera profesional. Por desde las reservas de *jiaozi* caseras en el congelador hasta que os quedarais en mi casa los viernes por la noche para que pudiera dormir, este libro (y mi vida) no sería posible sin vosotros. Gracias por vuestro sacrificio, por las cosas de las que soy consciente y por las que aún tenemos que hablar o saber. Nuestro viaje juntos me ha enseñado el poder y la promesa de seguir aprendiendo juntos. Estoy orgullosa de ser vuestra hija. Para los Minnesota Herings, vuestro compromiso con la experimentación continua y el servicio humilde me inspira.

Laz, es un honor para mí ser tu madre. No pierdas tu curiosa confianza en quién eres ni tu claridad. Camiones de basura rojos con brazos de agarre siempre. M, gracias por haber amado y alentado siempre mi voz, incluso antes de que la hubiera encontrado.

Gracias, Dios, porque todo esto es Efesios 3, 20.

A cada persona que se esfuerza en seguir buscando y utilizando su voz, gracias por su voz inspiradora. Gracias por construir (y luchar por construir) vidas que valga la pena vivir.

Notas

Introducción

1. He elaborado los ejemplos de este libro a partir de clientes con los que he trabajado durante años, cambiando los nombres y algunos detalles.

2. David J. Wasserstein, «A West-East Puzzle: On the History of the Proverb "Speech in Silver, Silence in Golden"», en *Compilation and Creation in Adab and Luġa: Studies in Memory of Naphtali Kinberg (1948-1997)*, ed. Albert Arazi, Joseph Sadan y David J. Wasserstein, Tel Aviv, Eisenbrauns, 1999.

3. Jenni Radun *et al.*, «Speech Is Special: The Stress Effects of Speech, Noise, and Silence During Tasks Requiring Concentration», *Indoor Air* 31, n.º 1 (enero de 2021), pp. 264-274, https://doi.org/10.1111/ina.12733.

4. L. Bernardi, C. Porta y P. Sleight, «Cardiovascular, Cerebrovascular, and Respiratory Changes Induced by Different Types of Music in Musicians and NonMusicians: The Importance of Silence», *Heart* 92, n.º 4 (abril de 2006), pp. 445-452, https://doi.org/10.1136/hrt.2005.064600.

5. Imke Kirste *et al.*, «Is Silence Golden? Effects of Auditory Stimuli and Their Absence on Adult Hippocampal Neurogenesis», *Brain Structure and Function* 220, n.º 2 (marzo de 2015), pp. 1221-1228, https://doi.org/10.1007/s00429-013-0679-3.

6. «The Big Sort», *Economist*, 19 de junio de 2008, https://www.economist.com/united-states/2008/06/19/the-big-sort.

1. El silencio aprendido

1. Charles A. Nelson, Nathan A. Fox y Charles H. Zeanah, *Romania's Abandoned Children: Deprivation, Brain Development, and the Struggle for Recovery*, Cambridge, Harvard University Press, 2014.

2. «People: The Younger Generation», *Time*, 5 de noviembre de 1951, http://content.time.com/time/subscriber/article/0,33009,856950,00.html.

3. Hannah Jane Parkinson, «From the Silent Generation to "Snowflakes": Why You Need Friends of All Ages», *Guardian*, 18 de octubre de 2019, https://www.theguardian.com/lifeandstyle/2019/oct/18/silent-generation-to-snowflakes-why-you-need-friends-all-ages.

4. *Britannica Online*, s. v. «McCarthyism», por P. J. Achter, última actualización 5 de diciembre de 2022, https://www.britannica.com/topic/McCarthyism.

5. Mark Batterson y Richard Foth, *A Trip Around the Sun: Turning Your Everyday Life into the Adventure of a Lifetime*, Grand Rapids, Baker Books, 2015.

6. AnnMarie D. Baines, *(Un)learning Disability: Recognizing and Changing Restrictive Views of Student Ability*, Nueva York, Teachers College Press, 2014.

7. AnnMarie Baines, Diana Medina y Caitlin Healy, *Amplify Student Voices: Equitable Practices to Build Confidence in the Classroom*, Arlington, ASCD, 2023, capítulo 3.

8. Ambreen Ahmed y Nawaz Ahmad, «Comparative Analysis of Rote Learning on High and Low Achievers in Graduate and Undergraduate Programs», *Journal of Education and Educational Development* 4 (2017), pp. 111-129, https://www.researchgate.net/publication/317339196_Comparative_Analysis_of_Rote_Learning_on_High_and_Low_Achievers_in_Graduate_and_Undergraduate_Programs.

9. Kurt F. Geisinger, «21st Century Skills: What Are They and How Do We Assess Them?», *Applied Measurement in Education* 29, n.º 4 (2016), pp. 245-249, https://doi.org/10.1080/08957347.2016.1209207.

10. Amanda LaTasha Armstrong, «The Representation of Social Groups in U.S. Education Materials and Why It Matters», New America, 16 de febrero de 2022, http://newamerica.org/education-policy/briefs/the-representation-of-social-groups-in-us-education-materials-and-why-it-matters/.

11. Elizabeth Wolfe Morrison y Frances J. Milliken, «Organizational Silence: A Barrier to Change and Development in a Pluralistic World», *Academy of*

Management Review 25, n.º 4 (octubre de 2000), pp. 706-725, http://dx.doi. org/10.2307/259200.

12. Kerm Henricksen y Elizabeth Dayton, «Organizational Silence and Hidden Threats to Patient Safety», Health Services Research 41, n.º 4, pt. 2 (agosto de 2006), pp. 1539-1554, https://doi.org/10.1111%2Fj.1475-6773.2006. 00564.x.

13. «Myths about Sexual Assault Reports», Brown University, BWell Health Promotion (2022), https://www.brown.edu/campus-life/health/services/ promotion/sexual-assault-dating-violence/myths-about-sexual-assault-reports#: ~:text=The%20study%20found%20that%204.5,however%2C%20it%20is%20 very%20rare.

14. Free Dictionary, s. v. «Snitches get stitches», acceso 23 de marzo de 2022, https://idioms.thefreedictionary.com/snitches+get+stitches.

15. Ayah Young, «Deadly Silence: Stop Snitching's Fatal Legacy», *Wiretap*, 28 de marzo de 2008, https://web.archive.org/web/20080401135307/http:/www. wiretapmag.org/race/43473/.

16. USC Annenberg, «Inequality in 1,300 Popular Films: Examining Portrayals of Gender, Race/Ethnicity, LGBTQ & Disability from 2007 to 2019», Annenberg Inclusion Initiative (septiembre de 2020), https://assets.uscannenberg. org/docs/aii-inequality_1300_popular_films_09- 08- 2020.pdf.

2. El problema del silencio

1. Associated Press, «Enron Whistleblower Tells of "Crooked Company"», NBC News, 15 de marzo de 2006, https://www.nbcnews.com/id/wbna11839694.

2. Dick Carozza, «Interview with Sherron Watkins: Constant Warning», *Fraud Magazine*, enero/febrero de 2007, https://www.fraud-magazine.com/article. aspx?id=583.

3. Albert O. Hirschman, *Exit, Voice, and Loyalty: Responses to Decline in Firms, Organizations, and States*, Cambridge, Harvard University Press, 1970.

4. Gregory Moorhead y John R. Montanari, «An Empirical Investigation of the Groupthink Phenomenon», *Human Relations* 39, n.º 5 (mayo de 1986), pp. 399-410, https://doi.org/10.1177/001872678603900502.

5. Silvia da Costa *et al.*, «Obediencia a la autoridad, respuestas cognitivas y afectivas y estilo de liderazgo en relación a una orden no normativa: el experimento

de Milgram», *Revista de Psicología* 39, n.º 2 (2021), pp. 717-744, https://doi.org/10.18800/psico.202102.008.

6. Deepa Purushothaman y Valerie Rein, «Workplace Toxicity Is Not Just a Mental Health Issue», *MIT Sloan Management Review*, 18 de enero de 2023, https://sloanreview.mit.edu/article/workplace-toxicity-is-not-just-a-mental-health-issue/.

7. Maria Ritter, «Silence as the Voice of Trauma», *American Journal of Psychoanalysis* 74 (2014), pp. 176-194, https://doi.org/10.1057/ajp.2014.5.

8. E. D. Lister, «Forced Silence: A Neglected Dimension of Trauma», *American Journal of Psychiatry* 139, n.º 7 (julio de 1982), pp. 872-876, https://doi.org/10.1176/ajp.139.7.872.

9. Bessel van der Kolk, *The Body Keeps the Score: Brain, Mind, and Body in the Healing of Trauma*, Nueva York, Penguin Books, 2015.

10. Valerie Purdie-Vaughns y Richard P. Eibach, «Intersectional Invisibility: The Distinctive Advantages and Disadvantages of Multiple Subordinate-Group Identities», *Sex Roles* 59 (2008), pp. 377-391, https://doi.org/10.1007/s11199-008-9424-4.

11. Xochitl Gonzalez, «Why Do Rich People Love Quiet?», *Atlantic*, 1 de agosto de 2022, https://www.theatlantic.com/magazine/archive/2022/09/let-brooklyn-be-loud/670600/.

12. Elizabeth K. Laney, M. Elizabeth Lewis Hall, Tamara L. Anderson y Michele M. Willingham, «Becoming a Mother: The Influence of Motherhood on Women's Identity Development», *Identity* 15, n.º 2 (2015), pp. 126-145, https://doi.org/10.1080/15283488.2015.1023440.

13. Hazel M. MacRae, «Women and Caring: Constructing Self Through Others», *Journal of Women & Aging* 7, n.º 1-2 (1995), pp. 145-167, https://doi.org/10.1300/J074v07n01_11.

14. Karen Rinaldi, «Motherhood Isn't Sacrifice, It's Selfishness», *New York Times*, 4 de agosto de 2017, https://www.nytimes.com/2017/08/04/opinion/sunday/motherhood-family-sexism-sacrifice.html.

15. Anne Helen Petersen, «"Other Countries Have Social Safety Nets. The U.S. Has Women"», Culture Study, 11 de noviembre de 2020, https://annehelen.substack.com/p/other-countries-have-social-safety.

16. Craig Timberg, «New Whistleblower Claims Facebook Allowed Hate, Illegal Activity to Go Unchecked», *Washington Post*, 22 de octubre de 2021, https://www.washingtonpost.com/technology/2021/10/22/facebook-new-whistleblower-complaint/.

17. Julie Miller, «Paying the Price for Blowing the Whistle», *New York Times*, 12 de febrero de 1995, https://www.nytimes.com/1995/02/12/nyregion/paying-the-price-for-blowing-the-whistle.html.

18. «Double Pain», Super Mario Wiki, última edición 10 de mayo de 2022, https://www.mariowiki.com/Double_Pain.

19. Julianne Holt-Lunstad *et al.*, «Loneliness and Social Isolation as Risk Factors for Mortality: A Meta-Analytic Review», *Perspectives on Psychological Science* 10, n.º 2 (marzo de 2015), pp. 227-237, https://doi.org/10.1177/1745691 614568352.

20. Stephanie Cacioppo *et al.*, «Loneliness: Clinical Import and Interventions», *Perspectives on Psychological Science* 10, n.º 2 (marzo de 2015), pp. 238-249, https://doi.org/10.1177/1745691615570616.

21. Emma Bassett y Spencer Moore, «Mental Health and Social Capital: Social Capital as a Promising Initiative to Improving the Mental Health of Communities», en *Current Topics in Public Health*, ed. Alfonso J. Rodriguez-Morales, Londres, IntechOpen, 2013, http://dx.doi.org/10.5772/53501.

22. James W. Pennebaker, *Opening Up: The Healing Power of Expressing Emotions*, Nueva York, Guilford Press, 1997.

23. David A. Goldstein y Michael H. Antoni, «The Distribution of Repressive Coping Styles Among Non-Metastatic and Metastatic Breast Cancer Patients as Compared to Non-Cancer Patients», *Psychology and Health* 3, n.º 4 (1989), pp. 245-258, https://doi.org/10.1080/08870448908400384.

24. Jainish Patel y Pritish Patel, «Consequences of Repression of Emotion: Physical Health, Mental Health and General Well Being», *International Journal of Psychotherapy Practice and Research* 1, n.º 3 (febrero de 2019), pp. 16-21, http://dx.doi.org/10.14302/issn.2574-612X.ijpr-18-2564.

25. J. J. Gross y O. P. John, «Individual Differences in Two Emotion Regulation Processes: Implications for Affect, Relationships, and Well-Being», *Journal of Personality and Social Psychology* 85, n.º 2 (agosto de 2003), pp. 348-362, https://doi.org/10.1037/0022-3514.85.2.348.

26. David Matsumoto *et al.*, «The Contribution of Individualism Vs. Collectivism to Cross-National Differences in Display Rules», *Asian Journal of Social Psychology* 1, n.º 2 (1998), pp. 147-165, https://psycnet.apa.org/doi/10.1111/1467-839X.00010.

27. Heejung S. Kim *et al.*, «Gene-Culture Interaction: Oxytocin Receptor Polymorphism (OXTR) and Emotion Regulation», *Social Psychological and*

Personality Science 2, n.º 6 (noviembre de 2011), pp. 665-672, https://doi.org/
10.1177/1948550611405854.

28. P. Cramer, «Defense Mechanisms in Psychology Today: Further Processes
for Adaptation», *American Psychologist* 55, n.º 6 (junio de 2000), pp. 637-646,
https://psycnet.apa.org/doi/10.1037/0003-066X.55.6.637.

29. Matteo Cinelli *et al.*, «The Echo Chamber Effect on Social Media», *PNAS*
118, n.º 9 (marzo de 2021), https://doi.org/10.1073/pnas.2023301118.

30. «Getting Muslim Representation Right», Pillars Fund, agosto de 2021,
https://pillarsfund.org/content/uploads/2021/08/Getting-Muslim-Representation-
Right.pdf.

31. Boaz Munro, «Dear American Progressives: Your Jewish Friends Are
Terrified by Your Silence», *An Injustice!*, 31 de mayo de 2021, https://aninjusticemag.
com/dear-american-progressives-your-jewish-friends-are-terrified-b24068fcf488.

32. Tiffany Bluhm, *Prey Tell: Why We Silence Women Who Tell the Truth and
How Everyone Can Speak Up*, Ada, Brazos Press, 2021.

3. CUANDO EL SILENCIO TIENE SENTIDO

1. Ryan Pendell, «5 Ways Managers Can Stop Employee Turnover», Gallup,
10 de noviembre de 2021, https://www.gallup.com/workplace/357104/ways-
managers-stop-employee-turnover.aspx.

2. Quantum Workplace and Fierce Conversations, «The State of
Miscommunication: 6 Insights on Effective Workplace Communication», Greater
Pensacola Society for Human Resource Management, junio de 2021, http://www.
gpshrm.org/resources/Documents/The-State-of-Miscommunication.pdf.

3. Pooja Lakshmin, *Real Self-Care: A Transformative Program for Redefining
Wellness*, Nueva York, Penguin Life, 2023.

4. Dan W. Grupe y Jack B. Nitschke, «Uncertainty and Anticipation in
Anxiety: An Integrated Neurobiological and Psychological Perspective», *Nature
Reviews Neuroscience* 14 (2013), pp. 488-501, https://doi.org/10.1038/nrn3524.

5. R. Nicholas Carleton, «Fear of the Unknown: One Fear to Rule Them
All?», *Journal of Anxiety Disorders* 41 (junio de 2016), pp. 5-21, https://doi.
org/10.1016/j.janxdis.2016.03.011.

6. Aysa Gray, «The Bias of "Professionalism" Standards», *Stanford Social
Innovation Review* (2019), https://doi.org/10.48558/TDWC-4756.

7. Adam Galinsky, «How to Speak Up for Yourself», Ideas.TED, 17 de febrero de 2017, https://ideas.ted.com/how-to-speak-up-for-yourself/.

8. Emma Hinchliffe, «The Female CEOs on This Year's Fortune 500 Just Broke Three All-Time Records», *Fortune*, 2 de junio de 2021, https://fortune.com/2021/06/02/female-ceos-fortune-500-2021-women-ceo-list-roz-brewer-walgreens-karen-lynch-cvs-thasunda-brown-duckett-tiaa/.

9. Allison Moser, «How to Improve Gender Diversity in the Workplace», Culture Amp, acceso 11 de mayo de 2022, https://www.cultureamp.com/blog/improving-the-gender-diversity-of-work-teams.

10. Sundiatu Dixon-Fyle, Kevin Dolan, Dame Vivian Hunt y Sara Prince, «Diversity Wins: Why Inclusion Matters», McKinsey & Company, 19 de mayo de 2020, https://www.mckinsey.com/featured-insights/diversity-and-inclusion/diversity-wins-how-inclusion-matters.

11. Sarah Beaulieu, *Breaking the Silence Habit: A Practical Guide to Uncomfortable Conversations in the #MeToo Workplace*, Oakland, Berrett-Koehler Publishers, 2020, p. 125.

12. Courtney L. McCluney *et al.*, «The Costs of Code-Switching», *Harvard Business Review*, 15 de noviembre de 2019, https://hbr.org/2019/11/the-costs-of-codeswitching.

13. Gregory M. Walton, Mary C. Murphy y Ann Marie Ryan, «Stereotype Threat in Organizations: Implications for Equity and Performance», *Annual Review of Organizational Psychology and Organizational Behavior* 2 (abril de 2015), pp. 523-550, https://doi.org/10.1146/annurev-orgpsych-032414-111322.

14. P. F. Hewlin, «Wearing the Cloak: Antecedents and Consequences of Creating Facades of Conformity», *Journal of Applied Psychology* 94, n.º 3 (mayo de 2009), pp. 727-741, https://doi.org/10.1037/a0015228.

15. Miller McPherson, Lynn Smith-Lovin y James M. Cook, «Birds of a Feather: Homophily in Social Networks», *Annual Review of Sociology* 27 (agosto de 2001), pp. 415-444, https://doi.org/10.1146/annurev.soc.27.1.415.

16. Cameron Anderson y Gavin J. Kilduff, «The Pursuit of Status in Social Groups», *Current Directions in Psychological Science* 18, n.º 5 (octubre de 2009), pp. 295-298, https://doi.org/10.1111/j.1467-8721.2009.01655.x.

17. Amy Edmondson, «Psychological Safety and Learning Behavior in Work Teams», *Administrative Science Quarterly* 44, n.º 2 (junio de 1999), pp. 350-383, https://doi.org/10.2307/2666999.

18. Sharmila Sivalingam, «The Brain: Saboteur or Success Partner? Exploring

the Role of Neuroscience in the Workplace», *Journal of Humanities and Social Sciences Research* 2, n.º 1 (julio de 2020), pp. 5-10, http://dx.doi.org/10.37534/bp.jhssr.2020.v2.n1.id1019.p5.

19. Bessel van der Kolk, *The Body Keeps the Score: Brain, Mind, and Body in the Healing of Trauma*, Nueva York, Penguin Books, 2015.

20. Naomi I. Eisenberger, «The Neural Bases of Social Pain: Evidence for Shared Representations with Physical Pain», *Psychosomatic Medicine* 74, n.º 2 (febrero de 2012), pp. 126-135, https://doi.org/10.1097%2FPSY.0b013e3182464dd1.

21. APA Dictionary of Psychology, s. v. «Self-preservation instinct», https://dictionary.apa.org/self-preservation-instinct.

22. Van der Kolk, *The Body Keeps the Score.*

23. Aimaloghi Eromosele, «There Is No Self-Care Without Community Care», URGE, 10 de noviembre de 2020, https://urge.org/there-is-no-self-care-without-community-care/.

24. Patricia Worthy, «Black Women Say Goodbye to the Job and Hello to Their Own Businesses», *Guardian*, 12 de febrero de 2022, https://www.theguardian.com/business/2022/feb/12/black-women-say-goodbye-to-the-job-and-hello-to-their-own-businesses.

25. Amy Wilkins, «Not Out to Start a Revolution: Race, Gender, and Emotional Restraint Among Black University Men», *Journal of Contemporary Ethnography* 41, n.º 1 (2012), pp. 34-65, https://journals.sagepub.com/doi/abs/10.1177/0891241611433053.

26. Anukit Chakraborty, «Present Bias», *Econometrica: Journal of the Econometric Society* 89, n.º 4 (julio de 2021), pp. 1921-1961, https://doi.org/10.3982/ECTA16467.

27. Amy C. Edmondson, *The Fearless Organization: Creating Psychological Safety in the Workplace for Learning, Innovation, and Growth*, Hoboken, John Wiley & Sons, 2018.

28. James W. Moore, «What Is the Sense of Agency and Why Does it Matter?», *Frontiers in Psychology* 7 (agosto de 2016), p. 1272, https://doi.org/10.3389/fpsyg.2016.01272.

29. Albert Bandura, «Toward a Psychology of Human Agency», *Perspectives on Psychological Science* 1, n.º 2 (junio de 2006), pp. 164-180, https://doi.org/10.1111/j.1745-6916.2006.00011.x.

4. Cómo nos silenciamos a nosotros mismos

1. James L. Gibson y Joseph L. Sutherland, «Keeping Your Mouth Shut: Spiraling Self-Censorship in the United States», *Political Science Quarterly* 138, n.º 3 (2023), https://dx.doi.org/10.2139/ssrn.3647099.

2. Megan Call, «Why Is Behavior Change So Hard?», Accelerate, 31 de enero de 2022, http://accelerate.uofuhealth.utah.edu/resilience/why-is-behavior-change-so-hard.

3. Maria Masters, «70 Dieting Statistics You Should Know», Livestrong, 8 de junio de 2021, https://www.livestrong.com/article/13764583-diet-statistics/.

4. Chris Argyris, «Double Loop Learning in Organizations», *Harvard Business Review*, septiembre de 1977, https://hbr.org/1977/09/double-loop-learning-in-organizations.

5. Rick van Baaren *et al.*, «Where Is the Love? The Social Aspects of Mimicry», *Philosophical Transactions of the Royal Society of London B 364*, n.º 1528 (agosto de 2009), pp. 2381-2389, https://doi.org/10.1098/rstb.2009.0057.

6. Nicolas Guéguen, Céline Jacob y Angelique Martin, «Mimicry in Social Interaction: Its Effect on Human Judgment and Behavior», *European Journal of Social Sciences* 8, n.º 2 (abril de 2009), https://www.researchgate.net/publication/228514642.

7. David J. Lieberman, *Get Anyone to Do Anything and Never Feel Powerless Again: Psychological Secrets to Predict, Control, and Influence Every Situation*, Nueva York, St. Martin's Press, 2010.

8. Pilita Clark, «It's OK to Be Quiet in Meetings», *Financial Times*, 30 de abril de 2022, https://www.ft.com/content/6d5942a2-a13a-49ea-a833-a6d5ce780ae3.

9. Neil G. MacLaren *et al.*, «Testing the Babble Hypothesis: Speaking Time Predicts Leader Emergence in Small Groups», *Leadership Quarterly* 31, n.º 5 (octubre de 2020), https://doi.org/10.1016/j.leaqua.2020.101409.

10. Andrew F. Hayes, Carroll J. Glynn y James Shanahan, «Willingness to SelfCensor: A Construct and Measurement Tool for Public Opinion Research», *International Journal of Public Opinion Research* 17, n.º 3 (otoño de 2005), pp. 298-323, https://doi.org/10.1093/ijpor/edh073.

11. Kerri Smith, «Brain Makes Decisions Before You Even Know It», *Nature*, 11 de abril de 2008, www.nature.com, https://doi.org/10.1038/news.2008.751.

12. Malcolm Gladwell, *Outliers: The Story of Success*, Nueva York, Little, Brown and Company, 2008.

13. Sik Hung Ng y James J. Bradac, *Power in Language: Verbal Communication and Social Influence*, Londres, Sage Publications, 1993.

14. B. Robey, «Sons and Daughters in China», *Asian and Pacific Census Forum* 12, n.º 2 (noviembre de 1985), pp. 1-5, https://pubmed.ncbi.nlm.nih.gov/12267834/.

15. Ute Fischer y Judith Orasanu, «Cultural Diversity and Crew Communication», artículo presentado en el Fiftieth Astronautical Congress, Ámsterdam, octubre de 1999.

16. Brené Brown, *Dare to Lead: Brave Work. Tough Conversations. Whole Hearts*, Nueva York, Random House, 2018.

17. Lisa K. Fazio, David G. Rand y Gordon Pennycook, «Repetition Increases Perceived Truth Equally for Plausible and Implausible Statements», *Psychonomic Bulletin & Review* 26, n.º 5 (octubre de 2019), pp. 1705-1710, https://doi.org/10.3758/s13423-019-01651-4.

18. Giulio Perrotta, «The Reality Plan and the Subjective Construction of One's Perception: The Strategic Theoretical Model Among Sensations, Perceptions, Defence Mechanisms, Needs, Personal Constructs, Beliefs System, Social Influences and Systematic Errors», *Journal of Clinical Research and Reports* 1, n.º 1 (diciembre de 2019), http://dx.doi.org/10.31579/JCRR/2019/001.

5. CÓMO SILENCIAMOS A LOS DEMÁS

1. Michael C. Anderson y Simon Hanslmayr, «Neural Mechanisms of Motivated Forgetting», *Trends in Cognitive Sciences* 18, n.º 6 (junio de 2014), pp. 279-292, https://doi.org/10.1016/j.tics.2014.03.002.

2. Ryan W. Carlson *et al.*, «Motivated Misremembering of Selfish Decisions», *Nature Communications* 11, n.º 2100 (abril de 2020), https://doi.org/10.1038/s41467-020-15602-4.

3. Megan Reitz y John Higgins, «Managers, You're More Intimidating Than You Think», *Harvard Business Review*, 18 de julio de 2019, https://hbr.org/2019/07/managers-youre-more-intimidating-than-you-think.

4. Sarah Kocher, «Most Employees Are Too Intimidated to Talk to Their Boss About Work Issues», *New York Post*, 2 de marzo de 2020, https://nypost.

com/2020/03/02/most-employees-are-too-intimidated-to-talk-to-their-boss-about-work-issues/.

5. RACI es una herramienta diferente de gestión de proyectos en la que a las partes de un proyecto se les asigna uno de cuatro papeles: Responsable (R), Encargado (A, *accountable*), Consultado (C) e Informado (I). Existe una multitud de derivados, incluidos RAPID, PARIS y otras siglas. Todas llegan a una idea similar de clarificar papeles y expectativas.

6. Felipe Csaszar y Alfredo Enrione, «When Consensus Hurts the Company», *MIT Sloan Management Review* 56, n.º 3 (primavera de 2015), pp. 17-20, https://sloanreview.mit.edu/article/when-consensus-hurts-the-company/.

7. Naomi Havron *et al.*, «The Effect of Older Siblings on Language Development as a Function of Age Difference and Sex», *Psychological Science* 30, n.º 9 (agosto de 2019), pp. 1333-1343, https://doi.org/10.1177/0956797619861436.

8. «Americans Check Their Phones 96 Times a Day», Asurion, 21 de noviembre de 2019, https://www.asurion.com/press-releases/americans-check-their-phones-96-times-a-day; «The New Normal: Phone Use Is Up Nearly 4-Fold Since 2019, According to Tech Care Company Asurion», Asurion, https://www.asurion.com/connect/news/tech-usage/; Burt Rea, «Simplification of Work: The Coming Revolution», Deloitte Insights, 27 de febrero de 2015, https://www2.deloitte.com/us/en/insights/focus/human-capital-trends/2015/work-simplification-human-capital-trends-2015.html.

9. Matthew D. Lieberman, «Reflexive and Reflective Judgment Processes: A Social Cognitive Neuroscience Approach», en *Social Judgments: Implicit and Explicit Processes*, eds. Joseph P. Forgas, Kipling D. Williams y William von Hippel, Cambridge, Cambridge University Press, 2011, pp. 44-67.

10. Bob Nease, *The Power of Fifty Bits: The New Science of Turning Good Intentions into Positive Results*, Nueva York, Harper Business, 2016.

11. Nease, *The Power of Fifty Bits*.

12. Deniz Vatansever, David K. Menon y Emmanuel A. Stamatakis, «Default Mode Contributions to Automated Information Processing», *Biological Sciences* 114, n.º 48 (octubre de 2017), pp. 12821-12826, https://doi.org/10.1073/pnas.1710521114.

13. Malcolm Gladwell, *Blink: The Power of Thinking Without Thinking*, Nueva York, Little, Brown and Company, 2005.

14. Shouhang Yin *et al.*, «Automatic Prioritization of Self-Referential Stimuli

in Working Memory», *Psychological Science* 30, n.° 3 (marzo de 2019), pp. 415-423, https://doi.org/10.1177/0956797618818483.

15. Carey Nieuwhof, *At Your Best: How to Get Time, Energy, and Priorities Working in Your Favor*, Nueva York, WaterBrook/Penguin, 2021.

16. Kelly Dickerson, Peter Gerhardstein y Alecia Moser, «The Role of the Human Mirror Neuron System in Supporting Communication in a Digital World», *Frontiers in Psychology* 12, n.° 8 (mayo de 2017), p. 698, https://doi.org/10.3389/fpsyg.2017.00698.

17. Douglas Stone y Sheila Heen, *Thanks for the Feedback: The Science and Art of Receiving Feedback Well*, Nueva York, Viking, 2014.

6. Encuentra tu voz

1. Gary Burtless, «The Case for Randomized Field Trials in Economic and Policy Research», *Journal of Economic Perspectives* 9, n.° 2 (primavera de 1995), pp. 63-84, http://dx.doi.org/10.1257/jep.9.2.63.

2. Ayelet Gneezy, Alex Imas y Ania Jaroszewicz, «The Impact of Agency on Time and Risk Preferences», *Nature Communications* 11, n.° 1 (mayo de 2020), p. 2665, https://doi.org/10.1038/s41467-020-16440-0.

3. Amanda Bower y James G. Maxham, «Return Shipping Policies of Online Retailers: Normative Assumptions and the Long-Term Consequences of Fee and Free Returns», *Journal of Marketing* 76, n.° 5 (septiembre de 2012), pp. 110-124, https://doi.org/10.1509/jm.10.0419.

4. Stacy L. Wood, «Remote Purchase Environments: The Influence of Return Policy Leniency on Two-Stage Decision Processes», *Journal of Marketing Research* 38, n.° 2 (mayo de 2001), pp. 157-169, https://doi.org/10.1509/jmkr.38.2.157.18847.

5. K. Savitsky, N. Epley y T. Gilovich, «Do Others Judge Us as Harshly as We Think? Overestimating the Impact of Our Failures, Shortcomings, and Mishaps», *Journal of Personality and Social Psychology* 81, n.° 1 (1970), pp. 44-56, https://doi.org/10.1037/0022-3514.81.1.44.

6. Susan Nolen-Hoeksema, *Women Who Think Too Much: How to Break Free of Overthinking and Reclaim Your Life*, Nueva York, Henry Holt, 2003.

7. Susan Nolen-Hoeksema, Blair E. Wisco y Sonja Lyubomirsky, «Rethinking Rumination», *Perspectives on Psychological Science* 3, n.° 5 (septiembre de 2008), pp. 400-424, https://doi.org/10.1111/j.1745-6924.2008.00088.x.

8. Matthew D. Lieberman *et al.*, «Putting Feelings into Words: Affect Labeling Disrupts Amygdala Activity in Response to Affective Stimuli», *Psychological Science* 18, n.º 5 (mayo de 2007), pp. 421-428, https://doi.org/10.1111/j.1467-9280.2007.01916.x.

9. Vocabulary.com, s. v. «Sounding board», acceso 2 de septiembre de 2022, https://www.vocabulary.com/dictionary/sounding%20board.

10. Justin P. Boren, «The Relationships Between Co-Rumination, Social Support, Stress, and Burnout Among Working Adults», *Management Communication Quarterly*, 28, n.º 1 (febrero de 2014), pp. 3s-25, https://doi.org/10.1177/0893318913509283.

7. Utiliza tu voz

1. Nancy Baym, Jonathan Larson y Ronnie Martin, «What a Year of WFH Has Done to Our Relationships at Work», *Harvard Business Review*, 22 de marzo de 2021, https://hbr.org/2021/03/what-a-year-of-wfh-has-done-to-our-relationships-at-work.

2. Batia Ben Hador, «How Intra-Organizational Social Capital Influences Employee Performance», *Journal of Management Development* 35, n.º 9 (octubre de 2016), pp. 1119-1133, https://doi.org/10.1108/JMD-12-2015-0172.

3. Alisa Cohn, «How Cofounders Can Prevent Their Relationship from Derailing», *Harvard Business Review*, 11 de abril de 2022, https://hbr.org/2022/04/how-cofounders-can-prevent-their-relationship-from-derailing.

4. Esteban Ortiz-Ospina y Max Roser, «Marriages and Divorces», Our World in Data, acceso 20 de abril de 2023, https://ourworldindata.org/marriages-and-divorces.

5. Zulekha Nathoo, «The People Penalised for Expressing Feelings at Work», Equality Matters, BBC, 1 de noviembre de 2021, https://www.bbc.com/worklife/article/20211029-the-people-penalised-for-expressing-feelings-at-work.

6. Stephanie M. Ortiz y Chad R. Mandala, «"There Is Queer Inequity, But I Pick to Be Happy": Racialized Feeling Rules and Diversity Regimes in University LGBTQ Resource Centers», *Du Bois Review: Social Science Research on Race* 18, n.º 2 (abril de 2021), pp. 347-364, https://doi.org/10.1017/S1742058X21000096.

7. Adia Harvey Wingfield, «Are Some Emotions Marked "Whites Only"?

Racialized Feeling Rules in Professional Workplaces», *Social Problems* 57, n.º 2 (mayo de 2010), pp. 251-268, https://doi.org/10.1525/sp.2010.57.2.251.

8. Moshe Zeidner, Gerald Matthews y Richard D. Roberts, «Emotional Intelligence in the Workplace: A Critical Review», *Applied Psychology* 53, n.º 3 (junio de 2004), pp. 371-399, https://doi.org/10.1111/j.1464-0597.2004.00176.x.

9. Michael R. Parke y Myeong-Gu Seo, «The Role of Affect Climate in Organizational Effectiveness», *Academy of Management Review* 42, n.º 2 (enero de 2016), pp. 334-360, https://psycnet.apa.org/doi/10.5465/amr.2014.0424.

10. Sigal Barsade y Olivia A. O'Neill, «Manage Your Emotional Culture», *Harvard Business Review*, enero-febrero de 2016, https://hbr.org/2016/01/manage-your-emotional-culture.

11. Elizabeth Bernstein, «Speaking Up Is Hard to Do: Researchers Explain Why», *Wall Street Journal*, 7 de febrero de 2012, https://www.wsj.com/articles/SB10001424052970204136404577207020525853492.

12. Kelly Dickerson, Peter Gerhardstein y Alecia Moser, «The Role of the Human Mirror Neuron System in Supporting Communication in a Digital World», *Frontiers in Psychology* 12, n.º 8 (mayo de 2017), p. 698, https://doi.org/10.3389/fpsyg.2017.00698.

13. R. Hollander-Blumoff y T. R. Tyler, «Procedural Justice in Negotiation: Procedural Fairness, Outcome Acceptance, and Integrative Potential», *Law & Social Inquiry* 33, n.º 2 (primavera de 2008), pp. 473-500, https://doi.org/10.1111/j.1747-4469.2008.00110.x.

8. Cómo decir lo que piensas

1. Andrea Downey, «Germ Alert: This Is How Many Germs Are Lurking in Your Bathroom, and You'll Be Horrified at the Dirtiest Spot», *The Sun*, 7 de abril de 2017, https://www.thesun.co.uk/living/3272186/this-is-how-many-germs-are-lurking-in-your-bathroom-and-youll-be-horrified-at-the-dirtiest-spot/.

2. Adrian Hearn, «Flushed Away: Images Show Bacteria Propelled from Toilets When Flushing with Lid Open», *Independent*, 2 de noviembre de 2020, https://www.independent.co.uk/news/uk/home-news/bacteria-toilets-flush-lid-closed-b1535481.html.

3. Simon Sinek, *Start with Why: How Great Leaders Inspire Everyone to Take Action*, Nueva York, Portfolio/Penguin, 2009.

4. Robert Kegan y Lisa Laskow Lahey, *Immunity to Change: How to Overcome It and Unlock the Potential in Yourself and Your Organization*, Boston, Harvard Business Review Press, 2009.

5. Patricia Satterstrom, Michaela Kerrissey y Julia DiBenigno, «The Voice Cultivation Process: How Team Members Can Help Upward Voice Live On to Implementation», *Administrative Science Quarterly* 66, n.º 2 (junio de 2021), pp. 380-425, https://doi.org/10.1177/0001839220962795.

6. Satterstrom, Kerrissey y DiBenigno, «The Voice Cultivation Process».

9. Deja de silenciar a los demás

1. Clay Drinko, «We're Worse at Listening Than We Realize», *Psychology Today*, 4 de agosto de 2021, https://www.psychologytoday.com/us/blog/play-your-way-sane/202108/were-worse-listening-we-realize.

2. Bob Sullivan y Hugh Thompson, «Now Hear This! Most People Stink at Listening [Excerpt]», *Scientific American*, 3 de mayo de 2013, https://www.scientificamerican.com/article/plateau-effect-digital-gadget-distraction-attention/.

3. Nathanael J. Fast, Ethan R. Burris y Caroline A. Bartel, «Managing to Stay in the Dark: Managerial Self-Efficacy, Ego Defensiveness, and the Aversion to Employee Voice», *Academy of Management Journal* 57, n.º 4 (2014), pp. 1013-1034, https://doi.org/10.5465/amj.2012.0393.

4. Elizabeth Wolfe Morrison y Frances J. Milliken, «Organizational Silence: A Barrier to Change and Development in a Pluralistic World», *Academy of Management Review* 25, n.º 4 (octubre de 2000), pp. 706-725, http://dx.doi.org/10.2307/259200.

5. Emile G. Bruneau y Rebecca Saxe, «The Power of Being Heard: The Benefits of "Perspective-Giving" in the Context of Intergroup Conflict», *Journal of Experimental Social Psychology* 48, n.º 4 (julio de 2012), pp. 855-866, https://doi.org/10.1016/j.jesp.2012.02.017.

6. Patricia Satterstrom, Michaela Kerrissey y Julia DiBenigno, «The Voice Cultivation Process: How Team Members Can Help Upward Voice Live On to Implementation», *Administrative Science Quarterly* 66, n.º 2 (junio de 2021), pp. 380-425, https://doi.org/10.1177/0001839220962795.

10. CAMBIA EL SISTEMA

1. Ross D. Arnold y Jon P. Wade, «A Definition of Systems Thinking: A Systems Approach», *Procedia Computer Science* 44 (2015), pp. 669-678, https://doi.org/10.1016/j.procs.2015.03.050.

2. Karen L. Fingerman y Eric Bermann, «Applications of Family Systems Theory to the Study of Adulthood», *International Journal of Aging and Human Development* 51, n.º 1 (julio de 2000), pp. 5-29, https://doi.org/10.2190/7TF8-WB3F-TMWG-TT3K.

3. Orly Lobel, «NDAs Are Out of Control. Here's What Needs to Change», *Harvard Business Review*, 30 de enero de 2018, https://hbr.org/2018/01/ndas-are-out-of-control-heres-what-needs-to-change.

4. Andreas Leibbrandt y John A. List, «Do Women Avoid Salary Negotiations? Evidence from a Large-Scale Natural Field Experiment», *Management Science* 61, n.º 9 (septiembre de 2015), pp. 2016-2024, https://doi.org/10.1287/mnsc.2014.1994.

5. D. A. Small, M. Gelfand, L. Babcock y H. Gettman, «Who Goes to the Bargaining Table? The Influence of Gender and Framing on the Initiation of Negotiation», *Journal of Personality and Social Psychology* 93, n.º 4 (2007), pp. 600-613, https://doi.org/10.1037/0022-3514.93.4.600.

6. Hannah Riley Bowles, Linda Babcock y Lei Lai, «Social Incentives for Gender Differences in the Propensity to Initiate Negotiations: Sometimes It Does Hurt to Ask», *Organizational Behavior and Human Decision Processes* 103, n.º 1 (mayo de 2007), pp. 84-103, https://doi.org/10.1016/j.obhdp.2006.09.001.

7. Laura Kray, Jessica Kennedy y Margaret Lee, «Now, Women Do Ask: A Call to Update Beliefs about the Gender Pay Gap», Academy of Management Discoveries (agosto de 2023), https://doi.org/10.5465/amd.2022.0021.

8. Linda Babcock y Sara Laschever, *Women Don't Ask: Gender and the Negotiation Divide*, Princeton, Princeton University Press, 2003.

9. #NotMe (sitio web), NotMe Solutions, Inc., https://not-me.com/.

10. Mary Kovach, «Leader Influence: A Research Review of French & Raven's (1959) Power Dynamics», *Journal of Values-Based Leadership* 13, n.º 2 (2020): artículo 15, https://doi.org/10.22543/0733.132.1312.

11. Heath Hardage Lee, «Wives of Vietnam POWs Were Told to Keep Quiet About Their Husbands' Captivity. Here's What Convinced Them to Go Public», *Time*, 2 de abril de 2019, https://time.com/5562257/vietnam-pow-wives-go-public/.

12. Jason Breslow, «The Families of Americans Who Are Wrongfully Detained Are Very Much Done Being Quiet», NPR, 4 de agosto de 2022, https://www.npr.org/2022/07/29/1114225672/brittney-griner-americans-wrongfully-detained-bring-our-families-home-campaign.

13. Heath Hardage Lee, *The League of Wives: The Untold Story of the Women Who Took On the U.S. Government to Bring Their Husbands Home*, Nueva York, St. Martin's Press, 2019.

14. Bernice A. Pescosolido *et al.*, «Trends in Public Stigma of Mental Illness in the US, 1996-2018», *JAMA Network Open* 4, n.º 12 (diciembre de 2021), https://doi.org/10.1001/jamanetworkopen.2021.40202.

15. Pescosolido, «Trends in Public Stigma of Mental Illness in the US, 1996-2018».

16. «Stigma, Prejudice and Discrimination Against People with Mental Illness», American Psychiatric Association, acceso 4 de noviembre de 2022, https://www.psychiatry.org/patients-families/stigma-and-discrimination.

17. Laura Anthony, «Warriors President Reveals Meaning Behind "Strength in Numbers" Slogan», ABC7 News, KGO-TV San Francisco, 11 de mayo de 2016, https://abc7news.com/warriors-president-talks-about-meaning-behind-strength-in-numbers-slogan-golden-state-rick-welts-reveals-success/1334388/.

18. Kyle Irving, «When Was the Last Time the Warriors Won the NBA Championship? Golden State Looking to Win Fourth Title in Eight Years», *Sporting News*, 16 de junio de 2022, https://www.sportingnews.com/us/nba/news/last-time-warriors-won-nba-championship/wgbh4rieduxz3zwjrl2iplxx.

19. Doug Smith, «Golden State Warriors Thrive on Fans' Energy at Oracle Arena», *Toronto Star*, 17 de noviembre de 2015, https://www.thestar.com/sports/raptors/2015/11/17/golden-state-warriors-thrive-on-fans-energy-at-oracle-arena.html.

20. Louise C. Hawkley y John P. Capitanio, «Perceived Social Isolation, Evolutionary Fitness and Health Outcomes: A Lifespan Approach», *Philosophical Transactions of the Royal Society B 370*, n.º 1669 (mayo de 2015), http://doi.org/10.1098/rstb.2014.0114.

21. Yoon-Sik Jung, Hyo-Sun Jung y Hye-Hyun Yoon, «The Effects of Workplace Loneliness on the Psychological Detachment and Emotional Exhaustion of Hotel Employees», *International Journal of Environmental Research and Public Health* 19, n.º 9 (abril de 2022): p. 5228, https://doi.org/10.3390/ijerph19095228.

22. Janine E. Janosky *et al.*, «Coalitions for Impacting the Health of a Community: The Summit County, Ohio, Experience», *Population Health Management* 16, n.º 4 (agosto de 2013), pp. 246-254, https://doi.org/10.1089/pop.2012.0083.

23. Janice D. Yoder, «Looking Beyond Numbers: The Effects of Gender Status, Job Prestige, and Occupational Gender-Typing on Tokenism Processes», *Social Psychology Quarterly* 57, n.º 2 (junio de 1994), pp. 150-159, https://doi.org/10.2307/2786708.

24. Nilofer Merchant, «How to Effect Change at Work When You're "The First" or "The Only"», *Yes & Know* (blog), Nilofer Merchant, 8 de noviembre de 2017, https://nilofermerchant.com/2017/11/08/how-to-effect-change-at-work-when-youre-the-first-or-the-only/.

25. Kastalia Medrano, «Obama's Female Staffers Make Shine Theory Shine», *Time*, 14 de septiembre de 2006, https://time.com/4493715/obama-staff-shine-theory/.

26. Cole Horton, «The World's Youngest Billionaires 2022: 12 Under Age 30», *Forbes*, 5 de abril de 2022, https://www.forbes.com/sites/colehorton/2022/04/05/the-worlds-youngest-billionaires-2022-12-under-age-30/?sh=211b5d07e63b.

27. Sean Silcoff, «Boris Wertz's Version One Raises Two Venture Funds After Blowout Year Fuelled by Big Crypto Gains», *Globe and Mail*, 8 de junio de 2021, https://www.theglobeandmail.com/business/article-boris-wertzs-version-one-raises-two-venture-funds-after-blowout-year/.

28. Arlene Kaplan Daniels, «Invisible Work», *Social Problems* 34, n.º 5 (diciembre de 1987), pp. 403-415, https://doi.org/10.2307/800538.

29. Ivanhoe Newswire, «Women and Invisible Work: It's Time to Be Seen and Heard», KSAT, 11 de enero de 2022, https://www.ksat.com/news/local/2022/01/11/women-and-invisible-work-its-time-to-be-seen-and-heard/.

30. «Redistribute Unpaid Work», UN Women, acceso 21 de octubre de 2022, https://www.unwomen.org/en/news/in-focus/csw61/redistribute-unpaid-work#notes.

31. Molly Callahan y Lia Petronio, «Researcher Uses Hacked Studio Data to Prove Racially Diverse Casts Are More Profitable», Phys.Org, 7 de diciembre de 2018, https://phys.org/news/2018-12-hacked-studio-racially-diverse-profitable.html#jCp.

32. Lindsey Bahr y Associated Press, «"Black Panther: Wakanda Forever" Soars to Second Biggest Opening of 2022 with $180 Million in Ticket Sales»,

Fortune, 13 de noviembre de 2022, https://fortune.com/2022/11/13/black-panther-wakanda-forever-opening-weekend-180-million-marvel-disney/.

33. Wikipedia, s. v. «*Crazy Rich Asians* (film)», última edición 25 de junio de 2023, https://en.wikipedia.org/wiki/Crazy_Rich_Asians_(film).

34. Mimi Aboubaker, «Data Obscures Positive Trends in VC Dollars Reaching Women-Founded Startups», TechCrunch, 24 de marzo de 2022, https://techcrunch.com/2022/03/24/data-obscures-positive-trends-in-vc-dollars-reaching-women-founded-startups/.

35. Gené Teare, «VC Funding to Black-Founded Startups Slows Dramatically as Venture Investors Pull Back», Crunchbase News, 17 de junio de 2022, https://news.crunchbase.com/diversity/vc-funding-black-founded-startups/.

Rompe tu silencio de Elaine Lin Hering
se terminó de imprimir en mayo de 2024
en los talleres de
Litográfica Ingramex, S.A. de C.V.
Centeno 162-1, Col. Granjas Esmeralda, C.P. 09810,
Ciudad de México.